111 GRÜNDE, DEN 1. FC NÜRNBERG ZU LIEBEN

Markus Schäflein

111 GRÜNDE, DEN 1. FC NÜRNBERG ZU LIEBEN

Eine Liebeserklärung an den großartigsten Fußballverein der Welt

Aktualisierte und erweiterte Neuausgabe

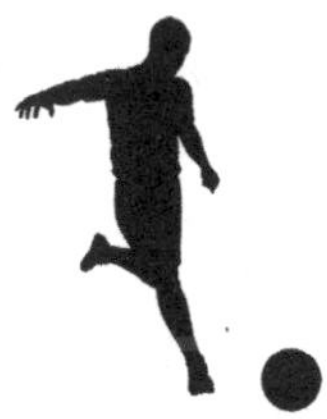

WIR SIND DER ZWÖLFTE MANN,
FUSSBALL IST UNSERE LIEBE!

INHALT

Fränkische Lebensqualität

VORWORT

»Der Glubb is a Depp«, das weiß in Franken jeder. Belege dafür gibt es in der langen Historie des 1. FC Nürnberg ja auch genügend: dämlich verballerte Torchancen, Schiedsrichter-Fehlentscheidungen in Serie, regelmäßiges Finanzchaos, rational nicht erklärbare Abstürze. Während andere Vereine wissen, dass man auch in der Nachspielzeit noch ein Tor schießen kann, ist der 1. FC Nürnberg der Verein, der damit rechnet, dass er sich noch eines einfängt.

Der Club ist ein Depp, und das ist auch gut so. Wie viele bedauernswerte Vereine müssen Marketingspezialisten engagieren, um ein Image zu kreieren. Der Club braucht kein anderes Image. Ein durchgängig erfolgreicher und solide geführter Verein ist langweilig und höchstens was für Oberbayern.

Der Franke als solcher sieht sich stets gegenüber den südlichen Nachbarn benachteiligt, das gilt für die Politik, und es gilt auch für den Fußball. Das macht ihm aber gar nichts, er will es auch keinesfalls ändern, denn es gehört zu seinem Naturell, sich in einer gewissen negativen Grundstimmung häuslich einzurichten. Und seien wir mal ehrlich: Nur wenn man ein bisschen schimpfen kann, fühlt man sich doch wohl.

Das richtige Maß an Misserfolg ist daher schon immer ein elementarer Bestandteil fränkischer Lebensqualität. Was dem Franken völlig fremd ist, ist jede Art von eitler Selbstdarstellung oder gar gespielter Begeisterung; es wird immer tiefgestapelt. Der Eindruck, ein Franke habe keinen Humor, täuscht völlig – aber meist ist er sarkastisch und ironisch. Da ist doch klar, dass in diesem schönen Landstrich kein Verein bessere Chancen hat, dass die Menschen ihn lieben, als der 1. FC Nürnberg.

2007 nach dem DFB-Pokal-Sieg machte ein typisch fränkischer Witz die Runde: Der Club müsse 2008 sicher wieder den Gang in die 2. Liga antreten. Denn wer es einst als einziger Verein in der Geschichte der Bundesliga geschafft hatte, als amtierender Meister abzusteigen, dem sollte das wohl locker auch als Pokalsieger gelingen. Was die Witzemacher sicherlich schon ahnten, war, dass es so eintreffen sollte. Auf dem Internetportal YouTube hat jemand ein Video mit allen Pfosten- und Lattentreffern des 1. FCN aus jener Abstiegssaison 2007/08 hochgeladen – in einem Club-Fan-Blog tauchte es wieder auf mit dem Titel: »Wir Glubberer sind scho' die ärmsten Schweine.« Ein Anhänger schrieb darunter: »Toll gemachter Film!« Als der aus Hannover kommende Trainer Dieter Hecking 2009 sein Amt beim 1. FCN antrat, teilte er mit, die örtliche Mentalität komme ihm arg düster vor. »Wir sind doch wer«, rief er, »wir sind der 1. FC Nürnberg!«[1] Es dauerte selbstredend nicht lange, bis der Autor der Lokalzeitung anmerkte, genau das sei schließlich das Problem.

Selbst der Marketingverein Metropolregion erkannte Parallelen zwischen dem Verein und der Stadt, in der er zu Hause ist: »Nürnberg ist ein bisschen wie der Club. Steht immer etwas weiter unten in der Tabelle, als es nötig wäre, spielt immer etwas schlechter als möglich, bleibt zurückhaltend und zaghaft, wo andere auftrumpfen und zehrt von einer großen Tradition.«[2]

Wenn dem Nürnberg-Fan entgegen seinem Naturell doch mal danach ist, sich überlegen zu fühlen, gibt es zum Glück die SpVgg Greuther Fürth. Und wenn der Club doch mal Erfolg hat, was ja auch schon oft vorkam? Passt scho'. Franken können sich ja auch freuen und feiern, und wenn sie das mal tun, dann richtig. Allerdings immer mit der beruhigenden Gewissheit im Hinterkopf, dass auch bald mal wieder schlechtere Zeiten kommen werden.

Markus Schäflein

Vorwort zur zweiten Auflage

Seit dem Erscheinen der ersten Auflage dieses Buches hat sich die These, dass der Club ein Depp ist, leider mal wieder durchgängig bewahrheitet. Der hoffnungsvolle Trainer Gertjan Verbeek musste in der Rückrunde der Bundesliga-Saison 2013/14 schon wieder gehen, Interimstrainer Roger Prinzen vermochte den Abstieg aber auch nicht zu verhindern. Unter Valerien Ismael missriet auch der Start in die zweite Liga völlig, nach dem 1:2 in Sandhausen musste der vom VfL Wolfsburg II gekommene Franzose ebenfalls seinen Hut nehmen. Es kam der 41-jährige Schweizer Rene Weiler, zuvor beim FC Aarau.

Seine Mission: Den Sturz ins Bodenlose (dritte Liga) verhindern – und endlich einen sichtbaren Neuaufbau beginnen. Auch Sportvorstand Martin Bader, über Jahre erfolgreich, wie in diesem Buch nachzulesen ist, stand nach eineinhalb erfolg- und planlosen Spielzeiten mittlerweile schwer in der Kritik. Ismael war ja bereits der dritte gescheiterte Trainer in Serie, den Bader verpflichtete – und eine Trainerentlassung ist immer auch eine Niederlage dessen, der ihn holte. Baders Zukunft beim 1. FC Nürnberg war nun eng mit Weiler verknüpft.

Ob beide noch da sind, wenn die dritte Auflage dieses Buches erscheint? Ob der 1. FC Nürnberg dann wieder in der Bundesliga spielt? Sicher ist nur eines: Untergehen wird der Club auch diesmal nicht.

Markus Schäflein, im November 2014

Vorwort zur dritten Auflage

Die Fragen aus dem Vorwort zur zweiten Auflage haben sich mittlerweile beantwortet: Der Club spielt nicht in der Bundesliga, Vorstand Martin Bader ist nicht mehr da, Trainer Rene Weiler schon.

Das Ende der Ära mit Bader und Finanzvorstand Ralf Woy zog sich eine Weile hin, der Aufsichtsrat rang sich nur langsam dazu durch. Am Ende zeigte sich, dass es fast schon zu spät war – der Club hatte sich für 2014/15 und auch 2015/16 einen horrend teuren Kader geleistet. Kann man machen: auf Pump leben, in der Hoffnung, schnellstmöglich in die weitaus lukrativere erste Bundesliga zurückzukehren. Dumm nur, dass der Club für viel Geld eine mittelmäßige Mannschaft hatte, die zumindest 2014/15 nichts mit dem Aufstiegskampf zu tun hatte und auch ein Jahr später weit davon entfernt zu sein schien.

Die neuen Vorstände Michael Meeske und Andreas Bornemann machten sich daran, die Scherben zusammenzukehren und den 1. FCN zu einem normalen Zweitligisten umzubauen. Ihnen ist in dieser Auflage ein neues Kapitel gewidmet – und Trainer Rene Weiler, der in Baders letzten Monaten unter chaotischen Rahmenbedingungen arbeiten musste, bekommt einen Zusatzgrund.

Markus Schäflein, im Oktober 2015

Vorwort zur Neuausgabe

Der Glubb wäre nicht der Glubb, wenn nicht jede Ausgabe ein neues Vorwort benötigen würde. Im Oktober 2015 wurde an dieser Stelle noch Trainer René Weiler gehuldigt, der sich dann im Sommer 2016 nach Belgien zum RSC Anderlecht verabschiedete (und dort mittlerweile schon wieder entlassen wurde).

Sein Nachfolger Alois Schwartz bekommt diesmal einen der elf neuen Bonusgründe, weil er sich in seiner kurzen Amtszeit durchaus auch das eine oder andere Verdienst erwarb. Und sein Nach-Nachfolger Michael Köllner, der zuvor die Nürnberger U21 trainiert hatte, ist erst recht einen Eintrag wert – schließlich gelang unter ihm ein hervorragender Start in die Spielzeit 2017/18, unter anderem mit einem 3:1-Auswärtserfolg in der Nachbarstadt. Berechtigte Hoffnungen auf die ersehnte Rückkehr in die Bundesliga wurden wach.

Mehr Kontinuität gab es bei den Vorständen. Geblieben sind seit 2015 Andreas Bornemann (Sport) und Michael Meeske (Finanzen), die den Kurs der Konsolidierung nach dem Finanzdesaster der Bader-Ära weiter vorantrieben. Auch Meeske kommt in einem neuen Kapitel vor – mit seinem Plan, den Profifußball in eine Kapitalgesellschaft auszugliedern. Allerdings behutsamer und daher auch deutlich langsamer als anderswo. Zum Zeitpunkt dieses Vorworts war der 1. FC Nürnberg jedenfalls ein eingetragener Verein, der auf einem Aufstiegsplatz zur 1. Bundesliga stand. Eine schöne Momentaufnahme, die man hier ja mal schwarz auf weiß festhalten muss – denn wer weiß, was bis zur fünften Auflage am Valznerweiher noch alles passieren wird.

Markus Schäflein, im Oktober 2017

1. KAPITEL

GEFEIERTE UND GEFEUERTE

DIE TRAINER

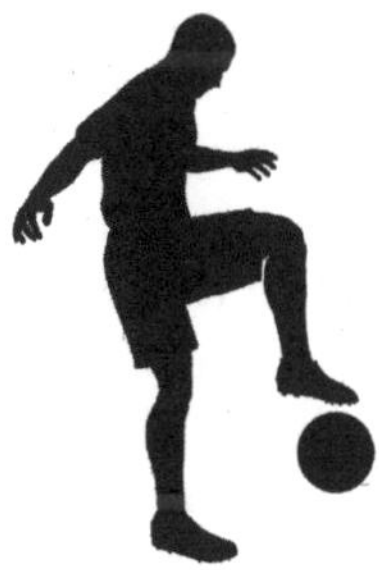

GRUND 1

Weil Herbert Widmayer bewies, dass das Leben ein Scheißspiel ist

Damit wir uns nicht falsch verstehen: Natürlich sind Trainerentlassungen nichts Erfreuliches, vor allem nicht für die betroffenen Trainer. Aber ohne Trainerentlassungen wär's irgendwie auch langweilig. So gesehen hat sich der Club wieder einmal als Vorreiter des modernen Fußballs erwiesen, als er in der ersten Bundesligasaison 1963/64 schon im Oktober nach dem neunten Spieltag seinen damaligen Übungsleiter Herbert Widmayer feuerte und so die allererste Trainerentlassung der neuen Spielklasse erledigte. Das kam umso überraschender, als Widmayer zuvor in der Oberliga sehr erfolgreich gearbeitet hatte – und dies fast ausschließlich mit Spielern aus der eigenen Jugend und der engeren Region. 1961 hatte er die Deutsche Meisterschaft geholt, 1962 den DFB-Pokal. Nun reichte ein Fehlstart in die unbekannte Bundesliga, um ihn umgehend fallen zu lassen. Ehrenspielführer Max Morlock sagte nach der Entlassung: »Das hat er nicht verdient. Nach drei Jahren der Erfolge schickt man einen Mann so nicht weg.«[3]

Aus heutiger Sicht ist es bemerkenswert, welche Emotionen dieser Abschied bei den Fußballern weckte. Während es heute heißt, der Trainer habe die Mannschaft leider nicht mehr erreicht, man wolle aber nichts Schlechtes sagen oder – schlimmer – keine schmutzige Wäsche waschen, berichtete damals Stopper Ferdinand »Nandl« Wenauer von »Tränen in den Augen«[4] der Spieler. »Herbert Widmayer ist in Nürnberg systematisch fertiggemacht worden. Wie es auf der ganzen Welt so ist, stellten sich zu Zeiten des Triumphes meist die falschen Freunde ein. Sie tranken mit ihm, um sich damit brüsten zu können. Hinter seinem Rücken kolportierten sie aber: ›Den Widmayer haben wir vielleicht eingeweicht! War der besoffen! Da musste das Training heute sicherlich ausfallen!‹ In Wirklichkeit hat Widmayer seine Arbeit stets korrekt geleistet.« Wenauer hatte auch eine Abschiedsrede zu halten und erinnerte sich: »›1961 hat Sie der Club auf den Schultern getragen, heute gibt er Ihnen den Laufpass‹, begann ich. Mit einem Würgen im Hals brachte ich gerade noch heraus: ›Uns ist das peinlich, aber wir können nichts dran ändern. Wir haben Achtung vor Ihnen und wir danken Ihnen mit Wehmut im Herzen.‹ Da drehte sich Widmayer um und sagte: ›Jungs, wenn euch einmal im Leben so etwas passiert wie mir heute, dann tragt es mit Haltung!‹ Selbst den Hartgesottensten ging das an die Nieren. Ohnmächtig vor Wut schimpfte der Heinz Strehl: ›Was heute hier geschehen ist, ist eine riesige Sauerei. Dieses Leben ist wirklich ein Scheißspiel!‹« Und dies ist ja nicht nur eine typisch fränkische Erkenntnis, sondern schlicht die Wahrheit.

Das Leben ging für Widmayer dann allerdings erfreulicher weiter: Von 1970 bis 1979 war er beim Deutschen Fußball-Bund für die Jugendauswahl verantwortlich. Der Umgang mit Talenten und der geringere Erfolgsdruck erwiesen sich als passend, seine unbestrittene Fachkompetenz einzubringen. Er feierte zahlreiche Erfolge, und viele spätere Stars begleitete er auf dem Weg zum Durchbruch – etwa Karl-Heinz Körbel, Bernd Schuster und Lothar Matthäus. Mit dem Bundesligageschäft hatte er nichts mehr zu tun. Dort folgten viele Trainerentlassungen – vor allem beim 1. FC Nürnberg.

GRUND 2

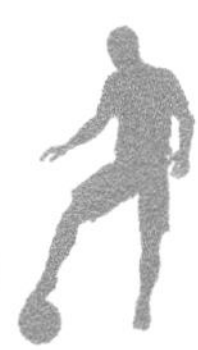

Weil Max Merkel jeden Pfennig wert war

Wenn es nach dem 1. FC Nürnberg gegangen wäre, hätte es die Fußball-Bundesliga nie gegeben. Er hatte sich mit Vehemenz gegen die Abschaffung der vier Oberligen gewehrt – das sei schließlich ein »bewährtes System«[5], wie der damalige Präsident Ludwig Franz sagte. Und tatsächlich kam der Club in der Bundesliga zunächst nur schwer zurecht. In der vierten Saison drohte sogar der Abstieg – die Mannschaft war nach der Hinrunde 1966/67 Vorletzter.

Und dann kam Max Merkel.

»Meinem Freund Max Merkel ist alles zuzutrauen«[6], sagte Bayern-Trainer Tschik Čaijkovski, als der Meistertrainer den Klassenverbleib geschafft hatte und auf die nächste Saison zusteuerte. »Die Bundesliga ist ausgeglichener geworden. Selbst Nürnberg kann Meister werden.« Und in Franken wurden plötzlich allen Ernstes Wetten auf die Meisterschaft abgeschlossen – Günther Koch, später als Radioreporter und Aufsichtsratsmitglied eine Clubikone, verlor auf diese Weise 100 Mark an den Hausmeister seiner damaligen Schule. Bei Merkel ging es um ganz andere Summen: Sein Monatsgehalt – angeblich 10.000 Mark netto – sorgte für Gesprächsstoff. Für damalige Verhältnisse kassierte Merkel astronomische Summen. Das bestritt er nie, und hinterher durfte er feststellen: »Ich war jeden Pfennig wert.«[7] Denn Erfolg ließ sich in diesem Fall tatsächlich kaufen: »Geld ist die beste Psychologie«[8], sagte Merkel und beschnitt die Grundgehälter der Spieler, die stattdessen nach einer Leistungstabelle überdurchschnittliche Prämien erhielten. Am vorletzten Spieltag der Saison 1967/68 machte seine Mannschaft den Titel mit einem 2:0 beim FC Bayern perfekt. Es war der neunte Titel der Vereinsgeschichte. Der 1. FC Nürnberg war damals, ja wirklich, Rekordmeister.

1966 hatte der Österreicher, Sohn eines preußischen Offiziers und einer Wienerin, bereits den TSV 1860 München zum deutschen Meister gemacht. Dabei führte der gelernte Maschinenbau-Ingenieur die Mannschaft mit harter Hand. »Spieler vertragen kein Lob und müssen täglich die Peitsche im Nacken spüren«[9], so lautete sein Motto, was bei den lebenslustigen Münchner Spielern zunehmend schlecht ankam. Nachdem sich Merkel mit dem aufbegehrenden Star-Torwart Petar Radenković ein Handgemenge geliefert hatte, musste der Trainer den TSV 1860 Ende 1966 verlassen. »Merkel war sicherlich ein guter Trainer, aber auch ein charakterloser Mensch, der die Spieler öffentlich gedemütigt hat«[10], erinnerte sich Radenković später.

Nun wirkte Merkel also in Nürnberg. Torjäger Franz Brungs erlebte im Trainingslager in Tirol die »härteste Vorbereitung, die ich je mitgemacht habe. Wir glaubten oft, wir würden zusammenbrechen. Wir hatten das Gefühl, jetzt ist es aus, jetzt geht es nicht mehr. Es war die Hölle.«[11] Und dem Linksaußen Georg »Schorsch« Volkert ist sein Trainer ebenfalls in spezieller Erinnerung geblieben: »Merkel war eine absolute Autoritätsperson.«[12] Nach der Meisterschaft stellte DIE ZEIT fest: »In der Manier eines venezianischen Kondottiere und mit der Methode eines frühkapitalistischen Leistungsprinzips führte er Nürnbergs Truppe auf dem Siegeszug durch die deutschen Fußball-Provinzen, ökonomischer Zwang zum Erfolg und der eiserne Wille des Trainers haben die Meistermannschaft zusammengeschweißt: Lauft schneller, Genossen, auf der Reservebank sitzt ein hungriger Auswechselspieler.«[13] Es war ja die erste Spielzeit der Bundesliga, in der Einwechslungen erlaubt waren. Allerdings umfasste der Nürnberger Kader gerade einmal 15 Spieler. »Von der Qualität her«, meinte Mittelfeldspieler Ferdinand Wenauer, »waren wir sicher keine Spitzenmannschaft, aber der Merkel hat uns so hochgetrimmt, dass es reichte.«[14] Und Heinz Strehl erinnerte: »Wir sind mit fast derselben Mannschaft Meister geworden, die vor knapp eineinhalb Jahren in Abstiegsgefahr schwebte. Das muss man sich immer wieder in Erinnerung rufen, denn nur dann kann man ermessen, was wir geleistet haben.«[15]

Schon zur Winterpause war der Vorsprung der Nürnberger derart groß, dass Kölns Trainer Willi Multhaup auf die Frage, ob der Titel dem FCN noch zu nehmen sei, resignierte: »Da müsste schon ein Affe aus dem Nest fallen.«[16] Als der Vorsprung zwischendurch etwas schrumpfte, stellte sich Merkel vor die Mannschaft und stellte den Spielern ganz ernst die Frage, ob sie wüssten, warum Kühe Glocken um den Hals tragen. Als keiner antwortete, erklärte er:

»Damit sie nicht im Stehen einschlafen. Übrigens habe ich gerade ein Dutzend für euch bestellt.«[17]

Als es dann nach jenem Sieg beim FC Bayern so weit war, feierten in der Nürnberger Altstadt natürlich Tausende. Mit einem Sonderzug fuhren Mannschaft und Präsidium um 20.40 Uhr von München nach Nürnberg zurück, wo noch spät in der Nacht Menschenmassen am Bahnsteig warteten, um zu feiern. Ein roter Teppich war ausgerollt worden, um das Team um Kapitän Heinz Strehl zu empfangen. Die Bundesgesundheitsministerin Käte Strobel staunte in ihrer Glückwunschrede: »Einen solchen Empfang erlebt kein Mitglied der Bundesregierung.«[18]

Merkel musste in der folgenden Saison gehen, nachdem er sich erneut mit der Mannschaft überworfen hatte. Er ging zu Atlético Madrid, wo er feststellte: »Spanien wäre ein schönes Land, wenn nicht so viele Spanier da leben würden.«[19] Nach weiteren Stationen, unter anderem auf Schalke und in Augsburg, wurde Merkel 1979 von Wilhelm Neudecker, dem Präsidenten des FC Bayern München, verpflichtet. Die Spieler weigerten sich jedoch, unter Merkel zu arbeiten, und Neudecker trat zurück. Obwohl Merkel kein einziges Mal auf dem Trainingsplatz stand, erfüllte der FC Bayern die im Zweijahresvertrag vereinbarten Zahlungen. Ab den 1980er-Jahren trat Merkel dann vor allem als bissiger Kolumnist der BILD-Zeitung in Erscheinung. Er lebte in den letzten Jahren zurückgezogen in Putzbrunn bei München. Am 28. November 2006 verstarb Max Merkel im Alter von 87 Jahren. Sein Grab befindet sich auf dem neuen Friedhof von Hohenbrunn.

GRUND 3

Weil auf Merkels Club plötzlich keiner mehr einen Pfennig gab

Zur unverwechselbaren Geschichte des 1. FC Nürnberg gehört es natürlich auch, dass er es als erster und bislang einziger Verein der Bundesliga schaffte, als amtierender Meister abzusteigen. Dabei erwartete Meistertrainer Max Merkel 1968 goldene Zeiten: Der Club werde so viel Geld haben, »dass wir uns mit dem Hintern gegen die Tür stemmen müssen, um den Tresor zuzukriegen«[20], prophezeite er. Leider wurde es völlig falsch angelegt. Merkel bezeichnete das erfolgreiche Team von 1968 als »Bauernkapelle« und wollte sie in ein »Sinfonieorchester«[21] verwandeln. Er ließ etliche Leistungsträger gehen, darunter Gustl Starek zum FC Bayern und Torjäger Franz Brungs zu Hertha BSC, und verpflichtete 13 neue Spieler. Angeblich verdiente Merkel bei dem Brungs-Transfer mit. »Ich weiß nur eines: Wenn der Club mich nicht verkauft hätte, wäre er niemals abgestiegen«[22], sagte Brungs später. Das neue Team erreichte nie das Niveau der Bauernkapelle. Auch zwei Trainerwechsel (Robert Körner für Merkel, später Kuno Klötzer für Körner) halfen nicht. »Nun muss Nürnberg bald gegen den VfR Heilbronn antreten«, stichelte Heilbronns Oberbürgermeister Dr. Hoffmann. »Eher lassen wir uns die Ohren abschneiden«[23], antwortete Nürnbergs Stadtoberhaupt Dr. Andreas Urschlechter (der seine Ohren aber behielt).

Georg Volkert, der in beiden Spielzeiten Stammspieler beim FCN war, erklärte das Unerklärliche später so: »Man denkt sich immer: Ach, des pack ma scho wieder, wir kriegen noch die Kurve. Wir haben ja noch sechs Spiele. Doch dann hat man nur noch fünf, nur noch vier … – plötzlich ist dann ein Knacks da.« Trotzdem konnte der Club mit einem Sieg im letzten Spiel in Köln noch den Klassenverbleib schaffen – und verlor mit 0:3. Die Kölner hätten »Messer im Stutzen« gehabt, meinte Volkert. Die Einstellung der

Nürnberger ließ hingegen mehr als einmal zu wünschen übrig – und Brungs wurde schmerzlich vermisst. »In der Mitte fehlte uns dann der Vollstrecker. Das war ein entscheidender Faktor«[24], sagte Volkert.

Eine spezielle Rolle, diese Legende erzählen sich jedenfalls die alten Clubberer noch heute an den Stammtischen, soll angeblich der erst zu Saisonbeginn vom Karlsruher SC gekommene Clubtorwart Jürgen Rynio gespielt haben. Er hatte demnach schon einen Vertrag mit Dortmund vereinbart und vielleicht deshalb beim 2:2 im Schicksalsspiel gegen den BVB – nicht ganz uneigennützig – danebengelangt. »Die Augen gingen uns erst richtig auf, als wir am 9. Juni in den Montagszeitungen die Bilder von unserem Bundesliga-Abschiedsspiel in Köln erblickten«, erzählte damals Nandl Wenauer. »Neben dem hemmungslos schluchzenden Leo Leupold marschierte im Müngersdorfer Stadion nur ein paar Meter entfernt Jürgen Rynio lachend vom Platz, jener Kollege, der uns auf dem Heimflug noch versicherte, dass er auch in der Regionalliga für den Club spielen würde. Sonntag früh verschwand Rynio mit Frau und Kind für immer aus Nürnberg, sechs Stunden nach seinem Versprechen, dem Club die Treue zu halten. Sein Weg führte ihn direkt nach Dortmund, wo er einen sicherlich lukrativen Zweijahresvertrag unterschrieb.«[25]

Als Rynio 2007 in einer Fernsehreportage zu jenem Abstieg des 1. FC Nürnberg interviewt wurde, erhielt er anschließend, fast 40 Jahre nach jenem Fehlgriff, noch Drohbriefe von Nürnberger Anhängern. Ob die Legende von Rynios absichtlichem Fehlgriff stimmt – oder ob sie damals eher dazu diente, vom Versagen aller anderen Nürnberger abzulenken: Viele der zugekauften Spieler kümmerten sich jedenfalls schon lange vor dem Abstieg um neue Vereine und Verträge, was dem in Nürnberg erscheinenden *kicker* sauer aufstieß. »Leichenfledderer sind am Werk«[26], klagte das Fachmagazin. Die Verbleibenden hatten es auszubaden. Der Clubpräsident, der Baustoffgroßhändler Walter Luther, meldete sich nach telefonischen Morddrohungen krank. »Was wirklich passiert ist«, sagte Heinz Strehl im SPIEGEL, »werden wir erst merken, wenn wir auf Wiesen spielen und die Zuschauer mit Spazierstöcken nach uns stochern.«[27] Und sie merkten es lange: Nach dem Abstieg 1969 blieb Nürnberg neun Jahre zweitklassig.

Neben allen Personaldebatten und Verschwörungstheorien lässt sich übrigens eine ganz langweilige statistische Ursache des Abstiegs finden: In jener Spielzeit herrschte in der Bundesliga eine geradezu beispiellose Leistungsdichte. Der 1. FC Nürnberg landete nur neun Punkte hinter Vizemeister Alemannia Aachen.

GRUND 4

Weil »Zapf« Gebhardt donnerstags zwei Taschen Fleisch dabeihatte

Robert, genannt »Zapf«, Gebhardt gehörte als Spieler seit 1939 dem 1. FC Nürnberg an. Von 1945 bis 1950 absolvierte er noch 125 Spiele in der Oberliga Süd und erzielte dabei 22 Tore, insgesamt lief er 283-mal für den Club auf. 1948 errang er mit dem 1. FCN die deutsche Meisterschaft. In Erinnerung blieb er aber nicht nur wegen des Fußballs: In der Nachkriegszeit glänzte Gebhardt, Wirt der Gaststätte »Zum Hippel«, vor allem durch gute Kontakte zum Schlachthof. Jeden Donnerstag erhielt er zwei Taschen voll Fleisch, mit denen er seine Mannschaftskameraden versorgte. Für die Fahrten zu den Auswärtsspielen trieb Gebhardt stets ein paar Pfund Wurst auf. Der »Hippel« an der Kleinweidenmühle wurde selbstredend zum Vereinslokal ernannt.

Als Trainer feierte Gebhardt – nach Stationen beim MSV Duisburg und Werder Bremen – seine großen Erfolge 1973 als Trainer beim FC Wacker Innsbruck: Er wurde österreichischer Meister und Pokalsieger. Mit der Ernennung zum Cheftrainer bei seinem geliebten 1. FC Nürnberg ging für Gebhardt 1978 ein Traum in Erfüllung: »Ich habe immer darauf gewartet, dass der Club einmal auf mich zukommt«, sagte er. Sein Konzept lautete: »Bei mir muss Ordnung und Disziplin herrschen. Meine Spieler sollen künftig merken, wo der Barthel den Most holt.« Er forderte »disziplinierte Deckung vor allem auch im Mittelfeld und harte Konditionsarbeit«, denn: »Überall, wo ich bisher engagiert war, versuchte ich zuerst die Abwehr zu stabilisieren und dann die Stürmer und Mittelfeldspieler so weit zu bringen, dass sie aus allen Lagen schießen. Lieber verschießen sie fünf oder sechs Bälle, als dass sie sie verschwanzen.«[28] Der aus München dazugekommene Spieler Uli Hoeneß bescheinigte Gebhardt »alte Klasse«.

Dass manche Zeitungen von einem »Trainer-Opa« schrieben, ärgerte den 57-Jährigen: »Das Alter spielt doch keine Rolle. Für meine Begriffe ist Erfahrung viel mehr wert.«[29] Doch auch Gebhardt konnte den Club in jener Saison nicht mehr retten. Der Angriff erwies sich als nicht bundesligatauglich, und Hoeneß, kurz nach Saisonstart vom FC Bayern ausgeliehen, war nur noch ein Schatten seiner selbst. Gebhardt klagte zum Saisonende: »Was manche unserer Spieler boten, war eine Frechheit. Diese Mannschaft war nur noch ein Trümmerhaufen!« Präsident Michael A. Roth suchte den Grund des Misserfolgs laut einem Artikel in der Vereinszeitung aber eher in Gebhardts Alter: »Ich möchte gar nicht die Verdienste des Trainers Zapf Gebhardt schmälern, der in dankenswerter Weise eingesprungen ist und den FCN bis Saisonende trainiert. Aber wenn wir wieder an die Sonne kommen wollen, müssen wir langfristig planen, dies geht natürlich nur mit einem jüngeren Mann. Man kann einfach nicht von einem Mann verlangen, der bereits um die 60 Jahre ist, dass er über Jahre hinweg noch die gleiche Robustheit und Nervenstärke eines jüngeren Mannes besitzt.« Gebhardt antwortete: »Im April konnte ich auf eine 25-jährige Tätigkeit als Trainer zurückblicken. Ich habe in dieser Zeit noch nie um einen Vertrag gebettelt und werde dies auch nicht tun. Aber eins weiß ich: Meine Arbeit werde ich bis zur letzten Stunde tun.«

Doch Nachfolger Jeff Vliers – Gebhardt war zum Berater degradiert worden – überstand zum Zweitligastart gerade einmal drei Spiele. Beim Heimspiel gegen Bürstadt riefen die Fans in Sprechchören: »Wir wollen Zapf!« Mit Erfolg: Gebhardt wurde am 20. August wieder Cheftrainer. Roth sagte: »Herr Gebhardt ist zwar nicht jünger geworden, aber wir um eine Erfahrung reicher.«[30] Und diesmal hatte der Trainer Erfolg – mit der beschworenen Disziplin und schnörkellosem Tempofußball gelang der Wiederaufstieg. Drei Wochen vor dem Bundesliga-Auftakt 1980 schickte Gebhardt dann allerdings ein Telegramm an die Geschäftsstelle: »Auf Grund des unmöglichen Verhaltens einiger Vorstandsmitglieder bitte ich, mich aus dem Vertrag sofort zu entbinden.« Hintergrund war ein Streit um die Besetzung des Co-Trainer-Postens. Vizepräsident Hans Gebhardt, Zapfs Cousin, staunte: »Bei uns geht's zu wie im Zirkus!« Später bezeichnete Gebhardt den Rücktritt als seine »größte Dummheit«.

Zapf Gebhardt starb 1986 im Alter von 65 Jahren. Seine letzte Ruhe fand er auf dem Nürnberger Westfriedhof.

GRUND 5

Weil Jeff Vliers mit einem Schuhkarton voll Geld flüchtete

»Wenn ein Trainer über einen längeren Zeitraum erfolglos ist«, hat Michael A. Roth einmal gesagt, »überlege ich mir eine Strategie, wie ich ihn möglichst günstig wieder loswerde.«[31] Diese Aussage überraschte noch nicht, diese Beobachtung hätte man in seinen Amtszeiten als Präsident auch selbst anstellen können. Allerdings erzählte Roth dann ein Beispiel, das in seiner Einfachheit und Geradlinigkeit mit einigem Recht als das formschönste Entlassungskunstwerk der Bundesligahistorie bezeichnet werden kann. Nach ganzen 51 Tagen im Amt musste der Belgier Jeff Vliers im August 1979 am dritten Zweitliga-Spieltag gehen. Keine Stunde, nachdem der Tabellen-Neunzehnte der 2. Liga zu Hause gegen den Letzten, den VfR Bürstadt, nach 2:0-Führung nur 2:2 gespielt hatte.

»Den Vliers«, sprach also Roth, »habe ich damals mit einem Schuhkarton ausgetrickst. Er enthielt die Einnahmen eines Kassenhäuschens, also etwa 30.000 Mark. Ich habe aber zu Vliers gesagt, dies sei die gesamte Kasse«, erzählte Roth. »›Machen's den Karton zu und fahren's schnell über die Grenze‹, sagte ich ihm. Der war ein paar Stunden später mit seinem Schuhkarton über die deutsch-belgische Grenze und sicherlich enttäuscht, als er dann genau nachzählte.«[32]

GRUND 6

Weil der Club fünf Trainer in einem Jahr hatte

Trainerentlassungen gehören zur Geschichte jedes Fußballvereins, überall mag die eine oder andere kuriose dabei sein. Doch der Kultstatus des 1. FC Nürnberg ist auch in dieser Hinsicht einfach nicht zu übertreffen. Dass der Präsident Michael A. Roth nie zimperlich war, was das Feuern von Übungsleitern anging, ist bekannt; und mitten in seiner ersten Amtszeit von 1979 bis 1983, im Kalenderjahr 1981, stellte er seinen persönlichen Rekord auf. Gleich fünf verschiedene Trainer nahmen von Januar bis Dezember auf dem Trainerstuhl Platz. Den Anfang machte Horst Heese, der zu Saisonbeginn 1980/81 das Amt von Aufstiegstrainer Robert »Zapf« Gebhardt übernommen hatte. Der 1. FC Nürnberg spielte eine nicht gerade begeisternde Bundesligasaison, aber immerhin stand er bis zu diesem Zeitpunkt nie auf einem Abstiegsplatz. Dennoch musste Heese nach dem 26. Spieltag gehen. Die Mannschaft, die mit ihm weiterarbeiten wollte, rebellierte. Davon gänzlich unbeeindruckt präsentierte Roth den ehemaligen Spieler Fritz Popp als neuen Cheftrainer.

Popp hatte jedoch keine gültige Lizenz, also schwenkte Roth einige Wochen später auf den 63-jährigen Fred Hoffmann um – für die letzten drei Saisonspiele. Der Club beendete die Spielzeit auf dem 14. Platz. Hoffmann war von Beginn an nur als Übergangslösung präsentiert worden – Heinz Elzner trat zur Spielzeit 1981/82 das Amt an. Nach der fünften Niederlage im fünften Spiel kostete dessen Entlassung Roth besonders wenig Überwindungskraft. Elzners Nachfolger, Udo Klug, war also der fünfte Chefcoach innerhalb eines Jahres. Klug führte den 1. FC Nürnberg ins Pokalfinale – und blieb (für Roth-Verhältnisse rekordverdächtige) 25 Monate im Amt. Der damalige Spieler Dieter Lieberwirth antwortete übrigens 30 Jahre später auf die Frage der *Nürnberger Nachrichten*, ob er noch alle Trainer jenes Jahres aufzählen könne: »Nein, beim besten Willen nicht.«[33]

GRUND 7

Weil Heini Höher auf einer anderen Ebene lebte

Schon als junger Spieler war Heinz Höher so manchem in der Fußballbranche nicht ganz geheuer: Er galt als talentiert, aber auch als schwärmerisch, und zu allem Übel als grüblerisch und verschlossen. Er spielte vielleicht auch deshalb nur zwei Jahre in der Bundesliga, beim MSV Duisburg, danach in Holland und beim VfL Bochum in der Regionalliga. Später wurde Höher ein Trainer, der nach Stationen in Bochum, Düsseldorf und Griechenland Club-Geschichte schrieb: Die 5:29 Punkte, die »Heini« in der Rückrunde der Bundesliga-Abstiegssaison 1983/84 holte, sprachen nicht gerade für ihn – und dann rebellierte im Oktober 1984 auch noch die Mannschaft, weil sie mit dem zuweilen mürrischen, jedenfalls weiterhin nicht sehr redseligen Übungsleiter nicht zurechtkam. Die Spieler berichteten von Straftraining morgens um sieben, von Laufeinheiten auf geteerten Straßen, sie verspotteten ihren Trainer: »Der Erfolg gibt ihm recht.«[34] Nach einem 1:1 gegen Oberhausen trafen sie sich im Café Dolce Vita und setzten eine Erklärung auf. Der Spielerrat veröffentlichte das Papier, und Kapitän Udo Horsmann erklärte: »Die Mannschaft war verzweifelt und das Maß voll.«[35] Das musste doch wohl reichen, um den Trainer zu vertreiben.

Es passierte etwas schier Unglaubliches: Zwar verweigerten 15 Mann am nächsten Tag das Training, und die Bilder, die Höher mit fünf übrig gebliebenen Jugendspielern zeigen, gingen um die halbe Welt. Doch Präsident Gerd Schmelzer entließ nicht den bis dahin so erfolglosen Übungsleiter, sondern die sechs Wortführer des Aufstands. Es klingt heute unvorstellbar, und damals war es das eigentlich auch schon: Der Trainer erreicht die Mannschaft nicht mehr? Dann tauschen wir eben die Mannschaft aus. Allen Ernstes beantragte der Clubvorstand beim DFB für die Abtrünnigen eine »Sperre auf Lebenszeit«.

Plötzlich mussten neue Spieler her – Jugendliche wie Stefan Reuter, Hans Dorfner und Dieter Eckstein profitierten von der Situation. Die Teenietruppe eroberte die Herzen der Fans – den satten Altstars, als die die Rebellen nun vom Verein hingestellt wurden, trauerte keiner hinterher. Und viele Wunder folgten. Die Neuen schafften mit Höher in derselben Saison noch den Aufstieg, und fünf Talente, die Höher in Nürnberg trainierte, wurden später Nationalspieler: Reuter, Grahammer, Eckstein, Köpke, Schwabl. »Es hatte 20 Jahre vorher keinen Nationalspieler in Nürnberg gegeben, und 20 Jahre danach auch nicht. Und ich hatte gleich fünf«, sagte Höher später. »Ich würde mal sagen, das war kein Zufall.«

Höher führte die Mannschaft bis in den Europapokal; mit 120 Spielen ist er bis heute der Bundesligatrainer des 1. FC Nürnberg, der am längsten im Amt war. 1988 wechselte er allerdings auf den Managerposten. »Damals kannte man den Begriff Burnout noch nicht«, erzählte er, »aber heute würde ich sagen, dass ich das damals hatte. Im Nachhinein wäre es besser gewesen, wenn ich eine richtige Auszeit genommen hätte.« Ein Jahr später wechselte er zu Ittihad Jeddah nach Saudi-Arabien, »aber das war letztlich auch ein großer Irrtum«[36]. Nach seiner letzten Trainertätigkeit als Jugendcoach bei der SpVgg Greuther Fürth befand sich Höher im Ruhestand, lebte immer noch in Nürnberg. Er beriet und betreute Nachwuchsspieler wie Juri Judt.

Und dann fasste er sich irgendwann ein Herz und rief den Sportjournalisten Ronald Reng an. »Bitte geben Sie mir nur ein paar Stunden Ihrer Zeit«, sagte Höher. »Ich möchte Ihnen etwas erzählen. Ich muss Ihnen das erzählen.«[37] Dann saß der alte Trainer, ausgestattet mit einem neongelben Rucksack aus den Achtzigern, beim Schriftsteller in Barcelona und erzählte, wie er zum Alkoholiker wurde, auf dem Trainingsplatz umkippte, sein Geld mit Skatspielen verdiente, pleiteging. Das Buch *Spieltage – die andere Geschichte der Bundesliga*, erschienen 2013, erzählte den Lebensweg eines labilen Intellektuellen. »Menschen, die ihm begegneten, sagen oft, sie könnten seine Ideen schwer nachvollziehen: Der Heini Höher denke und lebe irgendwie auf einer anderen Ebene«, sagte Reng. »Sie glauben, er sei komisch. Ich habe oft das Gefühl, er ist hochintelligent.«[38]

GRUND 8

Weil Willi Entenmann nach einem 2:0-Sieg gegen den FC Bayern entlassen wurde

Während draußen die Fans noch den überraschenden 2:0-Sieg gegen den FC Bayern München feierten, trat Willi Entenmann mit Tränen in den Augen vor die Presse. Er hatte schon vor dieser Partie am 6. November 1993 gewusst, dass es sein letzter Sieg nach über zwei Jahren als Cheftrainer des 1. FC Nürnberg gewesen sein sollte. »Um 15.10 Uhr kam ein Journalist auf mich zu und sagte, der Präsident hätte oben im VIP-Raum verkündet, dass ich nach dem Spiel entlassen werde«, erinnerte sich Entenmann später: »Mein Gedanke war: Wenn ich jemals noch ein Spiel gewinnen sollte, dann bitte heute.«[39] Das klappte, dank Treffern von André Golke und Hans-Jörg Criens. Zwei Tage nach dem Triumph gegen die Münchner musste Entenmann seinen Posten dann tatsächlich räumen, obwohl der Club zu diesem Zeitpunkt noch auf einem Nichtabstiegsplatz stand. Am Ende der Saison musste er dann den Gang in die 2. Liga antreten. Im Nachhinein wurde die Entenmann-Entlassung von vielen als der entscheidende Grund eingeschätzt.

Der damalige Clubpräsident Gerhard Voack setzte seinen Willen trotz natürlich enormer Fanproteste durch. Mitglieder des Finanz- und Verwaltungsrats hatten angeblich Entenmanns Umgang mit einigen Spielern kritisiert, die sie dem Verein bezahlt hatten. »Herr Entenmann war kein Kaufmann. Er hat nie akzeptiert, wie schlimm es uns ging. Wir waren kurz vor dem Bankrott. In solch einer Situation kann man unsere Werbepartner, die uns gerettet haben, nicht wie Schulbuben behandeln«[40], erklärte Voack im Nachhinein. Offiziell erfolgte die kuriose Trennung »wegen unüberbrückbarer Meinungsverschiedenheiten in der täglichen Zusammenarbeit«[41]. Unter anderem hatte Entenmann Widerstand geleistet, als Voack Stürmer Dieter Eckstein gegen dessen Willen für 1,5 Millionen Mark an einen direkten Konkurrenten im Abstiegskampf, den FC Schalke 04, verscherbelte.

Doch Entenmann kam zurück, als Voack längst weg war. Der zwischenzeitlich als VfB-Amateurtrainer nach Stuttgart zurückgekehrte Entenmann wurde 1996 erneut verpflichtet, um den in die Drittklassigkeit der Regionalliga abgestiegenen Club zurück in die 2. Bundesliga zu führen. Das klappte, aber wenige Wochen später. Nach einem missglückten Saisonstart 1997 wurde Entenmann erneut gefeuert. Diesmal von Michael A. Roth. Man sollte meinen, dass Entenmann mit einigem berechtigten Groll auf Nürnberg zurückgeblickt hätte – aber das Gegenteil war der Fall. Den *Nürnberger Nachrichten* erklärte er noch, wie sehr er am 1. FC Nürnberg gehangen hatte. »Der Club war für mich Emotion, das war Reiz pur. Er war ein Geschenk für mich«[42], sagte er in einem Interview, das er ein paar Tage vor seinem plötzlichen Tod durch Herzversagen Anfang 2012 mit 68 Jahren gab. Den Nürnberger Fans bleibt er als ein ehrlicher, bodenständiger und umgänglicher Fußballlehrer in Erinnerung.

GRUND 9

Weil Klaus Augenthaler auf Libero und Manndeckung umstellte

Im Jahr 2000 präsentierte der Club als Zweitligist einen großen Namen. Klaus Augenthaler, Weltmeister von 1990, hatte zuvor als Trainer beim FC Bayern München im Nachwuchs und als Co-Trainer sowie als Chefcoach des österreichischen Erstligisten Grazer AK gearbeitet. Am 3. März 2000 wurde er als Nachfolger von Friedel Rausch verpflichtet, nachdem der Club in der Zweitliga-Tabelle auf Rang sieben abgerutscht war. Der Aufstieg gelang ihm in jener Saison nicht mehr, aber ein Jahr später – mit einer jungen Mannschaft mit Talenten wie David Jarolím oder Frank Wiblishauser. Die Saison 2001/02 war geprägt von stetiger Abstiegsangst, dennoch blieb Augenthaler im Amt und schaffte schließlich den Klassenverbleib.

In der folgenden Saison jedoch lief es gar nicht mehr, was auch an der laut Augenthaler äußerst mangelhaften Stimmung in der Mannschaft lag. »Die reden ja nicht mal beim Kartenspielen«[43], stellte der Trainer fest. Vor allem das von Manager Edgar Geenen verpflichtete Quartett aus Stürmer Milan Belić, den Mittelfeldspielern Rade Todorović und Milorad Popović sowie dem Verteidiger Dušan Petković machte nie Anstalten, Teil eines Mannschaftsgefüges werden zu wollen. Und wenn einer mal etwas sagte, war es etwas Unpassendes, wie bei Stürmer Martin Driller, der nachdrücklich forderte, Augenthaler solle ihn endlich aufstellen (»Was muss noch passieren, bis ich wieder spiele?«[44]) – was Driller 5.000 Euro Strafe kostete. »Wir können beim 1. FC Nürnberg jetzt nur Spieler gebrauchen, die nicht an sich, sondern allein an den Club und die Mannschaft denken«, erklärte Augenthaler. In der Not setzte er den Stürmer dann doch wieder ein und stellte in der Abwehr sogar von der Viererkette auf Libero und Manndecker um: »Ich bin zwar ein Gegner dieser altmodischen Variante. Aber es ist die einfachste Taktik.«[45] Es half alles nichts: Am 30. Spieltag musste der Trainer gehen. Eine Woche zuvor hatten ihn die Fans nach einem 0:3 gegen Hertha BSC noch frenetisch gefeiert und damit seine Demission um eine Woche verschoben. Der Abstieg war auch von Nachfolger Wolfgang Wolf nicht mehr zu verhindern.

Überhaupt endete das Kapitel äußerst unschön. »Vor drei Jahren habe ich das Gespann Edgar Geenen und Klaus Augenthaler geholt. Jetzt muss ich sagen: Es waren drei verlorene Jahre«, polterte Präsident Michael A. Roth. »Auge war ratlos. Es hatte keinen Sinn, sich weiter zu quälen.«[46] Augenthaler wurde nach dem Abschied zudem nachgesagt, gern mal ein Weißbier mehr zu trinken. »Ich habe doch kein Alkoholproblem. Das ist Rufmord«, klagte er.

Einen guten Namen machte Augenthaler sich dafür anschließend bei Bayer Leverkusen (2003 bis 2005), indem er den Werksclub erst vor dem Abstieg rettete und dann in die Champions League führte. Was kein Wunder war, wenn man nach der Gesichtsdeuterin Heike Babura ging, die im Auftrag der BILD-Zeitung eine Gesichtsfurche oberhalb der Nase analysierte: »Diese Falte kann Leverkusen retten«, hieß es am 19. Mai 2003 auf SPIEGEL ONLINE, denn diese bedeute »Willensstärke und Machtanspruch«. Der Trainer sah es pragmatischer: »Der eine kriegt Magengeschwüre, der andere Falten. Da bekomme ich lieber Falten.«[48] Danach war Augenthaler samt willensstarker Falte noch als Übungsleiter beim VfL Wolfsburg (2005 bis 2007) sowie beim Drittligisten SpVgg Unterhaching (2010/11) in der Nähe seines Wohnorts tätig. Dann zog er sich aus dem Geschäft zurück: Er arbeitete für eine Firma, die sich mit Spielertransfers beschäftigte. »Ich habe mit dem Trainerberuf abgeschlossen«, sagte er 2013. »Ich war ja jahrelang in der Mühle drin, jetzt bin ich nicht mehr in Wartestellung.«[49]

GRUND 10

Weil Hans Meyer gern am Tiergärtnertor sitzt

Als Hans Meyer im November 2005 sein Amt beim 1. FC Nürnberg antrat, der zu diesem Zeitpunkt Tabellenletzter war, vermochten ihn weder der Leistungsstand der Mannschaft noch der als Trainerkiller bekannte Präsident Michael A. Roth zu schocken. »Ich entlasse mich künftig nur noch selbst«[50], kündigte er während seiner Zeit in Nürnberg an. Er hatte ja schon viel erlebt: Seine Trainerkarriere begann in der DDR bei Carl Zeiss Jena, wo er von 1971 bis 1983 arbeitete und dreimal den Pokal gewinnen konnte. Dort erlebte er auch gleich seine bitterste Niederlage, 1981 im Finale des Europapokals der Pokalsieger. »Wir führten 1:0 gegen Tiflis und verloren 1:2. Das schleppt man sein ganzes Leben mit sich rum«, erinnerte sich Meyer. »Zugleich war es aber auch die größte Leistung, die ich als Trainer erreicht habe.«[51] Später arbeitete er unter anderem in den Niederlanden bei Twente Enschede, bei Borussia Mönchengladbach und Hertha BSC.

Dass er mit 63 Jahren, als er schon über ein Jahr nicht mehr als Trainer gearbeitet hatte, in Nürnberg noch einmal einen Job annahm, ließ sich sinnvoll begründen. Gartenarbeit sei nichts für ihn, »weil ich die Rosen nicht vom Blumenkohl unterscheiden kann«[52], sagte er einmal. Und außerdem: »Der Adenauer hat doch auch erst mit 72 so richtig angefangen, Politik zu machen.«[53] Also führte er den Club vom letzten Platz auf Rang acht, sein Vertrag wurde zunächst unbefristet und mit sofortiger beidseitiger Kündigungsmöglichkeit verlängert; im Februar 2007 erhielt er dann einen Kontrakt bis 2009. In der Spielzeit 2006/07 führte er den 1. FC Nürnberg auf Platz sechs – und zum DFB-Pokal-Sieg. »›Auch in 39 Jahren ohne Titel waren wir stolz und treu – aber wenn wir schon mal hier sind, nehmen wir den Pokal halt mit‹, las ich auf dem Transparent«, erinnerte er sich später ans Finale in Berlin. »Das hat sogar bei mir eine Gänsehaut verursacht.« Und Meyer lernte in dieser Pokalsaison, »dass man auch nach drei Scheißspielen – gegen Cloppenburg, Paderborn und Unterhaching – mit zwei richtig guten Auftritten – gegen Frankfurt und Stuttgart – seinem Verein Bleibendes bescheren kann«.[54]

Aus seiner Ankündigung, er entlasse sich höchstens selbst, wurde dann aber trotz des Erfolges für die Geschichtsbücher nichts, er wusste ja: »Im Fußball baut man dir schnell ein Denkmal, aber genauso schnell pinkelt man es an.«[55] Am 11. Februar 2008 musste er wegen Erfolglosigkeit – der Club stand auf einem Abstiegsplatz – seinen Posten räumen. Ein Streit vor dem Arbeitsgericht um ausstehende Gehaltszahlungen endete mit einem Vergleich; anschließend führte Meyer noch seinen ehemaligen Club Borussia Mönchengladbach zum Klassenerhalt. Dort baute er auf die Unterstützung von Mittelfeldmann Tomáš Galásek, den er auch schon zum Club geholt hatte. »Von 25 Journalisten in Gladbach haben vielleicht zwei den Wert von Tomáš Galásek erkannt«, stellte er fest. »Der schießt zwar kaum Tore und ist auch kein Marko Marin, der auf drei Quadratmetern vier Mann ausspielt, worauf die Fans zu Recht vor Freude zu onanieren beginnen. Aber er verfügt über die Qualität, seine Mitspieler glänzen zu lassen.«[56] Trotz des Klassenerhalts bat Meyer die Borussia im Mai 2009, seinen noch ein Jahr laufenden Vertrag aufzulösen.

Mittlerweile wohnt Hans Meyer längst wieder in Nürnberg, direkt neben der Burg, und genießt die Fußballrente in seiner Wahlheimat. »Der Platz am Tiergärtnertor hat eine tolle Atmosphäre, um gemütlich ein Bier zu trinken«[57], erzählte er einmal der *Nürnberger Zeitung*. »100 Meter entfernt, der Burggarten ist ein herrliches Fleckchen, den die Gärtner der Stadt immer überragend pflegen. Da sitze ich auch gerne einmal und lese ein Buch. Fünf Minuten von hier und ich bin unten im Schnepperschütz, auch ein richtig schöner Ort, wenn man bei tollem Wetter mal eine Tasse Kaffee trinken oder etwas Gutes essen möchte. Dann gibt es bei uns im Burgviertel noch die Kaiserburg, in der es böhmisches Essen gibt, das genauso schmeckt wie bei meiner Mutter. Es gibt so fünf oder sechs Stellen, die richtig viel Atmosphäre haben und wo ich sehr gerne bin.« Einmal ergänzte er die Liste der Gründe, die für ein Bleiben in Nürnberg sprechen, noch auf seine eigene Art: »Außerdem habe ich eine schöne Wohnung, die rollstuhlgerecht ist.«[58]

Für das Fußballmagazin *11 Freunde* ist Meyer seit Februar 2011 als ständiger Gesprächspartner in der Interviewrubrik »Gehen Sie davon aus – Hans Meyers Wahrheiten« tätig, die eine Parodie auf die ehemalige ZEIT-Rubrik »Auf eine Zigarette« mit Helmut Schmidt darstellt. Ein geeigneter Gesprächspartner ist Meyer mit seinen mal derben, mal ironischen, aber immer irgendwie feingeistigen Sprüchen auf jeden Fall. Die Deutsche Akademie für Fußball-Kultur hat ihm auch den »Fußballspruch des Jahres 2007« zugeschrieben: »In schöner Regelmäßigkeit ist Fußball doch immer das Gleiche.«[59] Nun, der Pokalsieg für den Club hat sich seitdem nicht wiederholt.

GRUND 11

Weil Dieter Hecking das Schiff verließ, als es auf Kurs war

Zugegeben: Der Name Dieter Hecking stand eher nicht für fußballerischen Glanz oder berauschende Offensivfeuerwerke. Aber doch für eine Phase von Kontinuität, wie man sie in Nürnberg selten erlebt hatte. Nachdem er zuvor drei Spielzeiten lang Hannover 96 trainiert hatte, kam Hecking am 22. Dezember 2009 als Nachfolger von Michael Oenning nach Nürnberg. Um den Klassenerhalt zu schaffen, wurden als Verstärkungen mehrere Spieler geliehen, etwa die Bayern Ottl und Breno; am Ende erreichte der Club noch den 16. Tabellenplatz. In den Relegationsspielen gelang mit zwei Siegen über den FC Augsburg (1:0 und 2:0) der Klassenerhalt – der Grundstein für erfolgreiche Jahre war gelegt.

Für die Saison 2010/11 setzte der 1. FCN, aus finanziellen Gründen natürlich, erneut auf zahlreiche Leihspieler. Vor allem das Dreieck aus İlkay Gündoğan, Mehmet Ekici und Julian Schieber hatte entscheidenden Anteil daran, dass sich der Club schon frühzeitig den Klassenerhalt sicherte und die Spielzeit schließlich auf dem sechsten Platz abschloss – nur zweimal hatte Nürnberg in einer Abschlusstabelle der Bundesliga besser dagestanden. Als feste Verpflichtung sollte Heckings Wunschspieler Timmy Simons für Stabilität sorgen – mit seiner Seriosität auf dem Platz und daneben stand er beispielhaft für die Ära Hecking.

Junge Spieler aus anderen Clubs erkannten mehr und mehr, dass sie unter dem Ausbilder Dieter Hecking besser werden und zu Bundesligaeinsätzen kommen konnten. Der Trainer ärgerte sich, »dass unsere Arbeit nur wahrgenommen wird, wenn man mal in höheren Regionen landet«[60], aber Manager Martin Bader wusste, dass »vor allem die Beraterbranche genau weiß, welche Philosophie hier täglich gelebt wird«[61]. In der Saison 2011/12 führte Hecking den

Club erneut ins sichere Mittelfeld – und dort stand die Mannschaft auch, als er im Winter 2012 seinen Abschied verkündete. Im Mai zuvor hatte er der BILD-Zeitung noch gesagt: »Was meinen Vertrag angeht, bin ich zu 99,5 Prozent verlässlich.«[62] Nun trat der 0,5-Prozent-Fall ein, denn Hecking erhielt ein gut dotiertes Angebot des VfL Wolfsburg. Von dort war es kein weiter Weg zu seiner Familie in Bad Nenndorf, doch nicht nur das Finanzielle und das Familiäre gaben den Ausschlag, sondern auch der Umstand, dass in Nürnberg höhere Ziele nicht mehr planbar waren. »Es ist ein reizvolles Ziel, dauerhaft um internationale Plätze zu spielen«[63], sagte er.

Trotz des vorzeitigen Abschieds zählte Hecking am Ende zu den Dauerbrennern des Clubs: Nur Heinz Höher hatte häufiger in der 1. Bundesliga als Cheftrainer auf der Bank gesessen als Hecking. Auch ohne Hecking schloss der Club die Saison unter Nachfolger Michael Wiesinger mit dem soliden Klassenerhalt ab. Der abgewanderte Übungsleiter betonte, ihm sei das klar gewesen: »Ich hätte nie ein sinkendes Schiff verlassen.«[64]

GRUND 12

Weil Michael Wiesinger irgendwie zur Familie gehörte

Die Sache mit der Entlassung fiel allen Beteiligten sichtlich schwer, und das hatte vor allem damit zu tun, dass Michael Wiesinger mit einigem Recht als echter Clubberer gesehen wurde, der irgendwie zur Familie gehörte. Als Spieler erlebte er schließlich sechs Spielzeiten in Nürnberg. Am 6. August 1993 gab Wiesinger, der von der SpVgg Starnberg gekommen war, sein Bundesligadebüt, als er in der 81. Minute für Manfred Schwabl eingewechselt wurde. Sein erstes Bundesligator bedeutete am 4. Dezember 1993 den 1:0-Sieg in Köln. Nach seiner ersten Saison stieg Wiesinger mit dem Club in die 2. Bundesliga ab, er hielt ihm drei Jahre die Treue, bis der Wiederaufstieg gelang. 25 Tore in 186 Spielen standen zu Buche, ehe Wiesinger 1999 nach München ging, wo er für den FC Bayern und danach für den TSV 1860 spielte.

Nach verschiedenen Trainerfunktionen beim FC Ingolstadt – als Cheftrainer führte er die Profimannschaft der Schanzer aus der 3. Liga in die 2., musste dann aber nach einem Fehlstart gehen – kehrte Wiesinger im Juli 2011 nach Nürnberg zurück und übernahm die Leitung der Regionalliga-U23. Als sich dann eineinhalb Jahre später Dieter Hecking recht unversehens nach Wolfsburg verabschiedete, wurde Wiesinger – im Gespann mit dem Assistenten Armin Reutershahn – zum Cheftrainer der Bundesligamannschaft ernannt. »Mit Michael Wiesinger und Armin Reutershahn haben wir zwei Trainer aus den eigenen Reihen, die Vertrauen und hohe Akzeptanz genießen«[65], sagte Sportvorstand Martin Bader. Das Trainergespann werde eine »intakte« Mannschaft übernehmen. Kritische Stimmen ließen zwar nicht lange auf sich warten, doch Wiesinger gelang eine erfolgreiche Rückrunde – daraufhin wurde sein Vertrag verlängert.

Die Saison 2013/14 begann jedoch erfolglos. Selbst beim abgeschlagenen Letzten, Aufsteiger Eintracht Braunschweig, gelang dem Club kein Sieg. Acht Spieltage ohne dreifachen Punktgewinn und zuletzt ein 0:5 zu Hause gegen den Hamburger SV standen zu Buche, als am Montag, den 7. Oktober, zwei reine Routinetermine anstanden: die DFB-Trainertagung in Frankfurt und die Sitzung von Vorstand und Aufsichtsrat beim Club. Das erschütternde Spiel gegen den HSV brachte es mit sich, dass Wiesinger offiziell noch als Trainer, inoffiziell aber schon als angehender Extrainer nach Frankfurt reiste. Und aus der ordentlichen Gremiensitzung beim Club war quasi über Nacht eine außerordentliche geworden. »Wir sind immer Fan davon gewesen, dass wir Verträge mit Leben füllen und dass wir zu unseren leitenden Angestellten mit einhundertprozentiger Überzeugung stehen«[66], hatte Bader nach dem HSV-

Spiel gesagt – dass er die Vergangenheitsform für dieses Bekenntnis wählte, war nicht mehr zu überhören.

Auch der Trainer dürfte gespürt haben, dass der Loyalitätsvorrat seines Vorgesetzten durch diese 90 Minuten aufgebraucht war. »Nach so einem Spiel hast du wenig Argumente als Trainer«[67], sagte Wiesinger. Bader hatte ernsthaft für Wiesinger gekämpft, es hatte ihm nicht gefallen, dass der Trainer vom ersten Tag seiner Amtsübernahme an eine Autoritätsdebatte erdulden musste, deren Motive mitunter bedenklich oberflächlich waren. Wiesinger ist ein kleiner, ruhiger Mann, er ist keiner, der öffentlich poltert oder um der Profilschärfung willen ein paar Pointen setzt.

Diese Debatte hätte Bader wohl ausgehalten, aber auch ihm war aufgefallen, dass sich die Mannschaft sportlich eher zurückentwickelt hatte. Die Elf sah aus wie eine, die sich dringend nach klarer sportlicher Führung sehnte. Es war bezeichnend für die allgemeine Verunsicherung, dass gegen den HSV plötzlich auch die zuverlässigen Kräfte imposant versagten: Verteidiger Per Nilsson vor dem 0:4 und Torwart Raphael Schäfer vor dem 0:5 leisteten sich grobe Patzer, die Wiesinger als »Slapstick« bezeichnete. Gegen den HSV hatte der Trainer erneut umgestellt, er wollte dem Tabellen-Sechzehnten offensiv begegnen: Er postierte Zugang Josip Drmić als zweiten Stürmer neben Tomáš Pekhart, und im Mittelfeld gab er eine bisher kaum gespielte Raute in Auftrag, in der sich der ebenfalls neue Makoto Hasebe als einziger Sechser herumschlagen musste. Eine einschneidende Systemänderung vor einem so wichtigen Spiel – das war eine mutige Entscheidung, und man musste im Nachhinein sagen: eine beeindruckend falsche.

Einige Tage später meldete sich Wiesinger noch einmal zu Wort, er war schwer enttäuscht. Vom ersten Tag an habe er »immer gewisse Vorbehalte«[68] gespürt. Das Umfeld beim Club sei »immer nervös«, es herrsche »ein Worst-Case-Denken« vor, meinte er: »Als wir vor der Saison mit Timmy Simons und Timm Klose zwei wichtige Spieler verloren haben, ist uns das immer wieder vorgehalten worden. Bei uns waren immer Zweifel zu spüren. Andere Vereine gehen damit viel positiver um.« Man müsse beim Club »ein anderes Denken rein bekommen, den Glauben an sich selbst stärken«.[69] Es war eine deutliche Kritik an der Familie, zu der er ja irgendwie dazugehört.

GRUND 13

Weil Gertjan Verbeek nicht singen konnte, aber deutsch sprechen

Ob Sportvorstand Martin Bader Wikipedia studiert hatte? »Gertjan Verbeek gilt als Trainer, der auch in Vereinen mit geringer finanzieller Ausstattung erfolgreiche Mannschaften formen kann«, steht dort über den holländischen Übungsleiter, der Ende Oktober 2013 das Amt beim Club übernahm. Und in der Tat hatte Verbeek ja AZ Alkmaar, einen Verein, der strukturell mit dem 1. FC Nürnberg vergleichbar ist, mit bescheidenen Mitteln drei Spielzeiten hintereinander ins internationale Geschäft geführt.

Zudem galt Verbeek als »harter Hund«, was dem Rollenprofil entsprach, das sich vor allem einige Aufsichtsräte für den Nachfolger von Michael Wiesinger ausgedacht hatten – ebenso wie die Tatsache, dass der 51-Jährige in seiner Heimat als Verfechter einer offensiven Spielweise bekannt war. Zudem sei »von der ersten Minute an« zu spüren gewesen, dass »er heiß auf diese Aufgabe ist und richtig Herz und Feuer mitbringt«[70], wie Bader fand.

Bei seiner Vorstellung in Nürnberg anlässlich seines allerersten Auslandsengagements widerlegte Verbeek auch schnell das Klischee vom humorlosen Disziplinfanatiker. »Die Liga hatte schon fast alles, sie hatte Asketen und Bauchmenschen, sie hatte blasse Menschen und bunte Hunde. Sie hatte Komiker und Schleifer. Aber hatte sie schon mal beides zusammen?«, fragte erstaunt die Süddeutsche Zeitung. »Ich kann nicht singen«[71], hatte Verbeek trocken geantwortet, als jemand anmerkte, dass er wie Rod Stewart aussehe (wohingegen der Sport-Informations-Dienst eine Ähnlichkeit zu Keith Richards von den Rolling Stones ausmachte und die SZ gar zum schrulligen Hexenmeister Catweazle aus der gleichnamigen Fernsehserie aus den Siebzigern).

»Machen Sie sich selbst ein Bild von mir«, sagte Verbeek bei der Pressekonferenz, »das ist besser, als alle Klischees zu glauben.«[72] Mit diesem Satz war das erste Klischee weggewischt, nämlich dass er schlecht deutsch spreche. Er ist ja im grenznahen Enschede aufgewachsen und hatte nach eigenen Angaben »als Kind viel deutsches Fernsehen gesehen«. Verbeek verstand alle Fragen, auch wenn sie auf Fränkisch gestellt wurden, und er betonte, er sei »verliebt in den Club«[73]. Da fragte man sich, wieso dieser sympathische Typ überhaupt als Schleifer gilt und weshalb seine Anstellungsverhältnisse bei Feyenoord Rotterdam und in Alkmaar daran scheiterten, dass er sich mit seinen Spielern überworfen hatte.

Dass Verbeeks Stil autoritär und eigenwillig rüberkam, kam für den Club gerade recht: Als noch der Schweizer Marcel Koller im Gespräch gewesen war, musste sich Bader auf der Mitgliederversammlung fragen lassen, ob es eigentlich Konzept sei, dass er immer so langweilige Trainer aussuche. Nun, langweilig wurde es mit Verbeek nicht – allerdings auch nicht erfolgreich. Nur zu Rückrundenbeginn feierte er eine kleine Serie, dann geriet das Team erneut immer tiefer in den Keller – und am 23. April 2014 musste Verbeek wieder gehen. Den Neuaufbau in der zweiten Liga durfte er nicht mehr mitgestalten.

2. KAPITEL

ROM UND REGIONALLIGA

DIE GRÖSSTEN SPIELE

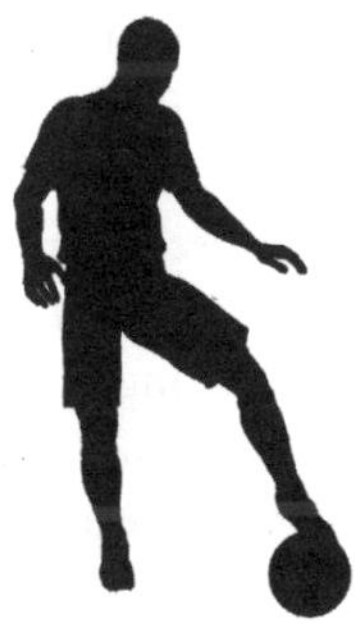

GRUND 14

Weil der Club 1922 nicht Meister wurde … und doch auf der Schale eingraviert ist

Am 18. Juni 1922 herrschte im Berliner Grunewaldstadion drückende Schwüle – und umso schlimmer war das, was sich dort abspielte, für die beteiligten Akteure: das bis heute längste Endspiel der Fußballgeschichte – um die deutsche Meisterschaft zwischen dem 1. FC Nürnberg und dem Hamburger SV. Nach Treffern von Hans Rave (19.) für die drei Jahre zuvor aus drei Hamburger Clubs fusionierte HSV-Mannschaft, dem schnellen Ausgleich durch Heinrich Träg und dem Führungstreffer für den Club durch Luitpold Popp (30.) hatte der Schiedsrichter, der spätere DFB-Präsident Peco Bauwens, plötzlich alle Hände voll zu tun. »Immer verbitterter, härter, unschöner und verworrener wird das Spiel«[74], beobachtete das *Sportmagazin*. Bauwens unterbrach die Partie nach der zehnten Verletzungsunterbrechung und erinnerte die Spieler ans Fair Play; kurz darauf rammte Hamburgs Nationalspieler Otto »Tull« Harder seinem Gegenspieler Anton Kugler die Faust ins Gesicht. Kugler verlor vier Zähne, manche Quellen sprechen von fünf.

Hans Flohr traf vier Minuten vor Schluss zum Ausgleich für den HSV, und in den Verlängerungen wollten einfach keine Treffer mehr fallen – das Elfmeterschießen als Lösung war blöderweise noch nicht eingeführt. Nach 165 Minuten brach Bauwens mitten auf dem Platz zusammen, er litt unter Wadenkrämpfen. Doch er stemmte sich wieder hoch. Kurze Zeit später war das Spiel dann doch beendet, nach 189 Minuten, als die Zuschauer schon minutenlang im Chor »Aufhören!« gerufen hatten – es wurde ja auch langsam dunkel. Ein Sportjournalist erkundigte sich bei Clubtorwart Heiner Stuhlfauth, ob Spiel zwei am kommenden Tag angesetzt werde. »Sie sänn gwiß närrisch, Herr Schödel!«[75], antwortete Stuhlfauth wütend.

Erst am 6. August trafen sich die beiden Teams wieder, diesmal in Leipzig. Clubverteidiger Michael Grünerwald verknackste sich ärgerlicherweise auf der Anreise im Zug den Fuß, als er Bier und Würstchen holen wollte. »Grünerwald verletzt – stop – mit Sonderzug nachkommen – stop – 1. FC Nürnberg«[76], telegrafierten die Verantwortlichen in die Heimat – mit den Fans gemeinsam kam der Reservist Reitzenstein, dessen Vorname nicht überliefert ist. Die Anreise im Sonderzug gestaltete sich aufgrund der Bierlaune der Anhängerschaft beschwerlich – der vornamenlose Reitzenstein kam der Überlieferung nach mit einem gewaltigen Brummschädel und geröteten Augen an.

Das Wiederholungsspiel sorgte für riesiges Zuschauerinteresse, 50.000 bis 70.000 Zuschauer kamen, und sie sollten eine Fortsetzung der irren Vorstellung erleben. »Ein Schlachten war's, nicht eine Schlacht zu nennen«[77], formulierte es eine Sportzeitung. Bauwens, der wieder als Schiedsrichter eingesetzt war, schrieb: »Nachdem sich in der ersten Viertelstunde eine scharfe Note im Spiel beider Mannschaften zeigte, ermahnte ich die Mannschaftsführer und wies darauf hin, dass ich nun zu dem schärferen Mittel des Herausstellens greifen würde.«[78] Es verhallte ungehört, diesmal stand der Nürnberger Mittelstürmer Willy Böß im Mittelpunkt. »Als der hohe Stoß erfolgt war, sah ich noch, wie Böß, obgleich der Ball weg war, sein Bein gegen einen am Boden liegenden Hamburger erhob. Daraufhin verwies ich Böß des Spielfeldes«[79], schrieb Bauwens.

In Unterzahl ging der Club in der 48. Minute durch Träg in Führung, Karl Schneider glich in der 69. Minute für den HSV aus. Vier Minuten später musste der nächste Nürnberger vom Platz, Kugler hatte zu große Knieschmerzen, Auswechslungen waren noch nicht erlaubt. Mit zwei Spielern weniger retteten sich die Nürnberger schließlich in die Verlängerung. Es war ein Chaos mit Ankündigung: »Bevor ich die erste Verlängerung anpfiff, hörte ich eine heftige Auseinandersetzung zwischen Träg und Agte. Ich frug, um was es sich handelte, worauf Träg sehr erregt sagte: ›Der hat Lump zu mir gesagt und Sie haben es nicht hören wollen‹«, schilderte Bauwens. »Agte versuchte, sich bei Träg zu entschuldigen. Dieser ließ dies aber nicht gelten, sondern erklärte ihm, ihn fünf Minuten vor Schluss kaputt zu treten.«[80]

Nun, Trug rächte sich zwar nicht an Agte, trat aber seinem Gegenspieler Beier in der 100. Minute »mit aller Kraft in den oberen Rücken, nahe dem Nacken, sodass Beier nach vorn überkugelte«, wie Bauwens beobachtete: »Die Handlung war derart gemein, dass ich nahe daran war, das ganze Spiel jetzt schon abzubrechen.«[81] Es blieb beim Platzverweis, acht Nürnberger spielten nun gegen elf Hamburger. In der Halbzeitpause der Verlängerung brach dann Popp entkräftet zusammen. »Es wurde mir dann nach weiterem Befragen von Riegel erklärt, Popp könne nicht mehr weiterspielen«, notierte Bauwens. »Ich machte nochmals darauf aufmerksam, dass ich dann das Spiel abbrechen müsste, da weniger als acht Mann auf dem Spielfelde seien. Auch dann erklärte Riegel nach einiger Zeit, Popp könne nicht mehr eintreten und so brach ich dann das Spiel vor Beginn der zweiten Verlängerung ab.«[82]

Vor Beginn der zweiten Verlängerung – diese Formulierung sollte noch entscheidend werden. 294 Minuten reine Spielzeit waren absolviert, und es war kein Sieger gefunden. Der Deutsche Fußball-Bund erklärte schließlich den HSV zum Meister, weil der Club »durch das unsportliche Verhalten zweier seiner Mitglieder, das dann deren Ausschließung zur Folge hatte, den Abbruch selbst verschuldete«[83]. Der Einspruch der Nürnberger hatte aber Erfolg. Wie sich später herausstellte, war der Abbruch eine Fehlentscheidung gewesen: Laut Regelwerk musste ein Spiel zwar abgebrochen werden, wenn eine Mannschaft weniger als acht Spieler auf dem Feld hatte, aber der Abbruch hätte nicht während der Pause erfolgen dürfen – da diese gemäß Regel fünf nicht zum Spiel gehörte.

Der Deutsche Fußball-Bund erklärte auf seinem Bundestag im November den HSV dann doch zum Deutschen Meister. Dieser verzichtete anschließend auf diesen Titel, wobei der Verein später behauptete, der DFB habe ihn von vorneherein dazu genötigt gehabt. Die tatsächlichen Hintergründe dieses seltsamen Deals sind nie bekannt geworden. Auf der Meisterschale sind für die Saison 1921/22 sowohl der Hamburger SV als auch der 1. FC Nürnberg eingraviert.

GRUND 15

Weil der Club (leider nur einmal) Benfica Lissabon und Atlético Madrid besiegte

Es war kurz vor der Einführung der Bundesliga, als sich der 1. FC Nürnberg, der Oberligaspiele gegen Reutlingen, Schweinfurt und Hof gewohnt war, unversehens in erlauchter europäischer Gesellschaft befand. In der Saison 1961/62 trat der Club zum allerersten Mal auf die internationale Bühne. Seine Vorgänger als Deutsche Meister hatten dort schon beeindruckende Vorstellungen gegeben: Eintracht Frankfurt erreichte 1960 als erster deutscher Verein ein Europapokalfinale (3:7 gegen Real Madrid), der Hamburger SV erreichte 1961 das Halbfinale und scheiterte am FC Barcelona. Nun war man gespannt, was der Club als Deutscher Meister zu bieten haben würde. Mit vier Siegen absolvierte die junge Mannschaft von Trainer Herbert Widmayer die ersten beiden Runden souverän – dann wartete im Viertelfinale ausgerechnet der Titelverteidiger Benfica Lissabon.

Im seit Wochen ausverkauften Städtischen Stadion bot der Club einen der besten internationalen Auftritte seiner Vereinsgeschichte, und das trotz eines frühen Rückstands. Rechtsaußen Gustl Flachenecker lief dabei zur Höchstform auf: Zwei Tore erzielte er selbst, das dritte durch Heinz Strehl bereitete er vor. Der Club gewann 3:1, die Spieler freuten sich über die Siegprämie von 50 DM und träumten vom Einzug ins Halbfinale. »Allein schon dieser Sieg ist ein einmaliger Erfolg«, sagte Widmayer nach dem Schlusspfiff, »aber selbstverständlich wollen wir auch im Rückspiel Ehre für den deutschen Fußball einlegen«.[84]

Im Hexenkessel des Estadio da Luz aber setzte es am 22. Februar 1962 vor 70.000 Zuschauern ein 0:6. Beim Club fehlte Stammtorwart Wabra, beim späteren Europapokal-Gewinner Benfica glänzte Superstar Eusebio. »Er spazierte durch unsere Reihen, als ob wir Luft für ihn seien«, stellte Strehl fest. Und Widmayer erkannte: »Wir müssen und werden wieder von vorne beginnen.«[85] Immerhin wurde Strehl mit acht Treffern Torschützenkönig jener Europapokal-Saison.

Ein Jahr später begann tatsächlich alles von vorne: diesmal im Wettbewerb der Pokalsieger. Nach Erfolgen über AS St. Etienne (0:0 und 3:0) und BK Odense (1:0 und 6:0) zogen die Nürnberger ins Halbfinale ein und trafen auf den spanischen Pokalsieger Atlético Madrid. Natürlich war das Städtische Stadion wieder ausverkauft. Tasso Wild sorgte mit zwei Toren in der 31. und 71. Minute für den umjubelten 2:1-Sieg. Dabei stand die Partie kurz vor dem Abbruch: Nach ungeahndeten Tätlichkeiten der Spanier stürmten einige Nürnberger das Spielfeld.

Doch der Hinspielsieg sollte erneut nicht reichen. Vor 115.000 euphorischen Zuschauern kassierte der Club in Madrid zwei Gegentore (45., 57.) und schaffte keinen eigenen Treffer – immer wieder scheiterten die Nürnberger an Atlético-Torwart Madinabeytia. Trainer Widmayer stellte fest: »Der Club war einem Europacup-Endspiel nie zuvor so nahe.«[86] Was er nicht ahnte: Danach sollte er es auch nie mehr sein.

GRUND 16

Weil Franz Brungs gegen den FC Bayern fünf Tore in einem einzigen Spiel erzielte

Der Stürmer Franz Brungs hat, was bei seinem Spitznamen »Goldköpfchen« keine Überraschung darstellt, die meisten seiner Treffer mit dem Kopf erzielt. Er war ein körperlich robuster Strafraum-Brecher, kein Filigranfußballer, und Inter Mailands berühmter Trainer Helenio Herrera hatte angesichts dieser brutalen Wucht einmal gestaunt: »Der Kerl hat ja den Teufel im Leib.«[87] Es gehört nun zum Grundwissen eines jeden Club-Fans, dass Brungs beim legendären 7:3 gegen den FC Bayern München am 2. Dezember 1967 fünf Treffer erzielte. Und zum Stoff eines Aufbaukurses, dass das Goldköpfchen in diesem Spiel kein einziges Mal mit dem Kopf traf, sondern stets hübsch mit dem Füßchen. »Manchmal höre ich von Leuten, dass sie meine Kopfballtore damals im Stadion bejubelt haben«, sagte Brungs später. »Naja, die waren dann wohl doch nicht da.«[88]

Fünf Tore in einer Partie – das ist bis heute Club-Rekord. »Es war ein Spiel, in dem alles gepasst hat«[89], sagt Brungs heute, »das i-Tüpfelchen auf meine Karriere. Fünf Tore in einem Spiel – wann schafft man das schon? Und auch noch gegen den Nationaltorwart.«[90] Sepp Maier hatte einen schwarzen Tag erwischt, wie seine Vorderleute auch – er kam aus dem Kopfschütteln nicht mehr heraus. Die 65.000 Zuschauer konnten kaum glauben, was sich da abspielte: Der Tabellenführer legte den Zweitplatzierten auseinander. Der ZDF-Reporter sprach – zu Recht, wie sich herausstellen sollte – von einer »Vorentscheidung« um die Meisterschaft. Der Mann des Tages gab sich bescheiden. »Den Ausschlag gaben die Kameraden, die mir die Bälle maßgerecht servierten«[91], sagte Brungs. Torschützenkönig wurde er in der Meistersaison übrigens nicht: Mit 25 Treffern landete er hinter dem Kölner Hannes Löhr (27).

Brungs war 1965 für eine Ablösesumme von 75.000 Mark, den damaligen Höchstsatz, aus Dortmund zum Club gekommen – und hatte zunächst Mühe, sich einzuleben. »Es hieß: ›Da kommt ein Preuß‹«, erzählte er später. »Zuerst hat man Probleme, sich anzupassen. Aber wenn dich die Franken erst mal liebgewinnen, lassen sie dich nicht mehr gehen. Dann stehen sie hinter dir.«[92] Brungs, der in Oberasbach wohnt, später etliche fränkische Vereine von der SpVgg Bayreuth bis zum FC Schweinfurt 05 als Trainer führte und ein Lotto-Toto-Geschäft in Nürnberg besaß, blieb stets ein gern gesehener Gast im Frankenstadion. Das letzte Mal stand sein Name im Mittelpunkt, als im März 2011 der Stürmer Christian Eigler vier Treffer zum 5:0 gegen den FC St. Pauli beisteuerte – denn da wäre Brungs' Torrekord um ein Haar gefallen.

Wer mit gehobenem Clubwissen glänzen will, sollte über jenes 7:3 übrigens noch ein bisschen mehr wissen: Neben seinen fünf Treffern verzeichnete Brungs noch einen Assist, er bereitete das 2:0 durch Georg Volkert vor. Er gewann den entscheidenden Zweikampf im Strafraum gegen einen gewissen Franz Beckenbauer. Es war ein Kopfballduell.

GRUND 17

Weil der Club an einem legendären Abend 1982 weit mehr als ein Statist war

An jenem kühlen 1. Mai 1982 waren 61.000 Zuschauer im Frankfurter Waldstadion zum Pokalfinale erschienen, und sie erwarteten nicht, dass sie diese Partie besonders erregen würde. Der FC Bayern als SpitzenClub, der 1. FC Nürnberg wieder einmal als Bundesliga-Abstiegskandidat; mit einem besonders spannenden Verlauf war kaum zu rechnen. Dass die Meisterschaft durch eine 3:4-Niederlage gegen den Hamburger SV soeben verloren gegangen war, vermochte die Bayern-Fans in ihrer Erwartung des sicheren Sieges nicht zu verunsichern. Die Bayern-Spieler hingegen offenbar schon. Der 1. FC Nürnberg ließ die Bälle laufen, der schnelle Stürmer Werner Dreßel und der robuste Stratege Reinhold Hintermaier stießen immer wieder in die Lücken. In der 31. Minute führte Hintermaier ein paar Meter jenseits der Mittellinie den Ball am Fuß, wurde nicht attackiert, fand aber auch keine Anspielstation. Also setzte er einfach mal zum Schuss an, knapp 40 Meter vor dem von Manfred Müller gehüteten Münchner Tor. »Gedacht hab ich mir überhaupt nichts dabei«, erzählte er. »Ich hab nur noch gehört, wie der Peter Stocker schreit ›Nein!‹, aber da war's schon zu spät.«[93] Der Ball passte genau in den Winkel, allerdings unter freundlicher Mitarbeit Müllers. Münchens Trainer Pal Csernai fragte: »Wenn nicht dieser Schuss, was ist dann haltbar?«[94] Kurz vor der Halbzeitpause lief Dreßel nach einem Pass von Hintermaier allein auf Müller zu, umkurvte ihn und erzielte das 2:0.

Doch in der zweiten Hälfte kam die bittere Wende. »Trainer Udo Klug hat uns in der Pause plötzlich nur noch gesagt: ›Schaut, dass ihr ja keinen reinkriegt‹«, erinnerte sich Hintermaier später. »Bei uns hat plötzlich das große Denken eingesetzt. Wir steckten damals mal wieder mitten im Abstiegskampf, und dann führst du als krasser Außenseiter gegen den großen Favoriten mit 2:0. Plötzlich hatten wir etwas zu verlieren.«[95]

Aus Sicht des 1. FC Nürnberg ist es dann die Geschichte eines unberechtigten Elfmeters geworden. Nach dem 1:2 durch Karl-Heinz Rummenigge (53.) und dem 2:2 durch Wolfgang Kraus (65.) verwandelte Paul Breitner (72.) den von Schiedsrichter Gerd Henning (Duisburg) verhängten Strafstoß. »Es ist eine Sauerei, dass dieses Spiel so entschieden wird«[96], klagte Hintermaier. »Der Elfmeter war absolut ungerechtfertigt.«

Aus Sicht des FC Bayern war es hingegen die Geschichte von Dieter Hoeneß. Der Bayern-Stürmer hatte sich in der ersten Spielhälfte bei einem Zusammenprall mit Alois Reinhardt eine Platzwunde am Kopf zugezogen, spielte aber weiter – mit seinem legendären blutgetränkten Turban. Das 1:2 bereitete er per Kopf vor, und als Hoeneß in der 89. Spielminute dann auch noch den 4:2-Endstand – erneut mit dem Kopf – erzielte, war er endgültig der Held des Abends. »Für diesen Einsatz hat sich Dieter eigentlich das Eiserne Kreuz verdient«[97], sagte Bayern-Präsident Willi O. Hoffmann. »Ich habe das gar nicht gespürt, ich wollte einfach nur den Pott gewinnen!«[98], gab Hoeneß hinterher zu Protokoll. »Schmerzhaft wurde es nur, als die Wunde in der Halbzeit genäht wurde.« Zwei Stiche, ohne Betäubung, weiter ging's. Bei 0:2, »da konnte ich doch nicht rausgehen.«[99] Im Trikot des unterlegenen Gegners präsentierte er anschließend stolz seine Kopfwunde.

Der Club war Teil eines Abends, der in die deutsche Fußballgeschichte einging, und das keineswegs als Statist, sondern als überzeugender Hauptdarsteller. So kann man das heute aus der Distanz betrachten. Doch nach dem Spiel und in den Wochen danach überwog die unbändige Enttäuschung. »Es stinkt mir, dass jetzt alle sagen ›Ihr habt euch gut aus der Affäre gezogen‹«, klagte Hintermaier. »Wenn man 2:0 führt, darf man sich auch von einem FC Bayern München nicht mehr das Heft aus der Hand nehmen lassen.«[100]

GRUND 18

Weil der Club in Rom Europa grüßte

»Nürnberg grüßt Europa«, rief Radioreporter Günther Koch, als sich der 1. FC Nürnberg im Jahr 1988 tatsächlich wieder einmal für den Europacup qualifiziert hatte – das erste Mal seit den 1960er-Jahren. Große Ereignisse verdienen natürlich ein Lied, und so nahm Koch mit der in Franken recht berühmten Conny Wagner Showband sogar eine Maxi-Single mit dem Titel *Nürnberg grüßt Europa* auf.

Im UEFA-Pokalspiel am 7. September 1988 beim mit internationaler Fußballprominenz wie Rudi Völler besetzten AS Rom rückten zwei Nürnberger in den Mittelpunkt: die Angreifer Souleyman Sané und Dieter Eckstein, die gemeinsam den sensationellen 2:1-Auswärtssieg sicherstellten. Sané machte dabei das Spiel seines Lebens. Er war an beiden Treffern beteiligt. Nach einer Flanke von Wagner traf er kurz vor der Pause selbst mit dem Kopf, und in der 56. Minute bereitete er mit einem Absatzkick den Siegtreffer durch Dieter Eckstein vor. Die FCN-Vereinszeitschrift schrieb damals: »Zum Schrecken der römischen Verteidigungsexperten mauserte sich die schwarze Perle Souleyman Sané. Wie er beim Club-Führungstor den Ball in die Maschen köpfte, stimmte die fußballverrückten Tifosi teilweise ehrfurchtsvoll, ließ sie aber auch ihre eigenen Topstars verdammen.« Die italienische Zeitung *Il Messaggero* fand es »beschämend, wie der 600.000-Mark-Stürmer Sané fast alleine eine 80-Millionen-Mark-Mannschaft lächerlich spielte«. Nach dem Abpfiff, so ist es überliefert, soll der damalige Präsident Gerd Schmelzer behauptet haben: »Das ist der größte Triumph der Vereinsgeschichte!«[101]

Ein bisschen übertrieben war das natürlich schon, und der beschworene Triumph endete zudem abrupt – das Rückspiel im Nürnberger Stadion, das aufgrund von Umbaumaßnahmen zu dieser Zeit einer Baustelle glich und nur mit 20.000 Zuschauern besetzt war, verlor die Mannschaft von Trainer Hermann Gerland mit 1:3. Dabei erzielte Eckstein durch einen Elfmeter zum 1:1 sein vorerst letztes Tor für den Club; er wechselte dann unerwartet für 3,4 Millionen Mark zu Eintracht Frankfurt.

GRUND 19

Weil der Club 1989 mit 4:0 gegen den FC Bayern gewann

Wie gut, dass es damals noch keine Rasenheizungen als Pflichtausstattung für Bundesligisten gab – sonst wäre der 25. November 1989 womöglich nicht einer der Tage geworden, die in die Club-Geschichte eingingen. In einer Partie, die unter widrigen Wetterverhältnissen stattfand, trat der 1. FC Nürnberg vor 46.500 Zuschauern gegen den FC Bayern München an, den wieder einmal amtierenden Meister. Auf schneebedecktem, teilweise vereistem Platz, der der verbissen kämpfenden Truppe von Trainer Hermann »Tiger« Gerland natürlich entgegenkam. Die Nürnberger schickten die Münchner mit einem sensationellen 4:0 nach Hause. Für den Club trafen Thomas Brunner (34., Foulelfmeter), Frank Türr (55.), Ralf Dusend (72.) sowie Thomas Kristl (75.).

»Ein unglaubliches Erlebnis«[102] sei das gewesen, schwärmte Kristl noch viele Jahre später und sprach vom »schönsten Spiel« seiner Laufbahn. Kristl war es der Überlieferung nach auch, der die Produktion des Aufklebers »4:0 gegen die Bayern – ich war dabei« veranlasste, der sich zu einem Renner im Fanshop entwickelte. Dieser Erfolg erfreute das Clubberer-Herz nämlich fast noch mehr als der sechste Tabellenplatz, der zum Jahresende belegt wurde. Meister wurde in dieser Spielzeit übrigens: der FC Bayern München. Und Hermann »Tiger« Gerland? Musste im Frühjahr nach diesem Spiel gehen und arbeitete danach bei den Münchnern, lange Jahre als Trainer der U23-Mannschaft und dann als Co-Trainer.

GRUND 20

Weil Schilda in Franken lag

Dass das Heimspiel des 1. FC Nürnberg gegen Borussia Dortmund am 24. Februar 1990 abgesagt werden musste, hatte nichts mit dem Winterwetter zu tun – jedenfalls nur indirekt. Um den Rasen bespielbar zu machen, verwendeten die Nürnberger nämlich eine Mischung aus Quarzsand und Glasscherben. Das Verletzungsrisiko erschien den Verantwortlichen dann offenbar zu hoch. Ganz Fußball-Deutschland lachte über diese Maßnahme, und natürlich war überall zu lesen und zu hören, Schilda liege nun in Franken.

Der Club, in dieser Saison sportlich gut platziert, hatte es wohl für nötig gehalten, etwas für sein Image zu tun. Und für die Stammtische gab es endlich mal wieder was zu meckern. Noch heute vermeldete der 1. FC Nürnberg auf seiner Homepage stolz: »Es lagen Glasscherben auf dem Platz. Eine Spielabsage aus besagtem Grund gab es in der Bundesligageschichte noch nie zuvor.«[103] Man ist geneigt zu ergänzen: natürlich nicht.

Womöglich waren die Nürnberger ja sogar ganz froh über die um eine Woche verlängerte Vorbereitungszeit auf die Restrunde. Irgendwann mussten sie dann allerdings blöderweise doch noch gegen Dortmund spielen. Das Spiel wurde kurz nach dem Trainerwechsel – für Hermann Gerland hatte Dieter Lieberwirth übernommen – am Montag, 16. April, nachgeholt und ging 1:3 verloren. Den Klassenerhalt schaffte der Club in dieser Spielzeit aber ganz souverän, er landete mit 33:35 Punkten sogar auf Platz acht.

GRUND 21

Weil natürlich der Club das Opfer des legendären Phantomtors war

Es wäre einfach nur späte Gerechtigkeit für Franken gewesen, hätte das Fraunhofer Institut Erlangen vom Fußballweltverband FIFA den Zuschlag für die Torlinien-Technologie zur WM 2014 bekommen. Stattdessen erhielt leider das konkurrierende Unternehmen GoalControl den Zuschlag, um beim Confederations Cup 2013 das System zum Test zu stellen, mit dem künftig zuverlässig ermittelt werden soll, ob der Ball drin war oder eben nicht.

Da hat sich bei der FIFA wohl niemand an den April 1994 erinnert. Damals wurde der 1. FC Nürnberg – wer auch sonst – Opfer des berühmtesten Phantomtors der Fußballgeschichte. Manche behaupten gar, der Begriff »Phantomtor« habe sich damals erst im Sprachgebrauch etabliert. Der Club war beim FC Bayern München zu Gast. In der 26. Minute rollte ein Schuss von Thomas Helmer am linken Pfosten vorbei. Nürnbergs Torwart Andreas Köpke fragte Helmer noch, wie man diesen Ball denn bloß vorbeisetzen könne. Helmer soll ihm geantwortet haben: »Ich weiß es auch nicht.«[104] Dann entschied Schiedsrichter Hans-Joachim Osmers auf Tor. Schiedsrichterassistent Jörg Jablonski hatte ein Tor gesehen. Manfred Schwabl, damals im Trikot der Nürnberger, erinnert sich: »Wir waren fassungslos. Alle rannten zu Osmers, um gegen die Fehlentscheidung zu protestieren. Er hätte doch schon an den Reaktionen der Zuschauer erkennen müssen, dass da nie und nimmer ein Tor gefallen war. Doch der Schiedsrichter vertraute seinem Linienrichter.«[105]

Natürlich hatte Osmers gesehen, dass der Ball ins Aus getrudelt war. Er dachte allerdings, eine andere Szene als Jablonski zu beurteilen, und mutmaßte, der Ball sei dann also zuvor bereits im Tor gewesen. Dennoch hatte Osmers so seine Zweifel; er berichtete später, auch Helmer gefragt zu haben, der ihm aber auch gesagt haben soll, der Ball sei im Tor gewesen. Mit dem 1:0 ging es in die Halbzeitpause. »Ich habe den Linienrichter dann noch mal gefragt, ob er sich bei dem Treffer sicher sei«, erinnert sich Osmers. »Aber Jörg meinte nur, ich müsse mir keine Sorgen machen, der sei auf jeden Fall drin gewesen.«[106] Doch schon als das Gespann zur zweiten Halbzeit zurückkam, sah er auf den Bildschirmen der Journalisten die Wahrheit. »Das war eine Hypothek für die zweiten 45 Minuten«, sagte Osmers. Er sei »der Ohnmacht nahe«[107] gewesen.

In der zweiten Hälfte kamen die Nürnberger zum Ausgleich, aber Helmer legte – diesmal regulär – das 2:1 nach. Kurz vor dem Ende gab es Elfmeter für die Gäste – Verursacher war ausgerechnet Helmer. Manni Schwabl legte sich den Ball zurecht. An der Linie drückte Jablonski die Daumen: »In diesem Moment war ich zum ersten Mal in meiner Schiedsrichterkarriere parteiisch. Ich habe mir nichts sehnlicher gewünscht, als dass Schwabl den Elfer rein macht.«[108] Und auch für Osmers war der fällige Strafstoß »ein Geschenk des Himmels. Denn an diesem Elfmeter gab es nichts zu rütteln. Deshalb war ich mir dann sicher: Der liebe Gott ist noch auf deiner Seite. Aber Schwabl war eben nicht auf meiner Seite.«[109] Bayern-Torwart Raimond Aumann parierte den Elfmeter, die Nürnberger legten gegen die Spielwertung Protest ein.

Und in der Tat gewährte der DFB ein Wiederholungsspiel – er berief sich in diesem Fall nicht auf eine Tatsachenentscheidung. Ganz im Gegensatz zu einem weiteren berühmten Phantomtor, das der MSV Duisburg im Jahr 2010 in einem Zweitligaspiel gegen den FSV Frankfurt erzielte; da krachte ein Schuss von Christian Tiffert an die Latte und kam etwa einen Meter vor der Torlinie wieder auf. Und auch im Gegensatz zum neuesten Phantomtor – dem des Leverkuseners Stefan Kießling 2013 gegen Hoffenheim, als der Ball seitlich durch ein Loch im Netz den Weg ins Tor fand. Als Begründung aus dem Jahre 1994 ist überliefert, dass bei Helmers Treffer im Unterschied zu heute die Anzeige eines Tores durch den Assistenten nicht im Regelbuch stand, also ein Regelverstoß vorlag, wenn sich der Schiedsrichter auf seinen Assistenten verließ. Genützt hat es ohnehin gar nichts, im Gegenteil: Das Nachholspiel endete 5:0 für die Münchner.

Die bitterste Pointe aber folgte, wie sollte es beim Club auch anders sein, am letzten Spieltag: Bei einem Remis in jenem Phantomtor-Spiel hätte es ja höchstwahrscheinlich keinen Protest gegeben; und mit einem Zähler mehr auf dem Konto wäre der 1. FC Nürnberg nicht abgestiegen (stattdessen Freiburg). Schwabl trug den Schiedsrichtern aber nichts nach. »Fehler sind menschlich, und wir sollten alle kapieren, dass alles nur ein Spiel ist«[110], sagte er später. »Dass er gesteht, er habe beim Elfmeter für mich die Daumen gedrückt, finde ich sensationell.« Osmers berichtete, er habe »danach sogar einmal Urlaub in Franken gemacht«.[111]

GRUND 22

Weil Thomas Eichin zu Recht auf Günter Sebert sauer ist

Dass der Club a Depp is, wird in diesem Buch in all seinen Facetten ausgeführt, und es sei versprochen, dass diese Weisheit nicht inflationär verwendet werden soll. An manchen Stellen kommt man aber einfach nicht drum herum, und für eine dieser Geschichten zeichnet ein Trainer namens Günter Sebert verantwortlich. Der Mannheimer war in der Winterpause der Zweitligasaison 1994/95 auf den entlassenen Rainer Zobel gefolgt und feierte in seinem ersten Heimspiel gleich einen Sieg gegen den SV Meppen. Das Depperte war nur, dass in der Mannschaftsaufstellung des 1. FC Nürnberg vier Ausländer standen – was den Regularien des Deutschen Fußball-Bundes widersprach. Erlaubt waren pro Mannschaft nur drei Spieler ohne deutschen Pass.

Bei Luboš Kubik, Arnar Gunnlaugsson und dem in der 58. Minute eingewechselten Sergio Bustos bestand in dieser Hinsicht schon durch die Namen Anlass, genau mitzuzählen. Dass in seinem neuen Kader auch der in der 81. Minute eingewechselte Reinhold Hintermaier kein Deutscher war, konnten Sebert und die Mannschafsbetreuer natürlich nicht ahnen – und Hintermeier selbst offenbar auch nicht: »Ich lebe schon so lange in Nürnberg, ich fühle mich gar nicht mehr wie ein Ausländer.«[112] Aber auch diese Aussage nützte nichts – die Punkte gingen an den SV Meppen. Der Mittelfeldspieler weilte zwar schon seit 16 Jahren in Deutschland, blieb aber den damaligen Statuten nach Österreicher, weil er nie die erforderlichen drei Jahre in einer deutschen Jugendmannschaft gespielt hatte. »In der Kabine hätte man nach dem Spiel eine Stecknadel fallen hören«[113], erinnerte sich Thomas Brunner.

Sebert konnte danach nach eigenen Angaben zwei Nächte lang nicht schlafen; er sprach vom »schwärzesten Tag meiner langen Karriere«[114]. Mit 30:38 Punkten und Rang 15 schafften die Nürnberger am Saisonende den Klassenerhalt in der 2. Liga nur durch die Lizenzentzüge für Dynamo Dresden und den 1. FC Saarbrücken. Besonders ärgerlich war der Wechselfehler auch für Thomas Eichin: Der Abwehrspieler erzielte in der Partie sein einziges Tor überhaupt als Fußballprofi, »ein sehr schönes noch dazu«[115], wie er betonte. Doch aufgrund des Wechselfehlers fiel es aus der Wertung.

Der Club durfte sich damit trösten, dass sich in die Deppengalerie der Wechselfehler kurz darauf große Prominenz einreihte: Giovanni Trapattoni und der FC Bayern München stolperten zwar nicht über die Ausländerklausel, aber über die eigenen Talente. Am 15. April 1995 gewann Bayern 5:2 in Frankfurt, verlor aber die Punkte, weil vier Vertragsamateure (statt maximal drei) auf dem Feld standen.

GRUND 23

Weil 26.000 Zuschauer zum Regionalligaspiel gegen Quelle Fürth kamen

FCN-Präsident Michael A. Roth verstand es wieder einmal auf unverwechselbare Art und Weise, die Stimmung anzuheizen. »Wer einen Rolls-Royce fahren will, muss auch Geld für das Benzin haben«[116], lästerte er in Richtung des winzigen Nachbarclubs SG Quelle Fürth, der sich nicht nur erdreistete, in derselben Spielklasse zu kicken wie der große Club, sondern zu allem Überfluss auch noch zu verstehen gab, dass er »vor dem FCN nicht kuschen«[117] werde. Dabei hatte es ja nicht die SG Quelle verursacht, dass die Nürnberger 1996 in die drittklassige Regionalliga abgestürzt waren. In der Presse wurde die Außenseiterrolle der Quelle optisch untermalt – Torwart Jojo Müller wurde bei seiner Arbeit als Postbote abgelichtet und stand damit für das Image der Fürther als Feierabendkicker. Nach dem mühsamen 1:0 im Hinspiel war Club-Trainer Willi Entenmann aufgebracht über die harte Spielweise der Quelle: »Ich überlege, ob ich überhaupt wegen dem Geklopfe zur Pressekonferenz gehen soll. Ich hoffe, ich habe mich bis Weihnachten wieder beruhigt.«[118]

Weihnachten war längst vorbei, als sich die beiden Clubs zum zweiten Mal trafen – es war der letzte Spieltag, der Wiederaufstieg der Nürnberger stand fest und sollte angemessen zelebriert werden. Und in der Tat erschienen unglaubliche 26.000 Zuschauer zu einem sportlich bedeutungslosen Drittligaspiel. Den Klassenerhalt für die SG Quelle wiederum hätte selbst ein dreifacher Punktgewinn im Frankenstadion nicht mehr ermöglicht, doch unsterblich hätte sich die Elf, die vom ehemaligen Club-Spieler Dieter Lieberwirth trainiert wurde, trotzdem machen können. Es war ja abzusehen, dass sich die Chance, mit dem Club in einer Liga zu spielen, wohl nie wieder ergeben würde. Ein gewisser Bernd Fuchsbauer hatte die

Gäste per Kopfball nach elf Minuten in Führung gebracht, doch am Ende stand ein 2:1-Sieg des 1. FC Nürnberg – und ein verrücktes Ende der Partie. Dass Siegtorschütze Peter Jenkner angeblich zunächst nicht auf dem Spielberichtsbogen stand, durfte man noch als Lappalie durchgehen lassen. Doch die letzten Minuten gerieten zu einer voreiligen Meisterfeier und sorgten für Empörung bei der Quelle.

Fünf Minuten vor Spielende hatten die Nürnberger Fans – nach einer Durchsage, dass die Tore zum Innenraum nach Spielende geöffnet würden – keine Lust mehr zu warten. Sie kletterten bereits über die Zäune und stürmten zum Feiern auf den Platz. Nach zehnminütiger Unterbrechung wurden die letzten fünf Minuten zu Ende gespielt, obwohl Tausende Zuschauer schon am Spielfeldrand standen. Auf einen Protest gegen die Spielwertung verzichteten die Fürther angesichts der sportlichen Bedeutungslosigkeit – aber eine Rechnung in Höhe von 2.000 Mark schickten sie doch an den großen Nachbarn: Die Auswechselbank der Fürther war von den Club-Fans auf der Suche nach Erinnerungsstücken regelrecht geplündert worden.

GRUND 24

Weil der knappste Abstieg aller Zeiten die unendliche Liebe festigte

Günther Kochs Frau befand sich im Urlaub in Rom. »Du kannst beruhigt fahren«, hatte der Radioreporter ihr gesagt, »du musst mich dieses Jahr nicht trösten.« Denn mit einem Abstieg war vor dem letzten Bundesligaspiel des 1. FC Nürnberg gegen den SC Freiburg am 29. Mai 1999 nun wahrlich nicht mehr zu rechnen. Drei Punkte und fünf Tore trennten den Club vor dem finalen Spieltag von Eintracht Frankfurt auf Abstiegsplatz 16; zudem lagen Stuttgart, Freiburg und Rostock hinter dem 1. FCN. Was dann passierte, ging als der »schwarze Samstag von 1999« in die Historie ein – als knappster Abstieg aller Zeiten. »Danach habe ich im Auto auf der ganzen Heimfahrt geheult«, erinnert sich Koch. »Und ich habe das Stadion ein Vierteljahr lang nicht mehr betreten.«

Eine turbulente Spielzeit lag hinter dem Club, insgesamt vier Trainer hatten gewirkt – Felix Magath, der noch vor der Saison wegen Streitigkeiten um die Kaderplanung gegangen war, Willi Reimann, der sich Anfang Dezember wegen »privater Probleme« verabschiedete, Interimslösung Thomas Brunner und schließlich nach der Winterpause Friedel Rausch. Nun schien sich dennoch alles zum Guten zu wenden: Die Formulare an die Dauerkartenbesitzer für die kommende Bundesligasaison waren schon verschickt, auf dem Aufstellungszettel gratulierte ein Sponsor in einer Anzeige zum Klassenerhalt.

Und dann dieser Nachmittag. 68. Minute: Stuttgart führt 1:0 gegen Bremen, Rostock 1:0 in Bochum, Freiburg 2:0 in Nürnberg. Der Club scheint trotz des Rückstands sicher gerettet zu sein. Die Eintracht führte zwar zunächst gegen Kaiserslautern, doch die Roten Teufel haben nach 68 Minuten ausgeglichen, es steht 1:1 – viel zu wenig für Frankfurt. Doch letztlich fehlen »nur« noch drei Tore. Koch beginnt das Unheil zu ahnen: »Als ich panisch begann, vom drohenden Abstieg zu sprechen, schauten mich auch die Kollegen auf der Pressetribüne an und sagten: Der Koch spinnt mal wieder.«[119]

70. bis 74. Minute: Frankfurt geht gegen Kaiserslautern 2:1 in Führung. Weil Bochum fast gleichzeitig gegen Rostock aus einem 0:1 ein 2:1 macht, sieht es nun nach dem Abstieg von Hansa aus.

77. bis 84. Minute: In der legendären Radiokonferenz klagt Koch: »Nichts zu sehen von den Clubberern, wo bleibt eure Ehre, was habt ihr eurem Publikum zu bieten? Kämpfen, kämpfen, heißt es. Sie wackeln mit den Knien, und sie haben keine Chance. Die Pfiffe

sind die korrekte Quittung für das lasche Angehen der Nürnberger!«[120] Kurz darauf, als Koch nach Mönchengladbach geschaltet hat, brüllt Kollege Manni Breuckmann im Hintergrund: »Tooor in Bochum! Tooor in Bochum! Toooooor in Bochum!«, bis er endlich zu Wort kommt. »Hansa bäumt sich noch einmal auf!«, ruft Breuckmann. Rostock gleicht wieder aus, das reicht aber zur Rettung nicht. Frankfurt schießt unterdessen unter großem Jubel des Publikums zwei weitere Tore und holt mit dem 4:1 den Club im Hinblick auf die Tordifferenz ein – und überholt ihn wegen der mehr geschossenen Tore. Zu diesem Zeitpunkt sind die Rostocker abgestiegen, sie brauchen einen Sieg. Aber Koch weiß: »Der Club taumelt, der Club hängt am Abgrund.«

84. Minute: Rostock geht in Bochum in Führung. Der Club liegt weiter 0:2 zurück und steht nun erstmals an diesem Nachmittag auf einem Abstiegsplatz. »Und Tooor! Tor für Rostock!«, ruft Breuckmann. »Majak, der eingewechselte Majak, macht ein Kopfballtor! Und 7.000 Ostseeanrainer, die 7.000 mitgereisten Fans, sie sind aus dem Häuschen. Hansa Rostock führt um 17.12 Uhr mit 3:2 und …«

85. Minute: In diesem Moment unterbricht ihn Koch. »Tooor! Tooor! Toooooor in Nürnberg! Ich pack das nicht! Ich halt das nicht mehr aus! Ich will das nicht mehr sehen! Aber sie haben ein Tor gemacht.« Die Nürnberger schießen durch Nikl das 1:2. Nun haben sie wieder die bessere Tordifferenz gegenüber der Frankfurter Eintracht (immer noch 4:1 gegen Kaiserslautern)!

89. Minute: Frankfurts Jan Åge Fjørtoft gelingt nach einem Alleingang und einem Übersteiger das 5:1 gegen Kaiserslautern – der Club ist abgestiegen. »Hallo, hier ist Nürnberg«, sagt Koch seinen legendären Satz: »Wir melden uns vom Abgrund.«

Tatsächlich, so kurios es klingt, hatten die Nürnberger Spieler vom letzten Frankfurter Tor auf dem Rasen gar nichts mehr erfahren. Auf der Anzeigetafel wurden keine Zwischenergebnisse aus anderen Stadien eingeblendet. So spazierten sie guten Mutes in jenen viel zitierten Abgrund. »Ich dachte, wir hätten's trotzdem geschafft«[121], sagte kurz nach dem Schlusspfiff der junge Frank Baumann, der die tragische Figur beim Club war: In der 89. Minute hatte er frei stehend nach einem Abpraller den Torwart angeschossen und das rettende 2:2 verpasst. Diese Szene gibt es noch heute auf dem Internetportal YouTube zu sehen – und darunter hat ein User geschrieben: »DIESEN TAG möchte ich NIE WIEDER erleben. Hatte damals eine Dauerkarte im 7er und saß am Ende nur noch heulend auf den Stufen. Aber sowas macht hart und stärkt nur die UNENDLICHE LIEBE zu diesem Verein. FCN, ich LIEBE DICH!«

GRUND 25

Weil er den Triumph vom 26. Mai 2007 für immer im Herzen trägt

»Der Traum vom Finale wurde wahr – triumphiert und lasst uns heute in die Geschichte eingehen«, stand auf einem langen Banner in der Ostkurve des Berliner Olympiastadions, in der sich die Nürnberger Fans gesammelt hatten. 39 Jahre hatte der 1. FC Nürnberg auf einen Titel warten müssen – bis zu jenem Pokaltriumph am 26. Mai 2007 gegen den VfB Stuttgart. In dem unvergesslichen Finale brachte ausgerechnet der ehemalige Nürnberger Cacau den VfB Stuttgart in Führung – ehe Marek Mintál den Ausgleich erzielte und der VfB begann, Nerven zu zeigen. Zunehmend brannten bei den Stuttgartern die Sicherungen durch: Cacau musste nach einem Faustschlag gegen die Brust von Andreas Wolf mit Rot vom Platz – und keine 60 Sekunden später hätte sich auch Fernando Meira den Platzverweis redlich verdient gehabt, als er Mintál durch einen brutalen Tritt so verletzte, dass er ausgewechselt werden musste. Nun musste der Club ohne sein »Phantom« auskommen – doch in der zweiten Hälfte traf Marco Engelhardt mit einem Kopfballaufsetzer zum 2:1. Man merkte den Stuttgartern weiterhin an, dass sie nach dem Gewinn der Deutschen Meisterschaft Angst hatten, den Traum vom Double zu verspielen – doch Pável Pardos verwandelter Foulelfmeter brachte den VfB immerhin in die Verlängerung.

Und dann kam der große Auftritt von Jan Kristiansen. Der Däne war in der Winterpause der Saison 2005/06 von Esbjerg FB nach Nürnberg gekommen, die Saison 2006/07, in der er 20 Erstliga-einsätze absolviert hatte, war geprägt von Licht und Schatten. Eigentlich sollte er den Club verlassen, doch nun kam der Moment, der dafür sorgte, dass er doch in Nürnberg bleiben konnte. Wolf trieb in der 109. Minute den Ball durchs Mittelfeld und setzte Kristiansen an der linken Seitenauslinie in Szene. Mit dem Ball am Fuß zog der Däne in die Mitte – und traf mit einem wuchtigen Rechtsschuss aus 22 Metern in den Winkel zum entscheidenden 3:2. »In der Verlängerung weiß man nie, was passieren kann«[122], stellte Kristiansen später fest. »Ich bekomme dann an der Seitenlinie den Ball von Andi Wolf zugespielt. Meira kommt mir entgegen und rückt etwas aus der Abwehr heraus. Ich nehme den Ball mit, ziehe in die Mitte und versuche einfach, aufs Tor zu schießen. Das Einzige, woran ich mich noch erinnere, ist, dass der Ball an die Latte und von dort aus reingeht.«[123]

Es war Kristiansens allererstes Tor im Club-Trikot. Club-Trainer Hans Meyer kommentierte es wie gewohnt ironisch und trocken: »Es weiß natürlich keiner, dass der Jan Kristiansen vor zwei Jahren in Dänemark schon 18 Tore gemacht hatte. Wenn er damit jetzt bei uns anfängt, dann wird er auch zum Basisspieler.«[124] Jahre später betrachtete Meyer den Treffer ganz anders: »Dass ausgerechnet er, obwohl auch von Seiten der Fans sehr kritisch mit ihm umgegangen wurde, über die ganze Saison eine so fantastische Einstellung zeigt und sich dann mit einem Sonntagsschuss unsterblich macht«[125], war schließlich nicht nur für ihn bemerkenswert.

Nürnbergs Langzeit-Linksverteidiger Javier Pinola sagte, es sei ein »Triumph« gewesen, »den ich immer in meinem Herzen trage«[126]. Alle Nürnberger, die dabei waren, werden es genauso sehen.

Und Kristiansen? Nach dem Abstieg, ein Jahr nach dem Triumph, wechselte er nach Kopenhagen zu Brøndby IF.

GRUND 26

Weil am 21. Februar 2008 ganz Deutschland mitfühlte

»Eine Minute fehlt zum Wunder« *(Rheinische Post)*, »Keulenschlag in den Schlussminuten« *(Ruhrnachrichten)*, »So ein Pech!« *(Berliner Kurier)* – diesmal nahm die deutschlandweite Medienlandschaft Anteil am Schicksal des Clubs. Es war eine begeisternde Leistung der Mannschaft um Tomáš Galásek, die zuvor ihre Vorrundengruppe mit dem FC Everton, Zenit St. Petersburg, AZ Alkmaar und Larissa FC als Zweiter hinter Everton überstanden hatte. Doch den größten internationalen Erfolg seit 45 Jahren konnte der 1. FCN vor 42.890 Zuschauern im Frankenstadion am Ende nicht krönen. Er schied am Donnerstag, den 21. Februar 2008, in der Zwischenrunde des UEFA-Pokals höchst unglücklich gegen Benfica Lissabon aus. Das Nürnberger Team, das einige Wochen zuvor vom neuen Trainer Thomas von Heesen übernommen worden war, führte nach einer 0:1-Hinspielniederlage bis kurz vor Schluss mit 2:0 durch Treffer von Angelos Charisteas (58.) und Ivan Saenko (65.). Das Weiterkommen war zum Greifen nah. In der 89. Spielminute machten sich die Fans im Frankenstadion schon bereit zum Jubeln.

Und dann das: Wirrwarr im Strafraum, die Club-Abwehr kann sich nicht befreien, Glauber schießt Koller an, den Querschläger drischt Cardozo ins Tor. 2:1 – der Schock und der Knock-out für den Club.

Der endgültige Todesstoß erfolgte dann durch den erfolgreichen Sololauf von Ángel di María in der vierminütigen Nachspielzeit. Das war dann auch egal. »Ich könnte heulen«[127], sagte Saenko. Mit einiger Distanz betrachtet, war es ein großer Abend, der den

1. FC Nürnberg zurück in die deutschlandweite Beachtung brachte. Er bedeutete allerdings auch einen Schockmoment, der womöglich dazu betrug, dass der DFB-Pokalsieger des Vorjahres in dieser Bundesligasaison weiterhin nicht richtig in die Spur fand und am Ende abstieg. »Wir haben das Pech angezogen, jetzt müssen wir endlich mal das Glück zwingen«[128], hatte von Heesen nach dem bitteren 2:2 appelliert. Das sollte nicht gelingen.

GRUND 27

Weil der Club ein Relegationsexperte wurde

Am 9. Oktober 2007 beschloss die Deutsche Fußballliga (DFL) die Wiedereinführung der Relegationsspiele zwischen 1. und 2. Liga ab der Spielzeit 2008/09. Der Sechzehnte der Bundesliga stieg nun nicht mehr direkt ab, der Drittplatzierte der 2. Bundesliga wiederum nicht mehr direkt auf. Stattdessen trafen sich diese Teams, um einen Platz in der Eliteklasse auszuspielen. Die Neuregelung kam für den 1. FC Nürnberg leider ein Jahr zu spät – in der Spielzeit 2007/08 stieg er als 16. aus der Bundesliga ab.

Der vom Schicksal gebeutelte Club beendete die Zweitliga-Spielzeit 2008/09, wie sollte es anders sein, auf Rang drei. Durch die neue Regelung stand nun Energie Cottbus als Bundesliga-Sechzehnter im Weg. Doch die Nürnberger ließen sich vom Schicksal nicht entmutigen – sie gewannen einfach schon das Hinspiel im Stadion der Freundschaft bei den desolaten Cottbusern 3:0 durch Treffer von Boakye (2) und Eigler. Der Deckel war drauf, das Rückspiel-2:0 mit zwei Treffern von Eigler und Mintál Formsache. Und der Jubel war natürlich umso größer, in der Bar B-Quadrat am Wöhrder See und im Club Indabahn im Nürnberger Hauptbahnhof wurde gefeiert bis zum Morgengrauen. Irgendwie war das mit dieser Relegation doch keine schlechte Sache.

Und genau ein Jahr später sollte der 1. FC Nürnberg von ihr auch erstmals profitieren – als 16. der Bundesliga. Diesmal war der FC Augsburg der Gegner. Erneut setzten sich die Clubberer ungefährdet durch – 1:0 zu Hause durch ein Tor von Eigler in der 84. Minute, 2:0 auswärts durch Treffer von Gündoğan und Choupo-Moting (Foulelfmeter). »Es sieht so aus, als ob wir uns langsam zu Relegationsexperten mausern«[129], sagte Manager Martin Bader. Er wird dennoch ziemlich froh gewesen sein, dass diese neue Qualität in den folgenden Spielzeiten nicht weiter auf die Probe gestellt wurde.

3. KAPITEL

LIEDER UND GEDICHTE

DAS KULTURELLE ERBE

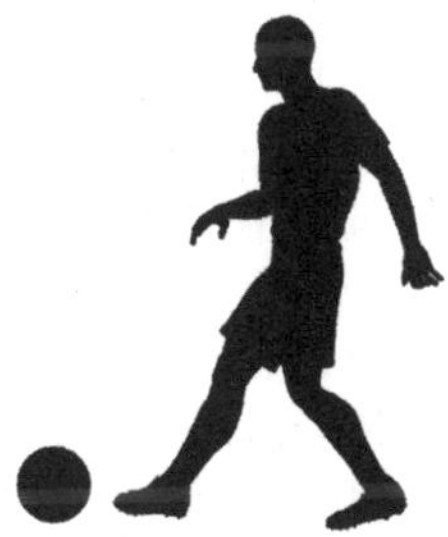

GRUND 28

Weil sein Stern für immer am Fußballhimmel stehen wird

Die Interpreten klingen auf den ersten Blick nicht gerade vielversprechend: »FCN Party Project feat. Oliver Hartmann«, sehr viel seltsamer kann man eine Band nicht nennen. Zumal sich unweigerlich die Frage aufdrängt, wer zum Teufel eigentlich Oliver Hartmann ist. Ausgenommen davon sind natürlich Musikexperten und Metal-Fans, denen stellt sich diese Frage keineswegs: Oliver Hartmann stammt aus Rüsselsheim, war Sänger der Power-Metal-Band At Vance und arbeitete in Rock- und Metal-Produktionen mit Avantasia, Edguy und Rhapsody of Fire.

Es dürfte auch kaum einer der unzähligen Fahne schwenkenden Fans im Frankenstadion wissen, von wem dieses Lied stammt, und doch ist der vom Neumarkter Mark Bender geschriebene und getextete Song unverzichtbar bei jedem Heimspiel. Der Leierkastenmann vor dem Stadion spielt ihn schon lange vor Anpfiff in Heavy Rotation, und drinnen im weiten Rund sorgt er dann kurz vor Anpfiff für die ersten Gänsehäute des Nachmittags. Man muss nicht parteiisch sein, um festzustellen, dass *Die Legende lebt* aus dem Jahr 2000 das beste aktuelle Vereinslied des deutschen Fußballs ist. Nach Art der Barockdichtung wird dort die Vergänglichkeit thematisiert: »Die Uhren laufen schneller, / die Zeit sie bleibt nicht steh'n, / der Weg führt in die Zukunft, / so vieles wird gescheh'n«, wird treffend festgestellt. Allerdings nur, um tröstlich anzumerken: »Ein Fels in wilder Brandung / ist unser FCN. / Sein Stern, er wird für immer / am Fußballhimmel steh'n. / Die Legende lebt, / wenn auch die Zeit vergeht, / unser Club, der bleibt besteh'n. / Die Legende lebt, / wenn auch der Wind sich dreht, / unser Club wird niemals untergehen.« Was in der Barockdichtung das Jenseits war, ist nun der Glubb.

Das ist das Stückchen Gewissheit, das an einem Samstagnachmittag guttut. Und bei einem Verein, der schon des Öfteren vor der

Pleite stand, hört man dieses Versprechen selbstredend besonders gern. Wer schon auf der Anreise oder (wahrscheinlicher) auf der Heimreise Trost braucht, sollte sich den Titel selbst zulegen. Wichtig: Bei Bestellung übers Internet nicht mit der gleichnamigen Platte der Kastelruther Spatzen verwechseln!

GRUND 29

Weil das Wappen so fränkisch ist

Was gibt es nicht alles für absonderliche Wappen im deutschen Fußball: den verschnörkelten, zweischwänzigen Löwen des TSV 1860 München, die rund zugeschnittene und hässlich eingerahmte Oktoberfest-Tischdecke des FC Bayern, das mühselig in ein klassisches Wappen integrierte Firmenlogo bei Bayer Leverkusen, das seltsame Bonsaibäumchen des FC Augsburg, das in Wahrheit eine sogenannte Augsburger Zirbelnuss ist, oder das völlig zu Recht nur dreiblättrige Kleeblatt der SpVgg Greuther Fürth – um nur die schlimmsten Verfehlungen zu nennen. Wie wohltuend dagegen die Ästhetik beim Club: Beim 1. FCN haben sie einfach 1. FCN in weißen Buchstaben auf roten Grund geschrieben und einen Kreis darum gemacht. Klar, sachlich, kein Schnickschnack – einfach fränkisch. Dazu kommt, dass Rot und Weiß ja auch die fränkischen Farben sind.

Natürlich ist der Zahn der Zeit auch am Nürnberger Wappen nicht spurlos vorübergegangen; die Schrift und die Farbe wurden immer wieder dem aktuellen Stilempfinden angepasst. So wurden etwa im Jahr 1918 drei Punkte zwischen den Buchstaben (1. F.C.N.) angebracht, was damals äußerst hip war. Als sie nicht mehr hip waren, wurden die Punkte 1945 wieder entfernt. Die heutige Schrift wurde 1964 eingeführt. Mitte der 1970er-Jahre beging der Club dann allerdings eine nicht verzeihliche Modesünde: In einer Art

Wappen auf dem Trikot wurden die drei berühmten Buchstaben F, C und N durch die Buchstaben A, E und G ausgetauscht, um einen zahlungskräftigen Elektrogerätehersteller zu erfreuen. Das würde heutzutage sicher böse Klagen über die Kommerzialisierung des modernen Fußballs auslösen. Damals störte es offenkundig niemanden, aber da gab es auch noch keine Ultras. Vergleichsweise noch akzeptabel erscheint es im Vergleich dazu, dass das Wappen auf einem Auswärts-Trikot der 1980er-Jahre farbverkehrt dargestellt war.

Die letzten großen Debatten über das Logo gab es 2012, als die Farbe offiziell zu einem bestimmten Weinrot geändert wurde. Um die Sache zu verstehen, muss man erst einmal wissen, was eine RAL-Farbe ist. So bezeichnet man normierte Farben, die auf eine Tabelle von 40 Farben zurückgehen, die 1927 vom Reichsausschuss für Lieferbedingungen (RAL) erstellt wurde. Es ist in Paragraf fünf der Vereinssatzung festgelegt, dass das Rot der Vereinsfarbe RAL 3020 ist, das sogenannte Verkehrsrot, das wegen seiner Signalfarbe auf Stoppschildern verwendet wird. Nun steht in der Satzung allerdings auch: »Die Traditionsfarben für den Spiel- und Sportbetrieb sind weinrot (HKS 16, RAL 3004) -schwarz.« Jenes RAL 3004 soll nun auch einheitlich für alle Abbildungen des Logos verwendet werden, wie der 1. FC Nürnberg am 8. August 2012 in einem Schreiben an die Medienredaktionen nachdrücklich forderte. Weinrot soll wohl eleganter und hochwertiger wirken als das aufdringlich brüllende Verkehrsrot. Selbst auf der vereinseigenen Homepage tauchten allerdings nach der Umstellung noch beide Farbtöne auf – und im Fanshop gab es Autoaufkleber des Wappens in beiden Rots zu kaufen. Selbst diese Verwirrung konnte freilich an der puristischen Schönheit des Wappens nichts ändern. Solange keine Tischdecken, Tiere oder Pflanzen integriert werden, kann man mit kleinen Änderungen leben.

GRUND 30

Weil er in die deutschsprachige Lyrik eingegangen ist

Der österreichische Dichter Peter Handke, einer der bekanntesten deutschsprachigen Schriftsteller der Gegenwart, verewigte die Mannschaftsaufstellung des 1. FC Nürnberg vom 27. Januar 1968 in seinem Band *Die Innenwelt der Außenwelt der Innenwelt* – in einem Gedicht mit dem passenden Namen *Die Mannschaftsaufstellung des 1. FC Nürnberg vom 27.1.1968*. Das Werk liest sich so[130]:

Die Mannschaftsaufstellung des 1. FC Nürnberg vom 27.1.1968

WABRA

LEUPOLD POPP

LUDWIG MÜLLER WENAUER BLANKENBURG

STAREK STREHL BRUNGS HEINZ MÜLLER VOLKERT

Spielbeginn:
15 Uhr

Das ist schön in Form und Sprache, aber historisch nicht richtig – was im Gegensatz etwa zum Dokumentartheater bei einem Gedicht nachrangig sein mag, aber den Feuilletonisten Volker Weidermann von der *Frankfurter Allgemeinen Zeitung* zu einer intellektuell-wütenden Korrektur veranlasste: »Nicht Leupold, wie im Gedicht vermerkt, lief damals als linker Verteidiger auf, sondern Hilpert. Das ist der Unterschied. Das Gedicht ist wertlos.«[131] Wobei auch Weidermanns Text wertlos ist, denn er behauptet: »Wahrscheinlich hat sich Leupold beim Warmmachen verletzt, Hilpert kam rein.« Das stimmt auch nicht. In Wahrheit wurde der linke Läufer Blankenburg in der 76. Spielminute durch Leupold ersetzt. Dies ist der derzeitige Stand der Forschung, der wiederum auch nicht als hundertprozentig gesichert gelten sollte: Erschwert wird eine Recherche der tatsächlichen Aufstellung dadurch, dass es sich um ein DFB-Pokal-Erstrundenspiel beim damaligen Regionalligisten Bayer Leverkusen handelte, das mit einem routinemäßigen 2:0 für die Nürnberger endete. Obwohl der Gegner nicht genannt wird, ist für echte Anhänger sofort ersichtlich, dass es sich bei der Aufstellung um ein Pokal- oder Freundschaftsspiel handeln muss: Jener Horst Blankenburg hat zwar insgesamt 75 Bundesligaspiele bestritten, aber nie eines für den 1. FC Nürnberg.

Es steckt also mehr in diesem Werk, als man denken mag. Wer nun banausenhaft einwendet, dass (abgesehen von eventuellen Fehlern) derartige Gedichte jede Woche im *kicker* veröffentlicht werden, und das auch noch mit Noten, sei darauf hingewiesen, welch wundersamen Einfluss das Werk auf die Saison 1967/68 hatte: Nach der Veröffentlichung wurde Nürnberg Deutscher Meister. Das passt: Der Text wolle, so geht eine allgemein beliebte Deutschunterrichts-Interpretation, ein unscheinbares Teilchen des Alltags vor dem Vergessen retten und sich damit gegen Routine und Zeitindifferenz wehren, wie sie etwa der damalige Stürmer Franz Brungs an den Tag legte, als er nach dieser Partie sagte, es sei »egal, wie man solche Spiele gewinnt«[132], nach drei Tagen sei sowieso alles wieder vergessen. Jedenfalls wurde es für Nürnberg dann eine unvergessliche Saison. Und auch Handke war mit seinem Gedicht wohl sehr zufrieden: Er legte das Werk *Die japanische Hitparade vom 25. Mai 1968* nach.

GRUND 31

Weil Deutschlands bester Radioreporter natürlich Clubfan ist

Einer der berühmtesten Namen in der deutschen Sportjournalistenszene ist unmittelbar mit dem 1. FC Nürnberg verbunden. Und das ist kein Zufall. Denn Günther Koch hat nur deshalb seine legendären Radioreportagen so unverwechselbar emotional erzählt, weil er als Berichtsgegenstand einen Verein erhalten hatte, der ihm keine andere Wahl ließ, als sein Fan zu werden.

Als der 1941 geborene Koch aus München, wo er in der Maxvorstadt aufgewachsen war, nach Nürnberg kam, war er noch ausschließlich FC-Bayern-Anhänger: »Ich hatte als Kind alle Bayern-Spiele gesehen, in den Fünfzigerjahren und Anfang der Sechziger.« 1964 zog er nach Franken, weil er seine erste Stelle nach dem Lehramtsstudium an der Peter-Henlein-Realschule in Eibach erhielt. Frisch in Nürnberg, erlebte er das 3:7 der Münchner im Frankenstadion in der Nürnberger Meistersaison 1967/68 auf seine Weise: »Das war nicht mal ein besonderes Spiel. Da war halt jeder Ball drin«, erzählt Koch im Garten seines Bungalows im Stadtteil Langwasser, während er den Kaffee eingießt. »Ich dachte mir: Da geh ich nie mehr rein in dieses Stadion.«

Nun, das war ein großer Irrtum. Mit 35 Jahren schrieb er aus Wut über die seiner Meinung nach miserablen Radioreportagen von Fußballspielen einen Brief an den Bayerischen Rundfunk und bot sich als »bessere Alternative« an. Er durfte Probereportagen machen und am 3. April 1977 sein Debüt beim Zweitligaspiel Hof gegen Augsburg geben. Er blieb als Lehrer in Teilzeit tätig, arbeitete dazu als Radioreporter. Bald betrat er das Frankenstadion fast jedes zweite Wochenende. »Durch die Arbeit habe ich nolens, volens irgendwann gemerkt: Ich bin ja Club-Fan geworden«, sagt Koch. »Ich habe es aber erst so richtig registriert nach dem Abstieg 1994 in Dortmund. Mir war so schlecht, dass es mir egal gewesen wäre, wenn ich mit einem Hubschrauber abgestürzt wäre.«

Die Faszination seiner Reportagen für ihn selbst und mithin auch für die Hörer erklärt Koch so: »Im Radio kann man parteiisch und doch objektiv sein. Wenn man an der Stimme merkt, dass dir etwas wehtut, ist es okay – solange es sachlich richtig ist.« Von 1.100 Fußballspielen, die Koch kommentierte, waren nach seinen eigenen Angaben 501 Club-Spiele. 2006 gab Koch seine Tätigkeit beim Bayerischen Rundfunk auf, beim Club spielt er immer noch eine wichtige Rolle: Seit Oktober 2011 sitzt er im Aufsichtsrat. Vor den Heimspielen machte er mit einem Mikrofon Mitgliederwerbung am Stadion. Und im Keller seines Bungalows hat er ein riesiges Club-Archiv, in dem sich neben unzähligen Tonkassetten auch eine Sammlung von Wimpeln, Postern und anderen Devotionalien findet. »Ich hatte nie vor, Club-Fan zu werden«, sagt er rückblickend. »Das kam durch die Liebe zu den Fans und zu den Menschen. Und weil man einfach Mitgefühl bekommt, was diesem Verein alles passiert. Es ist viel anstrengender, aufregender und mühsamer, aber auch viel lohnender, als Bayern-Fan zu sein. Es kommt der Lebenswirklichkeit so nahe – dem banalen, stinknormalen Alltag.«

GRUND 32

Weil das Club-Museum in aller Bescheidenheit glänzt

Ein bisschen Protz gibt es nur auf dem stillen Örtchen. Auf dem Schalter der Toilettenspülung im Club-Museum steht: »9 x Deutscher Meister, 4 x DFB-Pokalsieger«. Ansonsten zeigt sich das Museum im Vorraum des neuen Verwaltungsgebäudes sowohl in der Größe als auch in der Gestaltung in typisch fränkischer Bescheidenheit. Angeberei ist eben nicht die Sache der Nürnberger.

Dennoch gibt es hier – bei freiem Eintritt während der Geschäftszeiten – viel Interessantes zu sehen. Die gesamte Vereinsgeschichte wird präsentiert, beginnend mit einem Ausriss aus dem Vereinsregister der Stadt im Jahr 1900. Auch die legendäre Mütze des fünffachen Deutschen Meisters Heiner Stuhlfauth ist zu sehen – sie gehört der Nürnberger Familie Falke, die sie ursprünglich dem Museum Industriekultur überlassen hatte. Stuhlfauth selbst schenkte seine Mütze Willy Falke, ebenfalls Torhüter. Er hegte und pflegte das gute Stück bis zu seinem Lebensende. »Ich wollte die Mütze einmal waschen«, sagte seine Frau Rosi bei der Übergabe, »aber da hat mein Mann gesagt: ›Da ist doch der Schweiß von Heiner Stuhlfauth drin.‹«[133] Gewaschen hingegen ist ein Trikot aus dem Jahre 1973, das erste Club-Leibchen aller Zeiten mit Trikotwerbung (AEG). Zu sehen gibt es auch Hans Kalbs legendären Bierkrug mit Zinndeckel, Edi Schaffers grünes Torwarttrikot aus der Nachkriegszeit, das älteste erhaltene Club-Trikot aus dem Jahre 1919, das Weltmeistertrikot von Max Morlock mit der Nummer 13 aus dem Jahre 1954 oder die Bundesliga-Torjägerkanone, die Marek Mintál als erster Nürnberger 2005 erhielt. Und natürlich viele große Spiele des 1. FC Nürnberg auf Bildschirmen, auf denen die Besucher jeweils zusätzliche Informationen anklicken können.

Der Aufruf des Vereins über das Internet, weitere Ausstellungsstücke beizusteuern, war recht erfolgreich: Azubi Maximilian Koch aus Freystadt (»wie die Münzen in den Besitz meiner Familie gekommen sind, weiß ich nicht«) brachte zwei Goldmünzen »Deutscher Fußballmeister 1936« und »Sieger im Endspiel um den Vereinspokal 8.12.1935«. Und Brigitte Spamer aus Dreieich/Sprendlingen schenkte dem Club-Museum zur Eröffnung 2012 eine bestens erhaltene, ungeöffnete Dose Meisterbier aus dem Jahr 1968.

GRUND 33

Weil selbst der Herrgott begeistert war

Fußball-Lieder sind keineswegs eine Erfindung des kommerziellen Sportbetriebs. In den Anfängen waren sie allerdings noch weitaus seltener und bedurften schon außergewöhnlicher Anlässe. Im Club-Museum ist ein noch recht gut erhaltenes Notenheft des *Deutschen Fußball-Marschs für Salon-Orchester* von 1920 zu sehen, den Ernst Gröschel anlässlich der ersten Meisterschaft des 1. FC Nürnberg komponierte, mit dem Text von Paul Geißler: »Drunt' am Sportplatz nacheinander / rauscht der Ball zweimal ins Tor / drauf der Herrgott ruft begeistert: / Dieser Club steht einzig da!«

Aus dem Herrgott wurde in einschlägigem Liedgut im Laufe der Jahrzehnte der sogenannte Fußballgott, ansonsten darf der Marsch inhaltlich durchaus als ein Vorläufer späterer Fußballhymnen gelten. Aufgeführt wurde er im Jahr 2000 noch einmal im Bayerischen Rundfunk zur Jubiläumsfeier des 1. FC Nürnberg. Das Autorenduo feierte nach dem Fußballmarsch übrigens weitere Erfolge, etwa den Foxtrott *Was macht die Bella so spät im Keller.*

GRUND 34

Weil der *kicker* in Nürnberg zu Hause ist und Ernst Ernst oder Rein reintat

Der *kicker* wird nicht umsonst als »Fachmagazin« bezeichnet. Dort arbeiten eben Experten: So war es die damals außerordentlich beeindruckende Spielkultur des 1. FC Nürnberg, die der Überlieferung nach den Ausschlag gab, dass Herausgeber Walter Bensemann im Jahr 1926 den Redaktionssitz aus Ludwigshafen nach Nürnberg verlegte – und dort residiert der *kicker* noch heute. Mag er auch in weiten Teilen kein literarisches Vergnügen sein: Mit seinen Noten für die Spieler, der regelmäßigen »Rangliste des deutschen Fußballs« und den sachlich-nüchternen Spielberichten gehört er montags und donnerstags bei vielen Fußballinteressierten noch heute zur absoluten Pflichtlektüre.

Aus sprachwissenschaftlicher Sicht zeichnet sich der *kicker* vor allem durch seine Überschriften aus. Dabei vermischt er gerade in den unteren Spielklassen gern unbekannte Namen mit Basisinformationen zu kleinen Kunstwerken (»Ernemann lässt Dobrý aus den Augen«, »Konrád-Treffer belohnt Aufholjagd«, »Hasa sehenswert – Okpala kommt«). Beliebt sind auch Alliterationen – während sich Vereine, die einen Spieler mit K verpflichten, diesen gern krallen, werden Spieler mit A vorzugsweise geangelt. Kleine Höhepunkte waren stets auch auf der Hand liegende Wortspiele – zur Situation des 1. FC Nürnberg mit seinem damaligen Trainer schrieb das Magazin in den 1980er-Jahren: »Immer tiefer mit Höher«. Im Jahr 1999 fragte sich der *kicker* zum Torwartkonflikt des VfL Bochum – Beteiligte waren Trainer Ernst Middendorp sowie die Keeper Thomas Ernst und Rein van Duijnhoven: »Tut Ernst Ernst rein? Oder tut Ernst Rein rein?«

Dass diese Werke in Franken gefertigt werden, ist letztlich der Entscheidung Bensemanns zu verdanken, wenngleich der *kicker* seitdem eine bewegte Geschichte erlebte und den Verlag mehrmals wechselte. Das Blatt fusionierte 1943 mit der Zeitschrift *Fußball*, ehe es im Herbst 1944 eingestellt und nach dem Zweiten Weltkrieg als *Sportmagazin* wiederbelebt wurde. 1951 gründete der ehemalige Chefredakteur Friedebert Becker den *kicker* in einem Münchner Verlag neu; so erschienen beide Titel zunächst parallel. Im Jahr 1966 wurde der *kicker* – mittlerweile war man zu der Schreibweise mit kleinem k übergegangen – an den Axel Springer Verlag verkauft. 1968 erwarb dann der Olympia Verlag in Nürnberg den *kicker* und vereinigte ihn mit dem *Sportmagazin*, das seit August 1953 zweimal wöchentlich herauskam. Am 7. Oktober 1968 erschien die erste

Ausgabe des *kicker Sportmagazin* – es war der Beginn einer Erfolgsgeschichte.

GRUND 35

Weil Schönheit in Nürnberg aus Pragmatismus entstand

Flach spielen, hoch gewinnen – diese noch heute gängige und in vielen Fällen erfolgversprechende Fußballfloskel ist in den 1910er- und 1920er-Jahren in Franken entstanden. Von »Bumbes« Schmidt ist die gängige Kabinenpredigt überliefert: »Also Männer, dass der Bescheid wissd: Heid werd flach gschbilld und houch gwunna – sonst gibds drümmer Schelln.«[134] Dass für den Fall des Misserfolgs mit hohen Bällen gewaltige Ohrfeigen angedroht wurden, mag die Beliebtheit des Flachpasses in der Nürnberger Mannschaft rapide erhöht haben. Allerdings entsprach sie auch dem typisch fränkischen Pragmatismus – angesichts einer Durchschnittsgröße der Mannschaft von etwa 1,70 Metern wären Hochweitbälle gegen die deutlich größer gewachsenen Mannschaften, etwa aus Norddeutschland, tatsächlich kein zweckmäßiges Mittel gewesen. Dass das Ganze schön aussah, wurde als Begleiterscheinung gern hingenommen.

Man muss leider unumwunden zugeben, dass die Sache mit dem Flachpass zunächst ausgerechnet in Fürth zur Perfektion gelangte. Denn aufgrund von örtlichen Sponsoren konnte sich die SpVgg bereits ab 1911 einen Profitrainer aus England leisten, William Townley. Er brachte die Idee mit, die zunächst noch als »der schottische Flachpass« bezeichnet wurde. Während er die Fürther perfektionistisch und geradezu wissenschaftlich akkurat schulte, behielten die Nürnberger auch mangels besseren Wissens ihre Intuitivität und Geradlinigkeit auf dem Feld. Nach oftmals langen Ballfolgen an der

Strafraumgrenze entlang fanden sie dennoch immer wieder eine Lücke, um einen ihrer schnellen Halbstürmer einzusetzen.

1913/14 hatte sich auch der Club einen Engländer geholt, doch die Tätigkeit von Fred Spiksley war durch den Ersten Weltkrieg jäh beendet worden. Die nachfolgenden Übungsleiter waren – wie »Bumbes« Schmidt – eigentlich Spieler, im Prinzip gar keine Trainer und schon gar nicht das, was man heutzutage Konzepttrainer nennt. Flach gespielt wurde trotzdem. 1927 kehrte »Mister Spiksley«, wie er ehrfurchtsvoll genannt wurde, nach Nürnberg zurück und führte den Club zur deutschen Meisterschaft. Und noch einige Jahrzehnte lang blieben die Nürnberger dem Motto »Flach spielen, hoch gewinnen« treu.

GRUND 36

Weil der Club das Verlieren zu einer Kunstform erhebt

Der Autor Matthias Hunger hat, zu diesem Schluss muss kommen, wer sein quasibiografisches Club-Buch *Im Bann der Legende* liest, in seinem Leben trotz seiner noch relativ jungen Jahre bereits sehr viel gelitten. Und fast immer hat es mit dem 1. FC Nürnberg zu tun gehabt. Der Club sei zwar »grandios im Triumph«, stellte Hunger fest, aber eben auch »grandios im Scheitern« – »die Legende wurde eben nicht nur durch die vielen großartigen Siege begründet, sondern auch durch die vernichtenden Niederlagen. Denn wenn der Club verliert, dann tut er dies nicht einfach nur so. Er erhebt es zu einer Kunstform und wurde so legendärer als die Titel, die er jagt.«[135]

Das lässt sich zu Recht auf sehr viele Spiele beziehen, auf manche Abstiege, auf tragische Episoden in der Clubführung. Doch die Kunst, auf ganz besondere Weise zu verlieren, beherrschen mittlerweile auch die Fans. Schon viele Trainer beim Club, zuletzt die Herren Hecking und Wiesinger, waren angesichts der grundsätzlich negativen Haltung des sogenannten Umfelds angemessen irritiert. Dabei ist der grundsätzliche Pessimismus ursprünglich nichts als eine (in Franken generell verbreitete) Schutzhaltung: Kommt es besser als erwartet, ist man positiv überrascht; kommt es schlechter, hat man wenigstens recht gehabt.

Dabei wird diese Haltung, was viele Außenstehende nicht erkennen, von den Club-Fans allerdings mittlerweile selbst in einem ironischen Licht gesehen. Kein Wunder also, dass ein Club-Fan im Internetforum www.transfermarkt.de tatsächlich einen Thread anlegte mit dem Titel: »Das einfarbige Kunstwerk – hier darf nur schwarzgemalt werden!« Speziell und nur für den 1. FC Nürnberg haben User hier die Möglichkeit, die schlimmsten Horrorszenarien zu beschreiben, die noch gar nicht passiert sind. Die Benimmregel lautet: »Hier soll nach allen Regeln der Kunst schwarzgemalt (…) und die Mannschaft nach schlechten Spielen zermalmt werden. Mit absolutem Eintrittsverbot für Optimisten! In diesem Sinne: Viel … äh … Pessimismus!«[136] Die Ironie ist eben immer noch das schönste Stilmittel, wenn es darum geht, aus dem Verlieren eine Kunst zu machen.

GRUND 37

Weil es hinter der Tribüne Drei im Weggla gibt

Hermann Gerland, Trainer des 1. FC Nürnberg von 1988 bis 1990 und 1995/96, hat seine Wurzeln in Bochum; er brachte den Begriff »Bratwurst« daher eher weniger mit Gourmet-Genüssen als mit Verärgerung in Verbindung: »Lern erst mal geradeaus laufen, du Bratwurst!«, so lautete seine Meinung zu einigen Spielern. Einem Nürnberger käme es natürlich nicht in den Sinn, seine schönen Bratwürste so in den Dreck zu ziehen. Als »Drei im Weggla«

(hochdt.: »drei Bratwürste im Brötchen, bitte«) oder auch – im Stadion eher selten – als »Sechs auf Kraut« serviert, zählen die Original Nürnberger Rostbratwürste schließlich zum Kulturerbe.

Mit einigem Recht ist die Bezeichnung »Original Nürnberger Rostbratwurst« beziehungsweise »Nürnberger Bratwurst« als geografische Herkunftsbezeichnung von der EU-Kommission geschützt. Nur Bratwürste, die im Stadtgebiet und nach einer genau festgelegten Rezeptur gefertigt werden, dürfen den Namen tragen. Das entsprechende Rezept wurde zuletzt am 18. März 1998 durch einen Beschluss des Ausschusses für Recht, Wirtschaft und Arbeit der Stadt Nürnberg festgelegt (»grob entfettetes Schweinefleisch mit mittelgrober Körnung und ohne Brätanteil, Fettanteil maximal 35 Prozent«[137]). Die Originale lassen sich in Nürnberg in Traditionslokalen wie dem »Bratwurst Glöcklein« oder dem »Bratwurst Röslein« verkosten – oder eben auch im Frankenstadion. Ein Münchner Lokal, das Nürnberger Bratwürste anbot, die nicht in Nürnberg gefertigt worden waren, musste einmal völlig zu Recht eine empfindliche Niederlage einstecken – selbstredend vor dem Landgericht Nürnberg-Fürth.

Hans Dorfner hat in Nürnberg und in München gespielt, er muss also wissen, wo es die bessere Wurst gibt. »In Nürnberg, ganz klar«, stellte er fest. »Ich geh manchmal auch in die Arena in München, aber das sind zwei Welten. Bei den Bayern sitze ich in der Loge auf schönen Plätzen, wo das Essen serviert wird. In Nürnberg parke ich auf dem Trainingsgelände, rede mit den Rentnern, und dann freue ich mich auf die Bratwurst. Hinten, am Eingang zur Tribüne: Drei im Weggla. Und jeder, den ich dabei habe, der muss die dann essen.«[138]

GRUND 38

Weil der Leierkastenmann in Fürth wohnt, aber Clubberer war

Jeder, der öfters ins Frankenstadion zu den Heimspielen des 1. FC Nürnberg kam, kannte den Leierkastenmann. Seit über 20 Jahren stand Walter Birkner an der Karl-Steigelmann-Straße, die entlang des Zeppelinfelds von der S-Bahn-Station zum Stadion führt. Wenn der Club zu Hause spielte, war Birkner zur Stelle, drehte unermüdlich die Kurbel und spielte die großen Club-Lieder. *Die Legende lebt*, zum Beispiel. »Nur wenn's regnet, bleibe ich zu Haus«[139], sagte er. Birkner war einmal Maurer, nun besserte er mit dem Drehorgelspiel die Rentenkasse auf. Er wohnte zwar in Fürth, war aber gebürtiger Nürnberger und Clubfan aus ganzem Herzen. Das erklärte, warum er die Kurbel stundenlang mit so viel Enthusiasmus drehte. Manchmal wurde er auch nach einem Tipp fürs Spiel gefragt oder sollte seinen Kommentar zur Lage beim Club abgeben.

Die Fanlieder, die Birkner aus voller Überzeugung spielte, sind überraschenderweise auch in der Drehorgelversion recht teuer. Vor einigen Jahren musste er auf einen Schlag 1500 Euro für neue Musikrechte ausgeben, erzählte der Rentner, der natürlich auch schon in der Lokalpresse eine Berühmtheit war. Er war stolz darauf, dass er FCN-Lieder spielen durfte und die Rechte offiziell erstanden hatte: »Das Geld gebe ich gerne aus. Die Leute sind Clubfans und wollen Club-Lieder hören.«[140]

Auf die Dauer rechnete sich das, denn viele Stammgäste spendeten regelmäßig ein paar Münzen. Für viele war es ein Ritual vor dem Spiel, verknüpft mit der Hoffnung auf einen Sieg – fast, als würden sie in der Kirche eine Kerze anzünden. Viele kannten Birkner schon, sie riefen »Servus« und »Auf gehts wieder!«. »Wunderschön« sei die Leierkastenmusik, sagte ein Anhänger, der ein paar Münzen spendierte: »Das ist ein Stück unserer Fankultur.«[141] Eine

Stunde vor Spielbeginn hatte Birkner stets schon einen beachtlichen Haufen Münzen beisammen. Doch nicht nur darum ging es ihm: »Es macht einfach Spaß, hier zu spielen.«[142]

Im Jahre 2009 brachten Mitglieder des 1. FCN Fan-Club »Franken-Spirit« aus Regelsbach/Großweißmannsdorf ihre Dankbarkeit gegenüber dem Leierkastenmann zum Ausdruck: Im Rahmen der Weihnachtsfeier wurden verschiedene Päckchen, unter anderem mit 1. FCN-Fan-Artikel gefüllt, verlost. Mit dem Erlös kauften sie Walter Birkner eine Rückrunden-Dauerkarte.

Der Leierkastenmann verstarb im Sommer 2016 im Alter von 75 Jahren.

GRUND 39

Weil Nürnberg ohne den Club viel weniger Toto-Lotto-Annahmestellen gehabt hätte

Was Fußballer nach ihrer Karriere tun, ist heutzutage recht vielfältig. Manche bleiben gleich im bekannten Business, als Trainer oder Manager. Manche geben lieber von außen ihre Meinung ab, als Fernsehexperten oder Kolumnisten. Manche haben ihr ganzes Geld in Immobiliengeschäften verloren, die ihnen die Hoffnung gaben, überhaupt nie mehr arbeiten zu müssen. Und dann gibt es auch welche, die sich nach einem normalen Leben sehnen, sie werden Unternehmer oder Grundschullehrer.

Was tun, wenn der Fußball weg ist? Früher war diese Entscheidung ein bisschen einfacher. Die Spieler verdienten längst nicht so gut, eine berufliche Perspektive war wichtig, und so gab der Club vielen seiner Spieler per Startkapital die Möglichkeit, eine Toto-Lotto-Annahmestelle in Nürnberg zu eröffnen. Diese Läden waren schließlich Treffpunkt für Anhänger des 1. FC Nürnberg, und dort einen Plausch mit früheren Kickern halten zu können, das gefiel der Kundschaft.

Fußball-Toto wurde in England bereits seit 1921 angeboten, 1934 wurde auch in Schweden ein staatliches Unternehmen zur Durchführung von Toto-Wetten gegründet. Nach Deutschland kam die Sportwette nach dem Zweiten Weltkrieg, denn es gab in diesen Jahren keine staatlichen Mittel zur Förderung des Sports mehr. Daher ergriffen die klammen Sportverbände die Initiative und forcierten die Gründung staatlicher Toto-Gesellschaften. Bayern bildete hierbei mit dem Start am 27. April 1948 den Vorreiter, 1949 folgten alle anderen Bundesländer. Wenig später schlossen sich verschiedene Länder zu Blöcken zusammen.

Nürnberg war von Anfang an beim neuen Geschäft dabei. Die Brüder Fritz und Seppl Schmitt verkauften in ihrem Geschäft am Plärrer umgehend Wettscheine und Eintrittskarten, und gratis dazu gab es für neugierige Club-Anhänger die letzten Neuigkeiten vom Zabo. Max Morlock, Helmut Herbolsheimer und viele andere folgten, und in den 1960er-Jahren, in denen die Toto-Welle einen Höhepunkt erreichte, hatten fast alle Meisterspieler ihre Annahmestelle: Horst Leupold, Steff Reisch, Nandl Wenauer, Helmut Hilpert, Gustl Flachenecker, Richard Albrecht, Karl-Heinz Ferschl – das ganze Stadtgebiet war flächendeckend versorgt.

Nicht wenige Kenner des FCN stellen gar einen direkten Zusammenhang zwischen den Läden und dem Erfolg her. »Es ist wohl kein Zufall, dass es, als die Vertragsspielerzeit zu Ende ging und sich abgehalfterte Meisterspieler keine Toto-Lotto-Läden mehr zulegten, auch sportlich mit dem Club bergab ging«, stellten die Autoren der lesenswerten FCN-Chronik *Die Legende vom Club* fest. »Ohne Verwurzelung im kleinfränkischen Milieu konnten die Fußballer vom 1. FCN nicht mehr das Wir-Gefühl entwickeln, das früher die Erfolge verbürgte.« Einige der Annahmestellen, wie etwa die von Reisch in der Äußeren Sulzbacher Straße, existieren aber noch immer.

GRUND 40

Weil es in der Ziegelgasse und in Schweinau schnell zu klein war

Als der 1. FC Nürnberg im Mai 1900 gegründet wurde, diente ihm zunächst ein Exerzierplatz im Pegnitzgrund als Spielort, die sogenannte Deutschherrnwiese. Zu jedem Spiel mussten die Fußballer Torstangen, Netze und Eckpfosten selbst mitbringen. Mit den Mitgliedsbeiträgen von 50 Pfennigen im Monat (bei 43 Mitgliedern im Jahr 1903) ließen sich diese nicht finanzieren. Vorsitzender Christoph Heinz fand aber in dem damals in Nürnberg bekannten Ritter von Gerngroß und dem Fabrikanten Heisinger finanzstarke Gönner. Dazu erwies sich das nahe gelegene Lokal Burenhütte als Glücksfall, weil der Wirt sehr fußballbegeistert war. Das Lokal, in dem am 4. Mai die Vereinsgründung stattgefunden hatte, diente als Vereinsheim und auch als Umkleide. Als der Club für Spiele gegen auswärtige Gegner Eintritt verlangen wollte, stellte er schnell fest, dass sich die Fußballfreunde eilends entfernten, sobald sie den Kassierer kommen sahen. Das Gelände hätte umzäunt werden müssen, was der Magistrat der Stadt Nürnberg jedoch verweigerte.

So pachtete der Club ein 10.000 Quadratmeter großes Sportfeld in der Ziegelgasse im Stadtteil Steinbühl. Unter dem 1904 ins Amt gekommenen Vorsitzenden Ferdinand Küspert, den Zeitgenossen als »bienenfleißig« und »ruhenden Pol« beschrieben, legten alle Mitglieder mit Hand an. Es wurden eine Umkleidehütte, Kassenhäuschen, eine Holztribüne mit 300 Sitzplätzen und eben ein Zaun errichtet. Die Sorge vieler Mitglieder, der 1. FCN könne an den Kosten von 1.050 Mark zugrunde gehen, erwies sich als unbegründet: Als der Ligabetrieb begann, war es schnell möglich, sie zu decken. Das größte Ereignis an der Ziegelgasse war das Endspiel um die dritte deutsche Meisterschaft 1906 zwischen dem VfB Leipzig und dem 1. FC Pforzheim. Der Andrang von 1.100 Zuschauern zeigte die Grenzen des Platzes auf.

Schon am 28. Februar 1908 eröffnete der Club einen neuen, doppelt so großen Platz im Vorort Schweinau, den Küspert mit der Ausgabe von Anteilsscheinen finanzierte. Die Pachtsumme für fünf Jahre betrug 25.000 Mark. Erdwälle rund um die Laufbahn ermöglichten nun mehr Zuschauer. Doch im Herbst 1911 strömten zum Derby gegen die SpVgg Fürth 6.000 Anhänger, und damit war auch dieser Platz zu klein. »Sollten wir es wagen, den Schritt zur Selbstständigkeit zu tun, sollten wir alles setzen auf die Annahme, dass die Sportbewegung, die Zahl ihrer Jünger wie ihrer Gönner, noch nicht auf ihrem Höhepunkt angelangt sei?«[143], fragte Vereinschronist Hans Hofmann. Der Club war an einem Scheideweg angelangt, und er entschied sich unter dem mittlerweile ins Präsidentenamt zurückgekehrten Christoph Heinz für die riskante Variante: So kam es zum großen Neubau im Zerzabelshof, dem berühmten »Zabo«. Es sollte sich zeigen, dass es eine sehr gute Entscheidung war.

GRUND 41

Weil der Club den Zabo hatte, das schönste Stadion seiner Zeit

Die Anlage im Stadtteil Schweinau, auf der der Club seit 1908 Fußball spielte, wurde schon vor Ablauf der Pachtsumme zu klein. Und im September 1910 hatte der Lokalrivale aus Fürth mit dem Stadion am Ronhofer Weg ein 8.000 Zuschauer fassendes Stadion eröffnet, das als modernstes Deutschlands galt und den Fürthern einen Wettbewerbsvorteil brachte, weil es regelmäßig hohe Einnahmen durch Zuschauer garantierte. So war es nicht nur eine praktische Überlegung, sondern auch dem Konkurrenzdenken geschuldet, dass sich der 1. FC Nürnberg unter dem Vorsitz des Gründungsvorstandes Christoph Heinz dazu entschloss, ein 47.000 Quadratmeter großes Grundstück zu kaufen – in Zerzabelshof, das damals noch außerhalb der Stadtgrenzen lag. So konnte der Verein die von der Stadt Nürnberg erhobene »Lustbarkeitssteuer« umgehen. Der Name geht auf die im Jahr 1309 in einer Urkunde erwähnten Verwalter eines damaligen Forsthauses – Gotz de Sternzagelshouve und Leovpoldus de Sternzagelshouve – zurück. Später entwickelte sich das Areal zu einem kleinen Dorf, das auf Beschluss der Regierung von Ansbach 1899 eine eigenständige Gemeinde wurde. Laut den damaligen Akten umfasste die Bevölkerung damals 33 Familien.

Übungsplätze, Stadion, Vereinsheim, Tennisplätze – alles war in Zerzabelshof nun geboten, und zur Eröffnung gegen Eintracht Braunschweig (3:5) erschienen 8.000 Zuschauer. Während in anderen Städten wie Köln oder Frankfurt am Main die Kommunen Sportparks errichteten, war die Finanzierung aus Vereinsmitteln und Sponsorengeldern eine Ausnahme in Deutschland. Den Begriff »Zabo« prägte der Überlieferung nach das Vereinsmitglied Alfred Fleinert im Jahr 1915. So wird der Stadtteil Zerzabelshof, mittlerweile eingemeindet, noch heute genannt. Er ist mit seinen vielen Ein- und Zweifamilienhäusern und der Nähe zum Lorenzer Reichswald und dem Tiergarten heute ein beliebtes Wohnviertel.

Nach dem Ersten Weltkrieg wurde die Anlage in mehreren Schritten auf ein Fassungsvermögen von 25.000 Zuschauern ausgebaut – längst hatte der Club den Fürthern, was die Reputation des Stadions anging, den Rang wieder abgelaufen. Nach dem Zweiten Weltkrieg war der Zabo vorübergehend von den Amerikanern beschlagnahmt – nach der Rückkehr galt es, aus einer Ruine wieder ein benutzbares Stadion zu machen. Das gelang mit einer neuen Tribüne und einem neuen Fassungsvermögen von nun 35.000 Besuchern. Doch der zunehmende Autoverkehr führte dazu, dass die Anlage mit ihren wenigen Parkmöglichkeiten immer unpraktischer wurde. Am 1. September 1966 begann der Abriss, später wurde auf dem Gelände eine Wohnanlage errichtet.

1968 wurde der »Neue Zabo« eingeweiht, das noch heute genutzte Trainingsgelände am Valznerweiher im Süden Zerzabelhofs. Seine Heimspiele trug der Club seit 1963 im Städtischen Stadion, dem späteren Frankenstadion, aus.

GRUND 42

Weil das Max-Morlock-Stadion achteckig ist

Angesichts all der seelenlosen Schüsseln, die in den vergangenen Jahren an den Autobahnen aus Fertigteilen zusammengeschustert worden sind, ist es ein Juwel unter den deutschen Arenen: das Frankenstadion, das die Fans »Max-Morlock-Stadion« nannten und die Vereinsvertreter lange »Grundig-Stadion« – bis es ein Sponsor ermöglichte, dass es nun wirklich Max-Morlock-Stadion heißt. Die Laufbahn und die relativ flachen Ränge verleihen ihm jene Offenheit, die frühere Stadionarchitektur kennzeichnete.

Zwischen 1925 und 1928 wurde das Städtische Stadion im Bauhaus-Stil nach Plänen von Otto Ernst Schweizer in seiner ursprünglichen Form errichtet – an dem charakteristischen achteckigen Grundriss hat sich seitdem nichts geändert. 1928 erhielt das Stadion, das den Kern eines neuen städtischen Sport- und Erholungsgeländes zwischen Luitpoldhain, Schmausenbuck und Dutzendteich bildete und 50.000 Zuschauern Platz bot, bei einem Wettbewerb für künstlerische Gestaltung bei den Olympischen Spielen in Amsterdam eine Goldmedaille.

Ab 1963 spielte dort der Club – nachdem er das eigene Stadion in Zerzabelshof verkauft hatte. Durch den Aufbau von Stahlrohrtribünen seitlich der Haupttribüne konnte die Kapazität erweitert werden; dennoch war der Zuschauerrekord vom 30. Mai 1971 im Spiel gegen Fortuna Düsseldorf von 75.000 Zuschauern nur möglich, weil das Publikum auch noch auf der Laufbahn Platz fand. Das

Stadion erwies sich als veraltet und genügte den damals modernen Ansprüchen nicht mehr, doch die Chance auf günstige Finanzierungsmöglichkeiten, die zur WM 1974 angeboten wurden, wurde vertan. Die Stadt hatte kein Interesse, Austragungsort zu werden. »Wenn Nürnberg glaubt, auf die gewaltige WM-Werbung verzichten zu können, dann müssen wir das akzeptieren«, sagte DFB-Präsident Hermann Neuberger[144].

So blieb das Städtische Stadion die Club-Heimat. 1986 diagnostizierte die Landesgewerbeanstalt allerdings eine Zuschauergefährdung durch Baumängel. Nach einem großen Umbau ab 1987, der auch wegen der Katastrophe von Heysel vorgenommen wurde, wurde 1991 das neue, nun komplett überdachte *Frankenstadion* wiedereröffnet. Während der Bauarbeiten war die von 1928 stammende denkmalgeschützte Haupttribüne eingestürzt, die eigentlich integriert werden sollte. Im Grunde blieb vom vorherigen Stadion nur die Form und ein Stück weit sein Charakter erhalten.

Ab 2003 wurde das Stadion erneut für rund 56 Millionen Euro modernisiert – für die Fußball-Weltmeisterschaft 2006, an der Nürnberg diesmal teilhaben wollte. Das Spielfeld wurde um 1,5 Meter tiefer gelegt, die Bestuhlung von gelb auf rot geändert, ein Logenbereich integriert und ein VIP-Gebäude errichtet. In den vergangenen Jahren wurde erneut über die Notwendigkeit eines anderen Stadions diskutiert; Club-Vorstand Martin Bader argumentierte vor allem mit mangelhaften Einnahmemöglichkeiten: »Köln, Frankfurt oder Hannover machen allein mit Bewirtungseinnahmen mehr Gewinn, als wir mit unserer kompletten Vermarktung. Und das, obwohl es bei uns keine leere Bande oder Loge gibt.«[145]

4. KAPITEL

HELDEN UND DEPPEN IN FARBE

DIE SPIELER (I)

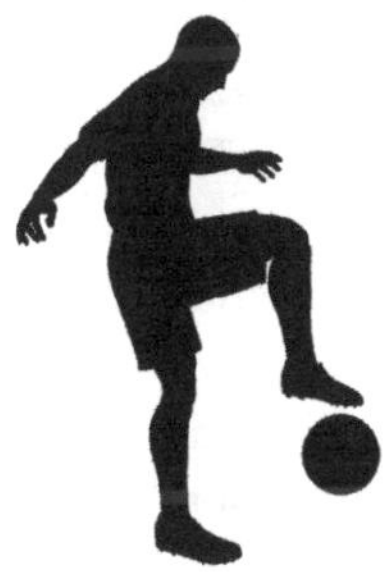

GRUND 43

Weil »Zick-Zack Čebinac« die Gegner lautlos auslachte

Zwillinge kann man leicht verwechseln. Manchmal ist das nicht schlimm, zum Beispiel bei Lars und Sven Bender (können beide Fußball spielen) oder bei Bill und Tom Kaulitz (können beide nicht Fußball spielen). Dem 1. FC Köln unterlief, so geht jedenfalls die Legende, im Jahr 1965 allerdings eine folgenschwerere Zwillingsverwechslung. Die Kölner luden einen neuen Probespieler zum Testtraining, einen gewissen Srdan Čebinac von OFK Belgrad. Er begeisterte alle und wurde aufgrund seiner Ballfertigkeit umgehend unter Vertrag genommen. Bis heute hält sich in Köln allerdings hartnäckig das Gerücht, Srdans Zwillingsbruder Zvezdan habe dieses Probetraining absolviert – weil Srdans Leistungen danach so gar nichts mehr mit dem zuvor Gezeigten zu tun hatten. Nach nur einer Saison und lediglich drei Einsätzen musste Srdan Köln wieder verlassen und zog nach Holland zum RKSV Sittardia weiter.

Wie auch immer, der 1. FC Nürnberg war in diesem Fall mal nicht der Depp. Er verpflichtete nämlich 1967 den echten Zvezdan Čebinac, als der sich mit dem FC Bayern München nicht auf eine passende Vertragslaufzeit einigen hatte können. Schnell erhielt er in Franken den Spitznamen »Zick-Zack Čebinac«. Das passte, weil er als begnadeter Dribbler seine Gegenspieler immer wieder austrickste. Von ihm stammt der schöne Satz: »Für mich ist ein Fußballspiel die einzige Gelegenheit, einen Gegner lautlos auszulachen.«[146] Über das 7:3 gegen die Bayern (die man als Franke immer gern auslacht) in der Meistersaison sagte er: »Das war der schönste Tag in meinem Leben. So gut habe ich noch nie gespielt.«[147] Čebinac blieb zwei Jahre beim Club und gehörte zur legendären Meistermannschaft von 1968. Doch die Probleme mit Trainer Max Merkel häuften sich leider schon während des Erfolgs. »Ich werde den ›König von Franken‹ vom Thron stoßen. Ich hau' ihn aus der Mannschaft raus«, sagte Merkel im *Sportmagazin*. »Dem ist der Erfolg so zu Kopf gestiegen, dass seine Einstellung zur Leistung völlig verloren ging.«[148]

Dass Čebinac in der Nürnberger Ludwigstraße ein Spezialitätenrestaurant eröffnete, passte Merkel auch nicht. »Es ist mit den jugoslawischen Spielern immer dasselbe, sie schnappen über«, fand er. »Die Jugoslawen sollen uns ihren Slibowitz schicken, uns aber mit ihren Spielern zufrieden lassen.«[149] In der erfolglosen Saison 1968/69 wurde Čebinac, der sich nicht wie gewünscht ins Mannschaftsgefüge einordnete und mehrfach beim Training einfach verschwand, zum Gesicht des Misserfolgs und zwischenzeitlich gar zum Sündenbock beim Publikum. Erst nach Merkels Rücktritt wurde der Serbe wieder eingesetzt. Später berichtete er: »Herr Merkel hat mich Trottel, Simulant, Eselstreiber und Schaschlikbrater genannt.«[150] Nach dem Abstieg des 1. FC Nürnberg wechselte er 1969 zu Hannover 96, wo er noch zwei Jahre aktiv war. Später arbeitete er als Trainer bei verschiedenen Vereinen in der Schweiz. Čebinac verstarb 2012 in seinem Haus in Suhr im Schweizer Kanton Aargau.

GRUND 44

Weil Dieter Nüssing die Liga an und für sich wurscht war

Auch in den 1960er-Jahren wurden Fußballspieler schon fleißig überregional gescoutet. Beim FC Metternich in der 1. Amateurliga Rheinland entdeckten Beobachter im Auftrag des 1. FC Nürnberg in der Saison 1967/68 einen gewissen Dieter Nüssing. Als ihn Trainer Max Merkel am dritten Spieltag der Saison 1968/69, beim 4:0-Heimerfolg gegen Borussia Mönchengladbach, erstmals einsetzte, war nicht zu ahnen, dass aus dem Rheinländer ein echtes fränkisches Urgestein werden sollte. Mönchengladbachs Trainer Hennes Weisweiler stellte beeindruckt fest: »Vogts brauchte eine halbe Stunde, um Nüssing in den Griff zu bekommen.«[151]

Und wie so oft in der Geschichte des 1. FC Nürnberg war es auch in diesem Fall der Misserfolg, der so fest zusammenschweißte. Im ersten Jahr musste Nüssing mit dem Club den Abstieg hinnehmen; und danach biss er sich mit den Teamkollegen am Versuch der Bundesliga-Rückkehr fast ein Jahrzehnt lang die Zähne aus. Es war eine fast tragische Geschichte – Nüssing, als Stimmungskanone in der Kabine und vorbildlicher Kämpfer auf dem Platz der Kopf und das Herz der Mannschaft, erlebte nie einen Aufstieg. Zunächst folgten fünf Runden mit 167 Spielen und 52 Toren in der Regionalliga Süd. Trotz der Meisterschaft 1971 und des Vizeranges 1974 stieg der Club nicht auf, da er jeweils in den Aufstiegsrunden scheiterte – 1974 punktgleich an Eintracht Braunschweig. Nüssing hatte in der Regionalliga 32 Spiele mit 15 Toren absolviert und in der Aufstiegsrunde acht Einsätze mit vier Toren bestritten.

Von 1974 bis 1977 kam der Spielführer des 1. FC Nürnberg in der 2. Bundesliga Süd auf 105 Spiele mit 38 Toren. Auch hier war in den Entscheidungsspielen nach der Runde 1975/76, in der Nüssing ganze 21 Treffer erzielt hatte, gegen Borussia Dortmund Endstation. »Ich hatte jedes Jahr Bundesliga-Angebote, aber ich hatte den Eindruck, dass ich nicht abhauen kann«, sagte Nüssing später in dem Buch *Die Legende vom Club* über die vielen Jahre enttäuschter Hoffnungen, »die Leute identifizieren sich mit dir und der Mannschaft, du bist da wer. Erste oder zweite Liga – das war mir an und für sich wurscht.«[152] Nach dem enttäuschenden fünften Rang mit Trainer Horst Buhtz in der Saison 1976/77 – die Nürnberger hatten finanzielle Probleme und erhielten die lachhafte Ablöse von 200.000 Mark – nahm Nüssing dann allerdings doch ein Angebot von Hertha BSC an, betonte aber: »Ich bin im Herzen trotzdem ein Clubberer geblieben.«[153]

Ausgerechnet ein Jahr nach Nüssings Abschied gelang die Bundesliga-Rückkehr dann doch. Er kann immerhin behaupten, dabei gewesen zu sein, denn zu den Aufstiegsspielen flog er als Zuschauer eigens aus Berlin ein. Und Nüssing kehrte bald nach

Franken zurück: Ab 1983 arbeitete er als Trainer unter anderem beim 1. FC Herzogenaurach, beim 1. SC Feucht und bei der zweiten Mannschaft des 1. FCN. 2004 übernahm Nüssing das Amt des Koordinators für den Amateur- und Jugendbereich und die Leitung des Nachwuchsleistungszentrums beim Club.

GRUND 45

Weil Norbert Eder in Nürnberg elf Trainer erlebte … und dann noch Franz Beckenbauer

1974 wurde mit der Einführung der zweigleisigen 2. Bundesliga der Unterbau der Bundesliga gestärkt. Nachdem es dem 1. FC Nürnberg in fünf Jahren in der einfacheren Regionalliga nicht gelungen war, in die Bundesliga zurückzukehren, musste er es nun in der neuen Spielklasse versuchen. Man setzte auf einige Zugänge – so kam etwa Hans Walitza für die teuflische Rekordablöse von 666.666 DM vom VfL Bochum. In der ersten Saison 1974/75 wurde der Club-Sechster (sic!) und landete hinter den fränkischen Konkurrenten Bayern Hof und Schweinfurt 05. Die Schweinfurter verpassten in dieser Spielzeit nur wegen der Tordifferenz die Teilnahme an den Bundesliga-Aufstiegsspielen.

Das Zurückfallen hinter die fränkische Konkurrenz sorgte in Nürnberg natürlich für einiges Gezeter. Trainer Hans Tilkowski aber blieb ruhig und integrierte zu jener Zeit – allem Aufstiegsdruck zum Trotz – einige junge Spieler, was sich dauerhaft auszahlen sollte. Zu ihnen zählte auch Norbert Eder. Nach zehn Jahren beim Jugendverein VfR Bibergau in Unterfranken war er als 18-Jähriger im Dezember 1973 zum Club gewechselt, mit dem er 1974 Deutscher A-Jugendmeister wurde. Am 28. August 1974 debütierte er im Auswärtsspiel der ersten Mannschaft bei der SpVgg Bayreuth (1:3) – noch nicht ahnend, dass er noch sehr viel erfolgreichere

Zeiten mit dem 1. FC Nürnberg erleben sollte. Bis 1984 erzielte er 27 Tore in 301 Spielen für den Club, mit dem er 1977/78 und 1979/80 zweimal in die Bundesliga aufstieg.

Insgesamt erlebte Eder in seinen zehn Jahren beim Club elf Trainer. Zwischenzeitlich hatte er genug von den ständigen Wechseln: In der Saison 1980/81 trat er aus Protest gegen die Entlassung von Horst Heese von seinem Posten als Mannschaftskapitän zurück. Nicht nur wegen dieser Aktion galt der gelernte Kfz-Mechaniker als stets kompromisslos, geradlinig und ehrlich. Dazu passte auch Eders Position auf dem Platz – als eisenharter, aber fairer Manndecker. »Ich bin kein Spielmacher-Typ«, sagte er einmal über sich. »Aber ich habe kämpferische Qualitäten, und die möchte ich in jedem Spiel ausspielen.«[154]

Seine erfolgreichste Zeit als Fußballer erlebte Eder nicht beim Club, sondern anschließend – von 1984 bis 1988 – beim FC Bayern München, mit dem er vier Titel gewann. Bayern-Manager Uli Hoeneß hatte ihn auf Initiative von Trainer Udo Lattek für die Miniablöse von 150.000 DM nach München gelotst. Wie sehr der nur 1,78 Meter große Eder bei den Mittelstürmern der Bundesliga gefürchtet wurde, bewies sein neuer Mannschaftskamerad Dieter Hoeneß, der sagte: »Ich bin sehr froh, dass ich nicht mehr gegen ihn spielen muss.«[155]

Mit dem FC Bayern gewann Eder vier Titel. Und 1986 wurde er im stolzen Alter von 30 Jahren vom damaligen Bundestrainer überrascht. »Franz Beckenbauer rief an und sagte: ›Norbert, ich will dich mit zur WM nehmen‹«, berichtete Eder. »Ich hatte kein einziges Länderspiel und fragte ihn, wie er das der Presse erklären wolle. Er sagte mir, dass ihm die Presse egal sei: ›Ich habe dich jetzt zwei Jahre bei den Bayern gesehen. Ich brauche Spieler wie dich, richtige Kerle, die genug Erfahrung und keine Angst haben!‹«[156] Insgesamt spielte Eder neunmal im Nationaltrikot, davon siebenmal – und alle Spiele als Stammspieler – bei der Endrunde der Weltmeisterschaft in Mexiko. Dass er nach dem Turnier kein einziges Länderspiel mehr machte, konnte ihm da egal sein: »Das war vorher so abgesprochen. Ich war ja schon 30«, sagte Eder. »Außerdem hatte ich mit der WM den Höhepunkt erreicht, was hätte da noch kommen sollen?«[157]

GRUND 46

Weil der Club aufgestiegen war, als Manni Müller aufwachte

Bei Schwarz-Weiß Essen hatte Manni Müller seine Karriere als Torwart begonnen – und in einem Spiel gegen Rot-Weiß Essen wurde er zum Held des 1. FC Nürnberg. In der entscheidenden Partie um den Aufstieg in die Bundesliga am 9. Juni 1978 parierte er in der 82. Minute den Elfmeter von Horst Hrubesch und rettete das 2:2-Unentschieden gegen die favorisierten und überlegenen Essener, das zum Aufstieg reichte. Die Feierlichkeiten erlebte Müller leider nicht mit: Nach einem Eckball in der 88. Minute gab er noch einmal alles, um das Remis zu retten, und stieß so unglücklich mit einem Gegenspieler zusammen, dass er mit einer Gehirnerschütterung in die Kabine gebracht werden musste. »Als ich wieder aufgewacht bin«, erinnerte er sich später, »da sagte man mir: Der Club ist aufgestiegen!«[158]

Eigentlich hätte Müller Nürnberg zu diesem Zeitpunkt längst wieder verlassen gehabt. Denn als er 1976 zum Club kam, fand er einen Verein in der Krise vor, der kaum mehr die Gehälter zahlen konnte; ein Wechsel zu Schalke scheiterte allerdings, weil Müller sich einen Finger brach, und später verlor Hertha BSC das Interesse an ihm, weil Kollege Norbert Nigbur dort plötzlich zur Hochform auflief. Nun hatte es sich für Müller gelohnt, dass er – gezwungenermaßen – in Nürnberg geblieben war.

Doch er musste dann erfahren, wie schnell vor allem im Fußball die Lorbeeren verwelken. Nach dem 3:3 gegen den Hamburger SV in der Saison 1978/79 musste er nach einem Streit mit Trainer Zapf Gebhardt gehen. In der Pause hatte Müller Gebhardt, der ihn ausgiebig kritisiert hatte, wütend seine Kapitänsbinde vor die Füße geworfen (»Leck mich am A...«). Am nächsten Tag wurde er entlassen. In einer Vereinsmitteilung hieß es: »Der 1. FC Nürnberg hat seinem Torhüter Manfred Müller auf Grund der Vorfälle während der Pause im Spiel gegen den Hamburger SV fristlos gekündigt. Der Torhüter hatte, als ihn Trainer Gebhardt darauf aufmerksam machte, bei Flankenbällen doch herauszugehen, wütend die Spielführerbinde von seinem Arm entfernt, sie zu Boden geworfen und dann auch sein Torhütertrikot ausgezogen und erklärt, er werde nicht weiterspielen. Hinzu kam noch das Götz-Zitat. Den Fall Müller wird voraussichtlich das Arbeitsgericht zu behandeln haben.«[159]

Die Fans waren über den Rauswurf ihres Aufstiegshelden wenig begeistert, sodass sich Präsident Michael A. Roth zu einer gesonderten Stellungnahme in der Vereinszeitschrift veranlasst sah: »Stellen Sie sich einmal vor, Sie würden an Ihrem Arbeitsplatz als Arbeitnehmer Ihrem Vorgesetzten das Götz-Zitat anbieten und ihm gleichzeitig die Arbeitskleidung vor die Füße werfen. Was würde Ihnen da passieren? Da würden auch Verdienste, die Sie sich für die Firma erworben haben, nicht mehr allzu sehr ins Gewicht fallen. Sie müssten Ihre Siebensachen packen und gehen. Was blieb der Vorstandschaft nun anderes übrig, als hart durchzugreifen, denn wer sagt denn, dass nicht nächste Woche ein anderer Spieler sich zu einer Disziplinlosigkeit hinreißen lassen würde?«[160]

Der Weg führte Müller zum FC Bayern München, mit dem er in fortgeschrittenem Fußballeralter die größten Erfolge seiner Karriere feierte: Er wurde zweimal Deutscher Meister und zweimal Pokalsieger. 1984 beendete er seine Laufbahn und arbeitete kurzzeitig im Management des 1. FC Nürnberg. Und er kehrte noch einmal für ein Spiel ins Club-Tor zurück – am 1. November 1986, mit 39 Jahren, als Ersatz für den verletzten Andreas Köpke beim 4:3 gegen Düsseldorf. Später gründete Müller eine Video- und Fernsehproduktionsfirma. Sie produzierte zunächst für den Privatsender Sat.1, der damals die Bundesligarechte besaß, die Außenübertragungen der Sendung *ran*. Später war MM Film & Video für fast alle großen Fernsehstationen und zahlreiche Unternehmen tätig.

GRUND 47

Weil Uli Hoeneß tatsächlich mal erfolglos war

Der Stürmer Uli Hoeneß hatte nach einer schweren und langwierigen Verletzung beim FC Bayern München trotz seiner zahllosen Verdienste einen ziemlich kompromisslosen Vertrag unterschrieben: keine Spiele, kein Geld. Trainer Gyula Lóránt blieb blöderweise trotz zahlreicher Ausfälle ebenso kompromisslos und dachte überhaupt nicht daran, Hoeneß irgendwann einmal einzusetzen. So bewarb er sich 1978 beim Hamburger SV, der allerdings aufgrund der Vorgeschichte ebenfalls vorsichtig war – der Mannschaftsarzt wollte eine Arthroskopie durchführen. »Wenn so etwas von mir verlangt wird«, klagte Hoeneß, »dann höre ich lieber auf als Fußballprofi.«[161] Der 1. FC Nürnberg nahm Hoeneß dann auch ohne medizinischen Schnickschnack dankend – sein Monatsgehalt sollte ja nur 5.000 Mark betragen. Für den Präsidenten Lothar Schmechtig war es in diesem Moment der größte Coup seiner Amtszeit; der Club hatte als Aufsteiger nach elf Spieltagen ganze zwölf Tore erzielt und stand auf Platz 17, doch nun war der Hoffnungsträger da. Minutenlang klatschten und tobten die 300 Anwesenden auf der Mitgliederversammlung, als Schmechtig über die Verpflichtung referierte.

56.000 Zuschauer kamen am folgenden Samstag gegen Schalke ins Stadion, um Hoeneß zu sehen – es war die weitaus größte Kulisse in Nürnberg seit über sieben Jahren. Es dauerte allerdings nur eineinhalb Stunden, bis der Rausch verflogen war. Der Club verlor 0:2, und Hoeneß vermochte weder in diesem Spiel noch anschließend auch nur annähernd an seine Glanzzeiten anzuknüpfen. Nun, zumindest sein Gehalt hatte er aufgrund der großen Zuschauerzahl, die er angezogen hatte, eingespielt.

Im einem Pokalspiel bei Tennis Borussia Berlin (2:0) einige Wochen später hatte der Club in Hoeneß nach Ansicht des mittlerweile gegenüber der Ikone erbarmungslosen Kickers »einen seiner schwächsten Spieler«[162]. Mit einer erneut enttäuschenden Leistung beim 1:2 in Bochum verabschiedete sich Hoeneß im März 1979, noch vor Saisonende, nach München, wo er mit zarten 27 Jahren das Amt des Managers antrat. Der Rest ist bekannt. Nürnberg blieb Hoeneß dennoch verbunden – dank seiner dort ansässigen Wurstfabrik.

GRUND 48

Weil Horst Weyerich Beckenbauer nicht als Vorbild hatte

Fällt außerhalb von Franken der Name Horst Weyerich, so denken Fußballexperten am ehesten an einen der Meuterer in der gescheiterten Revolution gegen Trainer Heinz Höher im Oktober 1984. Oder sie erinnern sich an sein Äußeres: Als Spieler trug Weyerich lange Haare und einen beeindruckenden Schnauzer, weshalb Andreas Hock im *Buch der legendären Panini-Bilder* feststellte: »Der Libero sah immer ein wenig so aus, als wäre er aus einem zufällig in der Stadt weilenden Wanderzirkus entlaufen.«[163] Die Nürnberger Fans hingegen haben einen der größten Spieler ihrer Vereinsgeschichte in Erinnerung, was die Wahl Weyerichs als Ersatzspieler für die Abwehr in die »Elf des Jahrhunderts« beweist. Sein Trainer Zapf Gebhardt hielt ihn für einen der besten Liberos Deutschlands.

132 Erstliga- und 98 Zweitligaspiele absolvierte Weyerich für den Club, aber auch neben dem Platz war er eine interessante Persönlichkeit als begeisterter Schachspieler, Böll- und Wallraff-Leser, aktives Juso- und SPD-Mitglied und überzeugter Kriegsdienstverweigerer. Er absolvierte seinen Zivildienst bei der Lebenshilfe, bei der er nach der Profikarriere eine hauptberufliche Stelle antrat. »Wir haben auch zuerst gedacht, da kommt so ein eingebildeter Fußballstar«[164], sagte eine Mitarbeiterin damals über den neuen Zivi. »Jetzt möchten wir, und vor allem die Kinder, den Horst nie mehr missen.« Generell war Weyerich bei den jugendlichen Club-Fans sehr beliebt, weil er aus der damaligen Mannschaft am stärksten in Nürnberg verwurzelt war. Alle Angebote für einen Vereinswechsel, etwa zu Eintracht Frankfurt oder den Offenbacher Kickers, lehnte Weyerich ab. »Ich brauche meine gewohnte Umgebung. Mir gefällt es in dieser Stadt«, sagt er. »Ich will meine wirklich guten Bekannten nicht verlieren, und schließlich wohnt hier auch meine Freundin.«[165]

Auf die Frage nach Vorbildern antwortete er einmal: »Ich habe kein Vorbild. Beckenbauer bestimmt nicht!«[166] Weyerich spielte, wie es damals üblich war, einen Ausputzer, der sich nur ganz selten über die Mittellinie wagte. Dennoch kam er zu einigen Toren – weil er als Elfmeterschütze gesetzt war. Bis heute hält er mit 13 verwandelten Elfmetern den Rekord des besten Strafstoßschützen des 1. FC Nürnberg in der Bundesliga.

Für Aufregung sorgte Weyerich im August 1980, als er im Spiel gegen den HSV seinem späteren Mannschaftskollegen Werner Dreßel eine Ohrfeige verpasste und für acht Spiele gesperrt wurde. »Der Werner Dreßel sprang hoch, plötzlich verspürte ich einen Schmerz, dann ist mir das so rausgerutscht«[167], sagte er. Und als Weyerich im November 1982 gegen den Karlsruher SC zum dritten Mal in Serie schon vor der Winterpause der jeweiligen Saison die Rote Karte erhalten hatte, klagte er: »Ich kann doch nicht gasförmigen Zustand annehmen. Nur den Fuß hab ich hinten rausgetan, da war ja auch der Ball. Ich habe mir da jedenfalls nichts vorzuwerfen. Einen Vorwurf hätte ich mir machen müssen, wenn ich gar nicht reagiert hätte.« Dabei hatte er sich »fest vorgenommen, mit weniger als vier Gelben die Saison voll durchzuspielen. Ich habe mich mit Schiedsrichtern nicht mehr eingelassen und zurückgehalten, wo es nur ging. Das hatte einige Zweikämpfe gekostet, es drückte meine Kritiken.« Das Image als Wiederholungstäter und Brutalo ärgerte Weyerich sehr: »Meine letzte Schlägerei geht ins Kindheitsalter zurück.«[168]

Weyerichs Zeit beim 1. FC Nürnberg endete mit der Spielerrevolte 1984, in deren Zuge er von Präsident Gerd Schmelzer fristlos gekündigt wurde. Danach spielte Weyerich noch zwei Jahre bei der SpVgg Fürth, was natürlich einen kleinen Fleck im Lebenslauf darstellt, und ein Jahr in Zirndorf. Schon gegen das Ende seiner Karriere arbeitete er hauptberuflich bei der Lebenshilfe in Fürth. Später spielte er noch ein paar Jahre bei den »Alten Herren« des TuS Bar Kochba Nürnberg, einem jüdischen Verein. »Horst gefällt das Lockere hier«[169], sagten Weyerichs Mannschaftskollegen. In der Tat hatte der Abwehrspieler mit den Mechanismen des Profigeschäfts so seine Probleme gehabt. Einmal stellte er fest: »Die Erwartungshaltung unserer kritischen Fans überträgt sich auf unser Team, das belastet und verkrampft.«[170] So passte es, dass es für ihn nie infrage kam, in diesem Geschäft tätig zu bleiben.

GRUND 49

Weil Reinhold Hintermaier als Trainer zurückkehrte und einfach weiterspielte

Im April 1982 meldete der *kicker* eigenartige medizinische Beobachtungen vom 1. FC Nürnberg. »Reinhold Hintermaier hatte nach dem Spiel gegen Bayern München einen Allergieanfall und musste eineinhalb Stunden in der Kabine verbleiben«, schrieb das Magazin. »Das Rätselhafte an dieser Krankheit, über die der *kicker* vor Wochen bereits berichtete, ist der Ort des Vorfalls: immer nur in der Clubkabine bei Heimspielen oder im Training. Inzwischen scheint festzustehen, dass die Allergie auch oder vorwiegend seelische Ursachen hat. Zum Beispiel Ärger.«[171] Nun, in direktem Zusammenhang mit der Clubkabine schienen die Symptome des Österreichers jedenfalls nicht zu stehen: Sie traten später auch während der Weltmeisterschaft in Spanien wieder auf und wurden mit Kalziumspritzen behandelt, die aber die unangenehme Nebenwirkung hatten, den Patienten müde zu machen.

Hintermaiers großartige Zeit beim Club wurde durch die eigenartige Allergie allerdings selten gestört. Der 1. FCN hatte ihn 1979 für 350.000 Mark von ASK Voest Linz geholt; der Überlieferung nach zahlte Präsident Michael A. Roth die Ablöse höchstselbst und stellte den Spieler seinem Club kostenlos zur Verfügung. Kurz zuvor hatte der Trainer des TSV 1860 München, Eckhard Krautzun, Hintermaier nach einem Probetraining für nicht bundesligatauglich erklärt. Doch der Österreicher wurde zu einem der besten Techniker, die der Club zu Bundesligazeiten je gehabt hatte, und zu einem Star in Franken und in der Liga. In der Saison 1981/82 machte ihn Trainer Heinz Elzner zum Kapitän, was er bereut haben dürfte, meuterte sein Spielführer doch umgehend gegen ihn. »Ihr habt mir das Amt gegeben und gesagt, das müsste einer sein, der nicht kuscht, der sich für die Mannschaft einsetzt, auch gegen die Vereinsführung«, sagte Hintermaier. »Ich habe getan, was ich für richtig hielt. Ich verzichte nicht. Wenn, dann müsst ihr mir die Spielführer-Verantwortung selber nehmen.«[172]

Elzners Nachfolger Udo Klug entzog ihm dann auch umgehend das Amt; er machte ihn dafür zum Libero und zu seiner rechten Hand auf dem Spielfeld. »Er nahm ihm die äußere Würde und gab ihm die innere Freiheit«, erkannte der *kicker*. Hintermaier blühte nun auf und schoss herrliche Tore am Fließband – was im Pokalfinale 1982 gipfelte, als er Bayern-Torwart Manni Müller aus über 40 Metern düpierte. Auf die Frage, ob der Ball haltbar gewesen sei, sagte Hintermaier fröhlich: »Weiß ich doch nicht, ich stand ja nicht im Tor.«[173] Obwohl das Spiel 2:4 endete, war es ein Höhepunkt in Hintermaiers Zeit beim Club.

Der Höhepunkt seiner Laufbahn bei der österreichischen Nationalmannschaft war unrühmlich – Hintermaier war einer der Protagonisten beim Skandalspiel der WM 1982 zwischen Deutschland und Österreich, der sogenannten »Schande von Gijón«. Ausgerechnet der in Deutschland kickende Österreicher hatte vor dem Skandalspiel, das blanke Wettkampfverweigerung darstellte, 1:0 für Deutschland endete und beide Mannschaften quasi kampflos eine Runde weiterbrachte, den *kicker* wissen lassen: »Nicht, weil ich die Deutschen schonen möchte, aber wenn wir es uns leisten können, für die zweite Finalrunde Kräfte zu sparen – warum sollten wir das nicht tun?« Beide Teams gaben tatsächlich ihr Schlechtestes, um Kräfte zu sparen – als mit dem 1:0 für Deutschland genau das Ergebnis erzielt war, das beiden weiterhalf und Algerien ausscheiden ließ. Hinterher machte sich Hintermaier noch einmal unbeliebt: »Wir sind froh, Gruppenzweiter geworden zu sein«, meinte er. »Mit etwas Glück stehen wir in einem WM-Halbfinale. Das hat seit 1954 kein österreichisches Team mehr geschafft. Da muss doch eine schwache Partie vergessen werden können.«[174] Der *kicker* schäumte vor Wut: Das sei der »Standpunkt eines Profis, der für das Erreichen der 2. Finalrunde rund 25.000 Mark kassiert und den deshalb wenig interessiert, was die Leute denken, die 700 Mark ausgegeben haben, um wegen eines Fußballspiels an einem Tag nach Gijón und zurück zu fliegen«. Noch viel interessanter war es freilich, was eigentlich die Algerier dachten.

In Nürnberg ist Hintermaier dennoch in bester Erinnerung. Nach fünf Jahren beim Club, dem Abstieg aus der Bundesliga und Zwist mit dem Präsidium wechselte er 1984 für 40.000 Mark nach Braunschweig, schon beim Abschied versprach er aber: »In Nürnberg habe ich meine schönsten Fußballjahre erlebt, dahin will ich wieder nach Beendigung meiner Karriere zurück.«[175] Tatsächlich wurde er 1992 Nachwuchstrainer beim Club; und kurioserweise kehrte er, fünf Jahre nach seinem Rücktritt vom aktiven Profifußball, vom Traineramt in den Bundesligakader zurück. Er sprang ein, weil arge Personalnot herrschte, und trug in der Saison 1992/93 maßgeblich zum Klassenverbleib bei. In der Saison 1994/95 kam Hintermaier dann mit 38 Jahren tatsächlich noch auf 14 Zweitliga-Einsätze.

GRUND 50

Weil Dieter Eckstein noch zum Training kam

»Direkt aufs Tor zugehen. Alles andere zählt für einen Stürmer nicht«[176] – so lautete das oft zitierte Motto von Dieter Eckstein. Und daran hielt er sich: Seine Alleingänge, oft über die linke Seite, waren seine große Stärke – was das Verwerten der Chancen anging, war er allerdings Schwankungen unterworfen. »In einem Spiel schieß' ich drei Tore, dann treff' ich wochenlang nur die Zuschauertribüne«[177], stellte er fest – nun, zu insgesamt 79 Toren für die Profimannschaft des 1. FC Nürnberg, 66 davon in der Bundesliga, reichte es jedenfalls.

1983 war »Eckes« Eckstein vom Kehler FV zum Club gekommen. Zunächst wurde er bei den Amateuren eingesetzt, mit denen er 1984 den Bayernliga-Aufstieg schaffte, zu dem er 31 Treffer beitrug. Eckstein war – neben Fred Klaus, Reiner Geyer, Frank Nitsche und Rudi Stenzel – einer der fünf Club-Spieler, die am Tag nach der Spielerrevolte gegen Heinz Höher in der Saison 1984/85 noch zum Training erschienen. Danach wurde er Teil des Neuaufbaus. Nach dem knapp geschafften Nicht-Abstieg in der Saison 1985/86 sagte Höher über den Vollblutstürmer: »Zum Glück haben wir einen

Dieter Eckstein. Im entscheidenden Augenblick ist er da!«[178] Abgesehen von einem kurzen und missglückten Intermezzo bei Eintracht Frankfurt spielte Eckstein bis 1993 durchgängig für den Club.

Nach 2:10 Punkten zu Beginn der Abstiegssaison 1993/94 verscherbelte ihn Präsident Gerhard Voack allerdings – gegen den vehementen Widerstand von Trainer Willi Entenmann und gegen Ecksteins eigenen Willen – für 1,5 Millionen an den FC Schalke 04, einen direkten Konkurrenten im Abstiegskampf. Vorwürfe, dieser Transfer sei ein Fehler, ließ Voack nicht gelten; stattdessen rief er dem Stürmer einige Unfreundlichkeiten hinterher: Eckstein sei in einem »körperlich furchtbar schlechten Zustand« und zudem »in einem Vierteljahr ohnehin ein Sozialfall«[179]. Torwart Andreas Köpke kommentierte den Transfer und die unwürdigen Umstände später so: »Die Sache mit dem Dieter war eine Riesensauerei und lief ab wie Menschenhandel.«[180]

Nach der Zeit auf Schalke war Eckstein von 1995 bis 1998 noch für West Ham United in England, sowie in der 2. Liga für den SV Waldhof Mannheim, den FC Winterthur in der Schweiz und in der Regionalliga für den FC Augsburg aktiv. Seine beste Zeit hatte er fraglos beim Club, und rückblickend sagte er über seine Laufbahn: »Heute würde ich sicher vieles anders machen. Als Profi war ich eben ein Hallodri; ich bin viel ausgegangen, ich habe viel getrunken und geraucht. Die Leistung auf dem Platz stimmte zwar meist, aber ich hätte sicher mehr erreichen können als meine sieben Länderspiele.«[181]

In die Schlagzeilen kam Eckstein durch private Schicksalsschläge, vor allem im Jahr 2011. Er wollte in der Halbzeit eines Benefizspiels einem jungen Fan ein Autogramm geben und erlitt einen Herzstillstand. Als er drei Tage später wieder zu sich kam, lag er auf der Intensivstation einer Regensburger Klinik. »Ich war 13 Minuten tot«[182], sagte er. Doch Eckstein konnte reanimiert werden und kämpfte sich auf einer Reha in Bad Kissingen zurück ins Leben. »Offenbar war meine Zeit noch nicht abgelaufen«, stellte er fest, »auch die Ärzte haben mir gesagt: Dass Sie noch leben, ist ein Wunder.«[183] Ein Jahr später kehrte er auf den Platz zurück – als Spielertrainer beim A-Klassisten Mitteleschenbach. Seine drei Söhne André, Steve und Mark komplettierten den Familienclan im Team. »Vier Ecksteins in einer Mannschaft, das ist natürlich tödlich für den Gegner«[184], sagte er. Die Ecksteins deckten bei der DJK/SV sogar alle Mannschaftsteile ab – vom Sturm und Mittelfeld bis zur Abwehr. Dieter Eckstein half des Öfteren als Libero aus und stand sogar einmal als Torwart zwischen den Pfosten.

GRUND 51

Weil Stefan Reuter keinen Bock aufs Abitur hatte

Stefan Reuters Karriere begann beim TSV 1860 Dinkelsbühl – als Leichtathlet. Bei den mittelfränkischen Bezirksmeisterschaften der Schüler holte er sich einen Titel im Weitsprung, außerdem war er ein guter Sprinter und Mittelstreckenläufer und wurde schließlich sogar bayerischer Meister im Crosslauf. Da verwundert es nicht, dass sich der junge Stefan Reuter lange nicht zwischen Fußball und Leichtathletik entscheiden konnte. Zum Glück des 1. FC Nürnberg entschied er sich für den Fußball – weil er seine Kameraden in der Fußballmannschaft des TSV nicht im Stich lassen wollte.

Mit knapp 16 Jahren nahm Reuter dann Abschied vom heimatlichen Dinkelsbühl, sein nun fußballerisches Talent hatte sich bis zum 1. FC Nürnberg herumgesprochen. Der damalige Jugendleiter Günter Gerling holte den B-Jugendlichen zum Club, Reuter schaffte es prompt in die Jugendnationalmannschaft und wurde im Mai 1984 mit der U16-Auswahl Europameister.

18 Monate vor dem Abitur verließ Reuter die Schule. Zu diesem Zeitpunkt hatte er schon einen Vertrag beim Club erhalten. »Ich war nach dem Nachmittagstraining meistens so geschlaucht, dass

ich keinen Bock mehr auf Schularbeiten hatte«[185], sagte Reuter. Außerdem bereiteten die DFB-Lehrgänge und die Auswärtsfahrten mit dem FCN Terminprobleme. Er absolvierte ja schon mit 17 Jahren in der Saison 1984/85 25 Zweitligaspiele für den Club, in denen ihm drei Treffer gelangen. Von 1985 bis 1988 spielte der »Turbo«, wie Reuter genannt wurde, weil er die 100 Meter noch lange in elf Sekunden sprintete, 100-mal in der Erstligamannschaft und schoss dabei zehn Tore. Dabei wurde er schon mit 18 Jahren von Trainer Heinz Höher als Libero eingesetzt – äußerst ungewöhnlich war das, denn diese Position in der Abwehr verlangte große Übersicht und gutes Organisationstalent, weniger hingegen Schnelligkeit, sodass sie oft mit älteren, erfahrenen Spielern besetzt wurde. Wie kein Zweiter stand Reuter für den »jungen Club« der Mitte der Achtziger.

Im Oktober 1985 bestritt Reuter den ersten Test für die A-Nationalmannschaft durch Teamchef Franz Beckenbauer, der nach den drei Tagen in Herzogenaurach sagte: »Er hat das Zeug, ein ganz Guter zu werden.«[186] Wie manchmal sollte der »Kaiser« recht behalten – es dauerte nach diesem DFB-Lehrgang dann allerdings doch noch bis 1987, ehe Reuter sein Länderspieldebüt feiern konnte. Ein paar Wochen vorher hatte er einen Vertrag bei den Bayern unterschrieben. Er wechselte nach großem Hickhack zusammen mit Roland Grahammer für rund sechs Millionen Mark nach München, was Clubpräsident Gerd Schmelzer so kommentierte: »Die Bayern haben uns das Herz herausgerissen!«[187] Uli Hoeneß, so Schmelzer, habe den FCN »gerupft wie eine Gans. Sanft und selig schlummert er jetzt in den Daunen.«[188] Bei den Bayern startete Reuter schließlich eine ganz große Karriere im defensiven Mittelfeld, in deren Verlauf er 1990 Deutscher Meister und Weltmeister und 1996 Europameister wurde. Nach einem Intermezzo in Italien wurde er 1995 und 1996 noch mit Borussia Dortmund Deutscher Meister – und 1997 feierte er mit dem BVB den Triumph in der Champions League.

Reuter liebäugelte stets damit, später vielleicht einmal als Manager in Nürnberg einzusteigen. Dazu kam es bislang noch nicht, aber in der Branche ist er tätig. Von 2006 bis 2009 bekleidete er dieses Amt mit mäßigem Erfolg, allerdings auch unter sehr schwierigen Begleitumständen, beim Zweitligisten TSV 1860 München. Für das stets aufgeregte Umfeld der Löwen war Reuter, der abseits des Platzes eher ein Mann der leisen Töne ist, wohl etwas zu leise. Seit Dezember 2012 arbeitet Reuter beim FC Augsburg in der Bundesliga.

GRUND 52

Weil Hansi Dorfner seine schönste Zeit in Nürnberg erlebte

Um ein Haar wäre die Geschichte, die dem 1. FC Nürnberg einen seinen größten Spieler bescherte, schon beendet gewesen, bevor sie begann. Lange vor Beginn der Saison 1984/85 hatten sich der Club und der FC Bayern München über die Ausleihe eines jungen Talents namens Hans Dorfner geeinigt, das zwei Jahre zuvor vom ASV Undorf in der Oberpfalz in die Jugendabteilung des FC Bayern gewechselt war und nun auf dem Sprung in den Männerfußball stand. Da bot es sich an, erst einmal bei einem Zweitligisten Spielpraxis zu sammeln. Dummerweise wurde jener Dorfner dann bei einem Ablösespiel der Bayern für Karl-Heinz Rummenigge gegen Inter Mailand eingewechselt – und bot eine begeisternde Leistung als Stürmer. Trainer Udo Lattek weigerte sich plötzlich vehement, diesen Dorfner gehen zu lassen – doch Manfred Müller, zuvor als Torwart bei den Bayern und nun Manager beim Club, setzte die Leihe doch noch durch.

Für die Karriere von Hans, genannt »Hansi« oder »Charly«, Dorfner war es ein Glücksfall; und auch privat, schwärmte er viel später noch, war Nürnberg die Zeit mit den schönsten Erlebnissen für ihn. Nach der gescheiterten Revolte etablierter Spieler gegen Trainer Heinz Höher bestritt der Club jene Saison 1984/85 mit einer Teenietruppe, und der Übungsleiter teilte Dorfner umgehend mit, dass er mit ihm als Spielmacher und Anführer plane, der den zu diesem Zeitpunkt abgeschlagenen Club in die Bundesliga führen sollte. Außerdem würden aus der neuen Mannschaft mindestens drei Talente später Nationalspieler. »Höher hat gesagt: Du bist mein Günter Netzer«, erzählte Dorfner, »der Stefan Reuter wird mein Berti Vogts und Dieter Eckstein mein Jupp Heynckes. Wenn ihr so mitzieht, wie ich es mir vorstelle, dann steigen wir in die erste Liga auf. – Ich bin aus der Besprechung raus und hab gedacht: Der spinnt wirklich, der ist nicht ganz sauber. Ich hatte doch immer nur Angreifer gespielt!«[189] Dann kam alles genau so, wie Höher versprochen hatte.

»Mindestens dreimal pro Woche« seien die neuen Clubberer abends gemeinsam unterwegs gewesen, erzählte Dorfner später; es habe »eine unglaubliche Kameradschaft«[190] geherrscht. Nach einer sensationellen Rückrunde mit 29:9 Punkten und einem 2:0 am letzten Spieltag gegen Hessen Kassel stand der Club zum einzigen Mal in dieser Saison an der Tabellenspitze – und zum einzigen Mal, als es zählte. Obwohl er sich rundum wohl fühlte, kehrte Dorfner nach der Bundesligasaison 1985/86, die der Club auf Rang zwölf beendete, zum FC Bayern zurück. Als einer der mittlerweile besten Spieler Deutschlands musste er schließlich zu einem Spitzenverein, um Nationalspieler zu werden – und dies gelang ihm auch, obwohl er immer wieder von Verletzungen zurückgeworfen wurde. Die *Süddeutsche Zeitung* urteilte bereits in seiner ersten Saison bei den Münchnern: »Seine Art, Fußball zu spielen, ist ungewöhnlich. Der junge Mann nämlich scheint einer aus der Art Overath oder Netzer zu sein, einer mit Auge für den Nebenmann, mit Mut zum Risiko, mit Umsicht und Weitblick, ein Spielmacher, auf den die Fußballnation seit den Tagen der alten Größen vergeblich wartet. Einer freilich auch, der rennen kann, bis die Beine nachgeben, und kämpfen, bis der Gegner nicht mehr mag.«

Er sei »halt ehrgeizig« gewesen, erklärte Dorfner: »In Nürnberg war es wunderschön, aber ich wollte deutscher Meister werden.« Und das gelang ihm dreimal mit dem FCB. »Den Wechsel hat man mir nie übel genommen, ganz im Gegenteil«, erzählte er später: »Ich fahr ja hin und wieder rauf zum Club, schaue mir die Spiele an. Die Leute freuen sich immer, wenn sie mich sehen.«[191] In der Winterpause der Saison 1990/91 kehrte er zum Club zurück; mehrere notwendig gewordene Operationen zwangen den Techniker im September 1993 mit 29 Jahren dazu, Sportinvalidität anzumelden. Heute leitet er seit fast 20 Jahren eine bekannte Fußballschule, die nach eigenen Angaben die größte private Fußballschule der Welt ist – über 5.000 Kinder trainieren pro Sommer an 120 Standorten. Dabei schöpft Dorfner aus einem Pool von über 600 Trainern. »Das ist ein Traumjob«, sagt Dorfner. »Alle sind glücklich: die Kinder, die Eltern, die Vereine und ich.«[192]

GRUND 53

Weil die Mädchen in Nürnberg in Andy Köpke verliebt waren

Nur ein Zaun trennte den Pausenhof der Viatisschule in den 1980er-Jahren vom Trainingsgelände des FCN am Valznerweiher, und wenn die Profis auf dem hinteren Rasenplatz trainierten, dann drängelten sich die Jungs um die besten Plätze, um ihre Idole zu betrachten. Allerdings waren auch die Mädchen höchst interessiert, was auf der anderen Seite des Zauns vor sich ging, und das hatte, wie eine Augenzeugin erzählt, einen besonderen Grund: »Viele von uns waren verliebt – in Andy Köpke.« Wenn der Torwart im benachbarten Condi-Supermarkt beim Einkaufen erwischt wurde, war die Aufregung natürlich groß. In der ganzen Stadt war Köpke ein Star – wer im Stadtteil Zerzabelshof wohnte, hatte das Glück, ihm ab und zu im Alltag zu begegnen.

Dass Köpke ein Nürnberger Idol werden würde, war zunächst nicht zu erwarten gewesen. Er hatte in der 2. Bundesliga Nord für Holstein Kiel, den SC Charlottenburg und Hertha BSC gespielt, als er 1986 zum Club kam. Trainer Heinz Höher holte den 24-Jährigen nach wochenlangem Gefeilsche für 125.000 Mark als Ersatzmann für Herbert Heider – die in den Amateurfußball abgestiegenen Berliner hatten zunächst das Dreifache verlangt. »Was ich mit Nürnberg verbunden habe? Gar nichts eigentlich«, erzählte Köpke später. »Lebkuchen, ja, aber sonst nichts.«[193] Dennoch bevorzugte er das Angebot aus Franken gegenüber einem Wechsel zu Galatasaray Istanbul. Köpke debütierte dann unerwartet schnell in der Bundesliga, denn noch vor Ligabeginn verletzte sich Heider schwer; schließlich musste der vorherige Stammkeeper einen Antrag auf Sportinvalidität stellen.

Seine beste Platzierung mit dem Club erreichte Köpke in der Saison 1987/88 mit Platz fünf, als Köpke die drittwenigsten Gegentore der Liga hinnehmen musste. Nur Oliver Reck vom Meister Werder Bremen und Bodo Illgner vom 1. FC Köln hatten noch seltener hinter sich gegriffen. Und Köpke glänzte auch als Torschütze: Beim Stand von 0:1, am 12. Spieltag der Saison 1992/93, gegen Köln erhielt der Club einen Foulelfmeter, Köpke schnappte sich den Ball und traf – ausgerechnet gegen Illgner, seinen langjährigen Erzrivalen um den Torwartposten in der Nationalmannschaft. »Vor dem Spiel habe ich noch mit Hans Dorfner gesprochen, ich sagte zu ihm: Charly, wenn wir einen Elfmeter kriegen, musst du ihn schießen«, erzählte Köpke später in dem Buch *Die Legende vom Club*[194] (Pflichtlektüre!). »Mir war ja klar, dass ich eigentlich nur verlieren konnte. Ich wusste: Wenn der Bodo den hält, dann zerreißen sie mich. Dann kriegen wir den ersten Elfmeter, der Charly Dorfner verschießt ihn, und beim zweiten war's klar, dass ich hingehen musste.«

Im selben Jahr nahm Köpke mit TT-Fresh eine Maxi-CD mit dem Titel *Nummer 1* auf – Illgner, damals noch Stammtorwart der Nationalelf, war wenig erfreut. Bis zum Abstieg 1993/94 blieb Köpke beim Club und absolvierte dort insgesamt 264 Erstligaspiele, in denen er mit erstaunlichen Reflexen und souveräner Strafraumbeherrschung glänzte. Er verließ den Club nur, um seine Chance in der DFB-Auswahl nicht zu gefährden. Und das lohnte sich: Nach der WM 1994 trat Illgner zurück, 1996 gewann Köpke als Stammtorwart die EM.

»Ich habe mich sehr wohl gefühlt und hatte eigentlich auch vor, meine Laufbahn hier zu beenden«[195], sagte er zu seinem Abschied aus Nürnberg. Nun, dazu kam es auch; sein Haus in Fischbach hatte er in weiser Voraussicht ja behalten. Er verbrachte einige Jahre bei Eintracht Frankfurt und Olympique Marseille, ehe er 1998 nach Nürnberg zurückkehrte. In jener Saison erlebte er den ganz bitteren Last-Minute-Abstieg, entschied sich aber diesmal, auch in der 2. Liga beim Club zu bleiben. Seine Laufbahn in der Nationalmannschaft war ja bereits beendet. 1999/00 verpasste der Club mit Platz vier den Wiederaufstieg, im Jahr darauf aber feierte er die Zweitliga-Meisterschaft. Trotzdem verabschiedete sich Köpke, der mittlerweile fast 40 Jahre alt war, mit dem Aufstieg vom Profifußball. Nachfolger wurde der 15 Jahre jüngere Darius Kampa.

Am 15. Juni 2001 wurde Köpke in einem Abschiedsspiel im ausverkauften Nürnberger Stadion von 40.000 Fans verabschiedet. »Ich habe mich mit dem 1. FC Nürnberg absolut identifiziert«, sagte er. »Ich habe dem Verein viel zu verdanken und auch alles für ihn gegeben.«[196] Köpke blieb Ehrenmitglied beim Herzogenauracher FCN-Fanclub Frankenpower. Im Mai 2003 verlieh der 1. FCN ihm den Ehrenbrief, die höchste Auszeichnung, die der Verein zu vergeben hat. Laudator war der Nürnberger Oberbürgermeister Ulrich Maly, der sagte: »Köpke war immer ein untadeliger Sportsmann, der keine Skandale hatte, ein charakterstarker Mensch, der sich nie in den Vordergrund drängte.«[197] Seit 2004 ist Köpke Torwarttrainer der Nationalmannschaft.

Einen Kopf machte sich Köpke schon während seiner Karriere um seine relativ geringe Körpergröße – und auch danach noch. »Ich glaube, dass ich heute Probleme hätte mit 1,82«, sagte er bei der Eröffnung seiner Torwartschule in Nürnberg 2011. »So 1,85 sollte man heutzutage schon sein, aber grundsätzlich ist es so, dass man viel mit der Sprungkraft wettmachen, dass man viel durch Stellungsspiel machen kann. Man kann sein Torwartspiel an die Größe anpassen. Leider ist es heutzutage so, dass viele Trainer sagen, mein Torwart muss mindestens 1,90 Meter groß sein – was für mich absoluter Blödsinn ist.«[198]

GRUND 54

Weil Ö seinen eigenen Fanclub hat

Aus der F-Jugend bis in die erste Mannschaft – bei einem Bundesligisten ist das fraglos eine eher ungewöhnliche Vita. Marc Oechler, genannt »Ö«, der am 11. Februar 1968 in Nürnberg-Zerzabelshof unweit des Trainingsgeländes geboren wurde und dort auch aufwuchs, war sie vergönnt. Von 1974 bis 1999 spielte er 25 Jahre lang ununterbrochen für den 1. FC Nürnberg. 163 Bundesligaspiele, 77 Zweitligapartien und 32 Regionalligaeinsätze absolvierte er für die Profimannschaft.

Rein wegen des Wohnorts lag es nahe, dass er schon mit sechs Jahren beim Club kickte – an eine Profikarriere dachte noch niemand ernsthaft, schon gar nicht Oechlers Vater, ein im Stadtteil bekannter Feinkosthändler. 1986 wurde Marc Oechler mit der A-Jugend des 1. FCN Deutscher Vizemeister, nach dem Abitur wollte er dann eigentlich Mathematik und Sport studieren. Dass er sich für eine Karriere als Fußballprofi entschied, hatte mit Trainer Hermann Gerland zu tun, der von 1988 bis 1990 seine erste Amtszeit beim Club verbrachte. Gerland entdeckte den schnellen und technisch starken Mittelfeldspieler, und er versprach: »Wenn der keiner wird, übernehme ich ein Jahr sein Gehalt.«[199]

Gerland, der in seiner Karriere zahllose Talente förderte und als Ausbilder später lange Jahre beim FC Bayern München arbeitete, sollte wieder einmal recht behalten. Gehaltszahlungen für »Ö« musste er jedenfalls nie übernehmen. Später erhielt Oechler gar das begehrte Trikot mit der Nummer zehn – das stand dafür, dass er als Regisseur, als Schaltstation im Spielaufbau eingeplant war. Den überraschenden Pass beherrschte er, für Kampfgeist und mannschaftsdienliches Spiel stand er auch.

In der Zweitligasaison 1995/96, Gerlands zweiter Amtszeit in Nürnberg, geriet Oechler allerdings zunehmend in die Kritik. Lange hielt sein Entdecker zu ihm. Doch Oechler war trotz seiner mittlerweile jahrelangen Profierfahrung nicht in der Lage, die ihm aufgegebene Rolle als Anführer zu spielen. Er wirkte müde, träge und ratlos. Die Anhänger pfiffen ihn aus, ausgerechnet ihn, einen der wenigen Lokalhelden im Kader. Die Vorstandschaft war fassungslos, und Gerland ebenso: »Ich habe Marc zu lange gestreichelt.«[200] Im Club-Magazin teilte der Trainer mit: »Für den Fall, dass ich unseren braven Marc Oechler aus dem Hut zaubern muss, dann wirklich nicht, weil ich mir gern Pfiffe von mehreren Tausend Fans anhören möchte, sondern einfach der schieren Not gehorchend.«[201]

Der Club stieg in die Regionalliga ab, doch überraschenderweise bekam Oechler einen neuen Vertrag. Und unter Gerlands Nachfolger Willi Entenmann fand er langsam wieder seine Form. Die Stimmung in der Anhängerschaft änderte sich, im Derby gegen Fürth wurde Oechler mit tosenden Rufen »Oechler für Deutschland – Klinsmann raus!« empfangen. Einige Fans hatten sich ein Trikot der Nationalmannschaft mit dem Schriftzug »Oechler« drucken lassen. In der 77. Minute schoss er das Tor des Tages, und der Schuss Ironie, der in der Aktion der Fans steckte, war irgendwie vergessen. Anschließend meinte Oechler: »An Tagen wie heute weiß ich, dass es nichts Schöneres gibt, als für den Club zu spielen.«[202]

Der neue, alte Liebling der Fans erhielt zur Zweitliga-Rückkehr einen Vertrag für zwei weitere Jahre. Er gehörte nun zunächst nur noch zu den Ergänzungsspielern, kämpfte sich aber zur Rückrunde in die Stammelf zurück. Einmal lief er sogar als zweiter Stürmer neben Saša Ćirić auf. Oechler ist bis zum heutigen Tage der einzige Club-Spieler, der einen eigenen Fanclub hat – den »FCN Fanclub Marc Oechler Weismain«.

1999/00 spielte er für ein Jahr für den griechischen Erstligisten AO Kavala, bevor er seine Laufbahn 2001 beim Oberligisten SC 04 Schwabach beendete. Es dauerte einige Jahre, bis Oechler wieder die Bühne betrat – 2007 wurde er zum Aufsichtsrat gewählt, er sollte den Club in dieser Funktion auch bei Spielertransfers beraten. Doch 2010 geriet Oechler in die Schlagzeilen: Er arbeitete als Anlageberater der Nürnberger Firma konzept finanzmanagement und wollte Spielern des 1. FC Nürnberg verschiedene Kapitalanlagen wie Schiffsbeteiligungen, einen Flugzeugtriebwerke-Fonds oder Beteiligungen am German Medical Center in Dubai verkaufen. Es wurde überliefert, er habe entsprechende Prospekte in der Mannschaftskabine ausgelegt. Helfen sollten bei der Kundenakquise die freundschaftlichen Kontakte zu Kapitän Andreas Wolf, den Oechler auch in finanziellen Angelegenheiten beriet. »Wenn Herr Wolf mit meiner Arbeit sehr zufrieden ist, dann wird er mich weiterempfehlen, und es kommt vielleicht der eine oder andere Spieler auf mich zu«[203], wurde Oechler in der SPORT BILD zitiert.

Sportchef Martin Bader klagte: »Den eigenen Angestellten Finanzprodukte zu verkaufen, entspricht nicht meinem moralischen Empfinden. Aus diesem Grund wurde es Herrn Oechler auch mehrmals untersagt, bei der Mannschaft für seine Firma Werbung zu machen.«[204] Er habe »mit Sicherheit nichts gemacht, was verboten oder anrüchig ist«[205], beteuerte Oechler, auch Interessenskonflikte habe es noch nie gegeben: »Die ganze Sache wurde total aufgebauscht.« Alle Anschuldigungen seien »krass, frech und rufschädigend«, denn »immerhin ist mein Job dem Verein seit langem bekannt«[206]. Im Jahr 2011 wurde Oechler, wohl auch wegen dieser Geschichte, von den Mitgliedern nicht mehr in den Aufsichtsrat gewählt – Tschö mit ö. Und auch bei seiner erneuten Kandidatur 2013 fiel er durch. Doch den »FCN Fanclub Marc Oechler Weismain« gibt es immer noch.

GRUND 55

Weil Vlado Kasalo ein (Eigen-)Torjäger war

Zu den Grundgesetzen des Fußballs gehört, dass Franz Beckenbauer immer recht hat – und dass er manchmal nicht recht hat. In diesem Fall zum Beispiel hatte er nicht recht. »Der Vlado hat bei mir in der Weltauswahl gespielt«, sagte also Beckenbauer, »den könnt ihr blind nehmen.«[207] Franz Beckenbauer hat immer recht, sagten sich da wohl die Verantwortlichen des 1. FC Nürnberg und verpflichteten im Jahr 1989 den jugoslawischen Nationalspieler Vlado Kasalo von Dinamo Zagreb. Für eine Million Mark Ablöse, Kasalo erhielt eine Jahresgage von 300.000 Mark und einen Mercedes der Preisklasse, wie ihn Clubpräsident Gerd Schmelzer selbst fuhr. Kasalo sei »ein ganz dicker Fisch«[208], fand Schmelzer. Er sollte recht behalten, aber nicht auf die Art und Weise, wie er es wohl gemeint hatte.

Kasalos Beginn als Libero in Nürnberg war unglücklich: Nach fünf Spielen brach er sich das Bein, er verpasste die Weltmeisterschaft in Italien. In der zweiten Saison jedoch wurde Kasalos Pech kurios: Im Abstiegskampf unterlief ihm erst im Heimspiel gegen Stuttgart (0:1) ein Eigentor, und dann im direkt folgenden Auswärtsspiel in Karlsruhe (0:2) ein weiteres. Da beide Treffer schulbuchmäßig mit dem Kopf erzielt wurden und Nürnberger Gegentore auf dem Wettmarkt recht rentabel waren (Keeper Andreas Köpke hatte zuvor 366 Minuten lang keines kassiert), kamen Gerüchte auf. Denn Kasalo war selbst Stammgast in Nürnberger Wettlokalen, im

Tropicana, im Acapulco, im Monte Carlo. Und trotz des für damalige Verhältnisse hohen Gehalts sollen den damals 28-Jährigen hohe Wettschulden geplagt haben. Man erzählte sich, er sei von einer Wettmafia zu den Eigentoren gezwungen worden. Kasalo selbst sagte zu den Vorwürfen: »Alles blabla!«[209] Die Polizei ermittelte, der DFB sperrte Kasalo für den Rest der Saison. Am Ende wurde er zu sechs Monaten auf Bewährung und insgesamt rund 45.000 Mark Strafe verurteilt – allerdings »nur« wegen hartnäckigen Fahrens ohne Führerschein. Es konnte ihm hingegen nicht nachgewiesen werden, dass er die Selbsttore mit Absicht erzielt hatte.

Kasalo kehrte zurück nach Zagreb und kämpfte im Balkankrieg für die Kroaten gegen die Serben. Nach zwei Jahren gab ihm der von seinem Landsmann Josip Kuže trainierte FSV Mainz 05 in der zweiten Bundesliga eine neue Chance. Kasalo spielte dort zwei Jahre herausragend – und traf dabei fünfmal ins richtige Tor, nie ins falsche. Für Verwunderung sorgte er der Überlieferung nach dort nur noch wegen Geschichten über seine teuren Versace-Brillen, über 25.000 Mark, die er angeblich einfach so in der Kabine herumliegen ließ, und über das Sportheim des SV 1912 Kostheim, das er aus der Sicht von Stammgästen zusammen mit Kuže zu einer Art Poker-Spielhölle umfunktionierte. Dann verschwand er 1994 urplötzlich und spurlos aus Mainz.

Im Dezember 2012 sprach Kasalo, mittlerweile 50 Jahre alt und zuletzt als Jugendtrainer tätig, mit dem *kicker* über die Vorwürfe. »Das war und ist eine Lüge«, sagte er, »ein Nürnberger Taxifahrer hat diese Geschichte in Umlauf gebracht. Ein Taxifahrer! Natürlich macht mich das traurig. Keiner redet mehr über die positiven Dinge.«[210] Er habe Trainer Arie Haan vor dem KSC-Spiel darum gebeten, ihn gar nicht einzusetzen – dann spielte er und schoss das Eigentor. »Mit dem Hinterkopf!«, betonte Kasalo allerdings. »Unmöglich, so etwas gezielt zu machen. Otto Rehhagel sagte damals: »Wenn Kasalo das mit Absicht gemacht hat, dann gehört er in den Zirkus.« Auch Kasalos damaliger Abwehrkollege Jörg Dittwar sagte mehr als 20 Jahre später: »Vlado war menschlich in Ordnung. Ich bin auch heute noch total von seiner Unschuld überzeugt.«[211]

Wie auch immer es wirklich war – dieser Fall, der prima zum gebeutelten Club passte, hat eine besonders komische Note, weil Nürnbergs Schatzmeister Ingo Böbel über Kasalo sagte: »Ich bin tief traurig und menschlich enttäuscht.« [212] Dieses Zitat hätte man wohl längst vergessen – wäre Böbel nicht vier Jahre später wegen Veruntreuung und Steuerhinterziehung zu dreieinhalb Jahren Haft verurteilt worden. Aber das ist eine andere Geschichte.

GRUND 56

Weil Sergio Zárate eine Zaubermaus war

Die *Stuttgarter Nachrichten* nannten ihn einen »Farbtupfer auf dem Grauschleier der Bundesliga«[213]: Er sei nicht bloß Stürmer, sondern ein Ereignis. Und bei den Club-Fans genießt Sergio Zárate noch heute Legendenstatus. Der Südamerikaner, der eine ungeheuerliche Mähne, aber nur 1,70 Meter Körpergröße aufwies, kam durch blitzartige Antritte, spektakuläre Dribbeleinlagen und technische Kabinettstückchen zu seinem Spitznamen »Zaubermaus« (der eine freundliche Weiterentwicklung zu seinem in Argentinien üblichen Kosenamen »el raton«, was einfach nur »die Maus« heißt, darstellte). Manche Club-Fans schwärmen heute noch, er sei der technisch beschlagenste Spieler der Vereinsgeschichte gewesen.

Zárate kam im Januar 1991 für eine Ablöse von 1,1 Millionen Mark von Vélez Sársfield zum Club. Sein Debüt gab er gegen die SG Wattenscheid 09 – auf schneebedecktem Rasen. »Der Schnee hier war für mich die größte Sensation«[214], sagte er. Trotz des ungewohnten Untergrunds erzielte er gleich ein Tor. Danach fiel ihm die Eingewöhnung aber schwer, er spielte oft uneffektiv und wurde prompt als Fehleinkauf tituliert.

Weil der hoch verschuldete Club dringend Geld brauchte, wurde Zárate zu Beginn der Saison 1992/93 an den italienischen Erstligisten Ancona verscherbelt. Von den aufgerufenen vier Millionen Mark Ablöse sah der 1. FCN aber nur einen kleinen Teil, weil Anconas Präsident wegen Veruntreuung ins Gefängnis musste und der Verein vor dem Konkurs stand. Zárate wurde an Sársfield ausgeliehen und kehrte schließlich zur Saison 1993/94 nach Nürnberg zurück. Er schoss in dieser Spielzeit 13 Treffer, dennoch kam es in der Rückrunde zu Meinungsverschiedenheiten mit Trainer Willi Entenmann, und am Ende stand für den Club der Abstieg aus der Bundesliga. Zur Kritik an seiner Person meinte Zárate, ganz Künstler: »Manchmal bin ich eben gut, manchmal schlecht. Manchmal gelingt mir alles, manchmal nichts.«[215] So verfestigte sich sein Ruf als launische, egoistische Diva mit einem Hang zum Laissez-faire.

1994 ging Zárate zum Hamburger SV, doch dort kam er nur noch auf elf Einsätze und wurde schnell fristlos entlassen. Quasi über Nacht verließ er Deutschland, zumal er beim Club angeblich Schwarzgeld in sechsstelliger Höhe bekommen hatte; wegen Steuerhinterziehung wurde er zu einer Geldstrafe von 100.000 Mark verurteilt. Jahrelang sprach er wegen der Berichterstattung nicht mehr mit deutschen Journalisten, und über seine alte Heimat soll er gesagt haben: »Nürnberg gefällt mir eigentlich nicht. Es ist eine traurige Stadt ohne Jugend und Freude.«[216]

Viele Jahre später hörte sich das wieder ganz anders an. »Die Fans des 1. FC Nürnberg sind weltmeisterlich, solch eine Stimmung habe ich bei keinem anderen Fußballverein erlebt«, erinnerte er sich 2010 bei einem Besuch in Franken, und, siehe da: »Wenn meine Kinder größer sind, möchte ich gerne nach Nürnberg ziehen. Bis heute erzähle ich meinem Sohn gerne davon, wie ich beim Auswärtsspiel beim FC Bayern München in der Saison 1991/92 zwei Tore beim 3:1 geschossen habe. Er habe noch immer Freunde beim Club, Javier Pinola etwa oder auch Klaus »Magnum« Härtle, den damaligen Busfahrer. »Nürnberg ist meine zweite Heimat, diese

Stadt kommt gleich nach Buenos Aires«, sagte Zárate. »Die Herzlichkeit werde ich ewig in meinem Herzen tragen.«[217] Manchmal heilt die Zeit halt alle Wunden.

GRUND 57

Weil Thomas Brunner (fast) alles überlebte

Bis heute hält Thomas Brunner mit 328 Einsätzen den Rekord der Nürnberger Bundesligaspieler, dazu kamen noch 74 Zweitligapartien – und nicht nur wegen dieser beeindruckenden Zahlen lohnt es sich, sich an ihn zu erinnern. Weil er von 1980 bis 1996 als Spieler und dann noch von 1996 bis 2003 als Co-Trainer beim Club arbeitete, hat er vieles erlebt – und überlebt.

Vor allem die sogenannte »Oktoberrevolution«, die legendäre Spielerrevolte gegen Trainer Heinz Höher 1984. Nach einem enttäuschenden 1:1 gegen Rot-Weiß Oberhausen lud Höher die Mannschaft um 6.00 Uhr in der Früh zum Straftraining. Doch lediglich fünf Spieler erschienen – der Rest der Mannschaft boykottierte den Termin und forderte in einem offenen Brief den Abschied des Übungsleiters. Ohne Erfolg – stattdessen suspendierte Clubpräsident Gerd Schmelzer die von ihm ausgemachten Rädelsführer: Kargus, Horsmann, Lottermann, Krella, Weyerich, Walz und eben Brunner. Brunner war der Einzige, der kurze Zeit später begnadigt wurde. Er erzählte später: »Ich habe damals ein Gespräch mit Heinz Höher geführt und ihn gefragt, ob es sinnvoll ist, wenn wir noch weiterhin zusammenarbeiten. Er war sehr fair, wir haben uns arrangiert und seither wurde nie mehr ein Wort über dieses Thema verloren.«[218] Allerdings war das wohl nicht der einzige Grund, dass er wieder mitspielen durfte. In Nürnberg erzählt man sich jedenfalls noch heute, dass er nur deshalb wieder dabei war, weil sein Transferwert als Sicherheit an eine Bank überschrieben worden war. Und so kam es dazu, dass Brunner der Nürnberger Rekordspieler wurde.

Im Alter von 16 Jahren hatte er sein Elternhaus in Blaibach bei Cham in der Oberpfalz verlassen und kam zum 1. FC Nürnberg. Zunächst hatte er im Büro des Clubpräsidenten und Sponsors Michael A. Roth eine Lehre als Bauzeichner zu absolvieren - aber sein Talent als Kicker war schon offensichtlich. Die *Club-Revue* schrieb, der 16-Jährige könne es »von der Physis her mit jedem 18-Jährigen aufnehmen, wenn er nicht verheizt wird. In DFB-Kreisen ist man sich einig: Thomas Brunner ist eines der größten Talente des deutschen Fußballs.« Am 27. September 1980 debütierte er in der Bundesliga. Er wurde im Auswärtsspiel beim 1. FC Köln eingewechselt. Als A-Jugendlicher machte er 20 Bundesligaspiele und erzielte dabei vier Tore. Er wurde mit der deutschen U20-Fußballnationalmannschaft Weltmeister und mit der U21 Vizeeuropameister - an der Seite von späteren Weltmeistern wie Rudi Völler und Pierre Littbarski.

Auch nach dem Abstieg aus der 1. Bundesliga 1984 blieb Thomas Brunner beim 1. FC Nürnberg. Und nach der gescheiterten Revolte erzielte er sein wahrscheinlich wichtigstes Tor am letzten Spieltag der Saison 1984/85: Das 2:0 gegen den KSV Hessen Kassel besiegelte den Wiederaufstieg. »Wir waren eine junge Truppe, der Zusammenhalt damals war riesig«[219], erinnerte sich Brunner später an diese Spielzeit. 1988 war er als Ältester der Leitwolf einer ebenfalls jungen Mannschaft, mit der sich der Club für den UEFA-Pokal qualifizierte. Zwar schied er in der ersten Runde gegen den AS Rom aus, doch der legendäre 2:1-Hinspielsieg wurde ein letzter Höhepunkt in Brunners Laufbahn. 1994 musste Brunner erneut einen Abstieg in die 2. Liga miterleben, 1996 gar den Absturz in die Regionalliga. Danach beendete er seine Karriere als Spieler und wechselte auf den Posten des Assistenztrainers.

Sein Erfolgsrezept umschreibt Brunner im Nachhinein gern so: »Ich kam immer von der rustikalen Seite. Einsatz und Wille waren meine Steckenpferde. Die Sachen, die ich beherrscht habe, die habe ich zu 100 Prozent gemacht. Und die Sachen, die ich nicht beherrscht habe, habe ich einfach weggelassen.«[220] Das erklärte, wieso er im Laufe der Jahre in der Mannschaft immer weiter nach hinten rückte: Unter Horst Heese hatte er als Mittelstürmer gespielt, seine Abstiege in den 1990er-Jahren erlebte er als Manndecker mit. Stets war er dabei das große kämpferische Vorbild.

Umso mehr wurmte es ihn, dass ihn viele Fans in seinen Jahren als Co-Trainer als kritiklosen Hütchenaufsteller verspotteten, der jeden Cheftrainer überlebe. Zusammen mit Klaus Augenthaler musste er dann 2003 aber gehen. »Ich will mich sauber verabschieden, ohne Groll«, sagte er; ein Bruch mit dem Verein, der quasi sein Leben war, sei »doch der absolute Schwachsinn«[221]. Zum Abschied verklagte er den 1. FCN 2004 dann aber auf Zahlung einer Aufstiegsprämie, die ihm im Mai 2002 von Edgar Geenen im Beisein von Klaus Augenthaler mündlich zugesagt, dann aber von Präsident Michael A. Roth im schriftlichen Vertrag gestrichen worden sei. Er argumentierte, die Streichung sei einseitig und ohne Präsidiumsbeschluss erfolgt. Die Richterin am Arbeitsgericht schlug vor, sich außergerichtlich zu einigen und ihm wegen seiner Verdienste um den Verein eine Zahlung von 5.000 Euro zukommen zu lassen. Brunner akzeptierte: »Mir geht es gar nicht ums Geld, ich will mich nur nicht madig machen lassen.«[222]

GRUND 58

Weil die Nummer 29 Saša Ćirić für immer begleitete

Bis Saša Ćirić 18 Jahre alt wurde, hatte er in Mazedonien immer nur Handball und Basketball gespielt. Mit Fußball hatte er nichts am Hut – ganz im Gegensatz zu seinem Vater. »Er hat mich dann überredet, zum Probetraining zu gehen«, erzählte er später einmal dem Magazin *11 Freunde.* »Ihm zuliebe habe ich das dann gemacht.«[223] Eigentlich wollte Saša Ćirić nämlich lieber Informatik studieren, für Fußball hatte er sich nie so recht interessiert. »Aber meiner Familie fehlte das Geld und mein Vater hat mich regelrecht zum Spielen gezwungen. Manchmal muss man dem Glück eben auf die Sprünge helfen.«[224]

Papa Ćirić hatte wohl geahnt, dass sein Sohn Talent hatte. Saša wurde jedenfalls sofort Profi. »Praktisch von null auf 100«[225], sagte er. »Im ersten Jahr sind wir gleich jugoslawischer Meister geworden. Aber richtig durchsetzen konnte ich mich noch nicht, und in der zweiten Saison wurde ich ausgeliehen.«[226] Über verschiedene Vereine in Skopje kam er 1995 zum FC Aarau in die Schweiz – dort erzielte er in 73 Spielen 30 Tore. In der Winterpause der Saison 1997/98 wechselte er dann zum 1. FC Nürnberg.

Und dass der Wechsel während der Spielzeit stattfand, bescherte Ćirić sein Markenzeichen – die Nummer 29. »Es waren schon viele Nummern verteilt«, erzählte er: »Es waren aber auch noch andere übrig. Die ›11‹, die ›12‹ oder die ›14‹. Ich habe dann gefragt, welche großen Spieler diese Nummern hatten. Da gab es einige. Cruyff zum Beispiel trug ja die ›14‹. Ich wollte dann die ›29‹ berühmt machen. Beim Club habe ich immer mit dieser hohen Zahl gespielt. In Offenbach hatte ich die ›20‹. Mit der ›29‹ wollte ich nur in Nürnberg spielen.«[227] Und er blieb der Zahl treu: In seinem Heimatdorf in Mazedonien betrieb er eine Gaststätte, die so hieß. Und beim Online-Pokern nennt er sich »Clubberer29«.

Denn dem 1. FC Nürnberg ist er im Herzen treu geblieben. »Am Anfang habe ich es nicht geglaubt, als Leute zu mir sagten: ›Einmal Club immer Club‹. Aber so ist es wirklich«[228], sagt er. »OK, vielleicht liegt es auch ein bisschen daran, dass ich fußballerisch wohl meine beste Zeit in Nürnberg hatte.« Während seines ersten Engagements in Nürnberg erzielte Ćirić in 45 Spielen 22 Tore und feierte den Bundesligaaufstieg, der auch dank seiner Treffer gelang. Ein kurioses Tor erzielte er am 19. Spieltag der Saison 1997/98 in Freiburg: Nach einer Flanke von Michael Wiesinger schoss er im Sitzen zweimal den Torhüter an, bis er den Ball im dritten Versuch ins Tor brachte. Und am darauffolgenden Spieltag erzielte er gegen den VfB Leipzig zwei Treffer, wobei er jeweils zuerst den Innenpfosten traf. Beim zweiten Tor prallte der Ball zuerst ins Feld zurück, traf aber das Knie des VfB-Keepers und kullerte von dort ins Tor. »Der Pfosten ist ein prima Partner«[229], stellte Ćirić anschließend fest.

Ćirić war auch deshalb ein Liebling der Fans, weil er nie aufgab. In der Saison 1998/99 zog er sich im Oktober beim Spiel gegen den VfB Stuttgart, im Zweikampf mit Pablo Thiam, einen Jochbein-, einen Augenboden- und einen Kieferbruch zu. Die Ärzte schätzten, er müsse vier Monate pausieren – nach fünf Wochen stand er wieder auf dem Platz. Mit Metallplatten im Schädel und noch geschwollenem Gesicht erzielte er gegen Hansa Rostock zwei Kopfballtore.

Doch 1999, nach dem umgehenden Wiederabstieg, musste er gehen, obwohl er gern geblieben wäre. Für vier Millionen Mark verkaufte ihn der Club an Tennis Borussia Berlin, um sein finanzielles Überleben zu sichern. Nach dem Lizenzentzug von TeBe kehrte er 2000 in die Bundesliga zurück und wechselte ablösefrei zu Eintracht Frankfurt, wo er, wie schon beim Club, unter Trainer Felix Magath spielte. 2002 kehrte er dann nach Nürnberg zurück, trotz einer angebotenen Vertragsverlängerung in Frankfurt entschied er sich für seine Wahlheimat. Bis 2004 absolvierte Ćirić noch einmal 47 Spiele mit 22 Toren. »Ich bin so glücklich. Mein größter Wunsch, zum Karriereende wieder dieses einzigartige rot-schwarze Trikot tragen zu dürfen, geht in Erfüllung«[230], sagte er. »Angst kenne ich noch immer nicht. Ich halte notfalls die Rübe noch hin, wenn sich andere den Fuß verrenken. Ich weiß, dass der Trainer jüngere Spieler hat und werde jede Entscheidung akzeptieren, egal ob ich von Beginn an spiele oder eingewechselt werde. Wenn ich auf dem Platz stehe, werde ich jedenfalls alles geben. Ich bin glücklich, wieder im Club-Trikot spielen zu dürfen. Ich habe die letzten drei Jahre davon geträumt, nochmals vor der Nordkurve zu stehen, um gemeinsam mit unseren Fans zu jubeln.«[231]

Dieser Traum ging in Erfüllung. Im Anschluss daran ließ er seine Karriere bei den Offenbacher Kickers ausklingen. Später wurde er Präsident des mazedonischen Zweitligisten Meridian FCU, bei dem er sich auch selbst fit hielt. »Das war nur kurzfristig«[232], erzählte er später. »Dem Verein ging es nicht gut. Er war fast pleite. Mein Trauzeuge war dort im Verein. Ihnen ist der Sponsor abgesprungen. Ich bin dann mit einem Sponsor, einen Bekannten von mir, dort eingestiegen, um den Verein zu retten. Ich war nur dieses eine Jahr da. Als der Verein wieder aufgestiegen ist, bin ich wieder weggegangen. Der Job war auch nicht so mein Ding.«[233] Den Fußballbetrieb verfolgt Ćirić weiterhin, aber mit speziellen Prioritäten: »Es ist nicht so, dass ich mir jedes Champions-League-Spiel angucke«, erzählte er einmal. »Eigentlich schaue ich mir nur die Nürnberg-Spiele an.«[234]

GRUND 59

Weil Thomas Ziemer als Kind nicht in den Zaubertrank gefallen war

Die gute Nachricht zuerst: Thomas Ziemer hatte gar keinen Hodenkrebs. Diese schlimme Befürchtung hegte Wilhelm Schänzer, der Leiter des Instituts für Biochemie in Köln, als er im Jahr 1999 eine Dopingprobe des Nürnberger Offensivspielers auswertete. »Einen derart astronomisch hohen Testosteronwert«[235], sagte Schänzer, hätten für gewöhnlich nur Männer mit einem Gonaden-Karzinom. Bei einer Kontrolluntersuchung Ziemers gaben die Ärzte aber Entwarnung – dafür war die Aufregung beim Deutschen Fußball-Bund nun umso größer: Erstmals wurde einem Bundesligaprofi die Einnahme von Anabolika nachgewiesen.

In den Verhandlungen vor dem DFB-Sportgericht blieb es im Unklaren, wie der Stoff vor der Dopingprobe am 29. Mai in Ziemers Körper gelangt war. Dafür wurde eine Vereinsposse erzählt, die wieder einmal belegte, dass der 1. FC Nürnberg einfach die kuriosesten Geschichten schrieb. Im Winter 1998 hatte sich ein gewisser Herbert Brand bei Nürnbergs Trainer Friedel Rausch vorgestellt, ein 38-jähriger Kellner. Er trug Strähnchen im Haar und berichtete, ein Experte für »leistungsspezifische Sporternährung« zu sein. Das klang gut, so etwas konnte man brauchen im Abstiegskampf. Brand wurde engagiert, und natürlich kam niemand auf die Idee, irgendwelche Referenzen anzufordern. Ab sofort gab es Müsli und Früchte in der Kabine – und ab und zu auch mal ein paar Tinkturen oder Pillen. »Je nachdem«, sagte Ziemer, »welche Mängel der Herbert im Training gesehen hatte.«[236] Dem Nürnberger Vereinsarzt Heiner Kirchner war der Unbekannte von Beginn an suspekt, doch Brand beruhigte ihn: Er verabreiche ja nur Aminosäuren, Bachblüten oder »Tee aus Baumrinde«, jedenfalls »nur Naturstoffe«[237]. Der Autodidakt, den die Profis »Miraculix« nannten, verteilte unterdessen laut Ziemer immer mehr »ganz grüne, eklige Pillen«[238].

Dabei griff Brand auf den Erd-Burzeldorn (Tribulus terrestris) zurück. Das ist eine Pflanzenart aus der Familie der Jochblattgewächse (Zygophyllaceae), verbreitet in tropischen und subtropischen Ländern in Asien, Afrika und Südeuropa. Der Extrakt dieser Pflanze hat einen blutdrucksenkenden und potenzsteigernden Effekt bei Ratten; bei Menschen wurden Wirkungen kaum wissenschaftlich nachgewiesen. Trotzdem ist er im Kraftsport als »Steroidersatz« und als »natürliches Anabolikum« verbreitet.

»Am 29. Mai wurde den Spielern genauso Tribulus terrestris gegeben wie an all den anderen Tagen zuvor auch«, berichtete »Miraculix« Brand, »in den letzten fünf, sechs Wochen der Saison. Schon vor dem Bochum-Spiel habe ich das den Spielern gegeben.«[239] In Bochum waren Knut Reinhardt und Armin Störzenhofecker zur Dopingprobe bestellt worden – dass bei ihnen nichts gefunden wurde, führte Brand zur Entlastung an. Störzenhofecker sagte allerdings: »Ich kann mich beim besten Willen nicht daran erinnern, ob ich das genommen habe oder nicht. Wir haben ja so viel bekommen von dem …«[240] Er habe »den Leuten damit ihre Reserven rauskitzeln wollen«, erklärte Brand: »Das Mittel macht etwa zehn bis fünfzehn Prozent Leistung aus. Wer kann es sich schon leisten, darauf zu verzichten?«[241]

Schänzer hatte stets ausgeschlossen, dass die erhöhten Testosteronwerte Ziemers allein auf die Einnahme von Tribulus terrestris zurückgeführt werden konnten. Sie waren unbestritten durch die Einnahme des anabolen Steroids Androstendion entstanden. Und im Prozess räumte Brand dann auch ein, die Pillen von einem Erlanger Mentor namens Friedrich Reuss bekommen zu haben. Der 55-jährige Reuss, vereidigter Sachverständiger für Ernährung und Clinical Research Manager der amerikanischen Firma Pharmacia & Upjohn, bestätigte dies gegenüber dem Magazin FOCUS. Drei bis vier Tage vor dem Prozess wollte Brand dann von Reuss erstmals erfahren haben, dass es da mal gewisse ausländische Firmen und gewisse Anreicherungen des Produkts mit Anabolika gegeben hatte.

Doch selbst diese Lösung ließ sich nicht belegen: Club-Manager Ignaz Good hatte den Rest der grünen Pillen im Erlanger Institut für Rechtsmedizin analysieren lassen. Die Kapseln enthielten nur Tribulus terrestris, keine Spuren von Anabolika. Ziemer hätte ohnehin auch der Beweis für ein untergeschobenes Mittel nicht vollständig entlastet: Jeder Profi musste damals schon unterschreiben, auch Naturheilextrakte penibel auf Dopingstoffe zu prüfen. Das Sportgericht des DFB verhängte schlussendlich eine neunmonatige Sperre gegen den 30-jährigen Mittelfeldspieler, die in einem zweiten Verfahren auf sechs Monate reduziert wurde. Ziemers Anwalt Christoph Schickhardt sah seinen Mandaten eher »als Opfer denn als Täter«, Ziemer sei »das schwächste Glied in der Kette«[242] gewesen. Immerhin behauptete niemand, Ziemer sei als Kind in den Zaubertrank gefallen.

GRUND 60

Weil Marek Mintál ein Phantom war

Es handelte sich wahrlich um einen Hammer-Transfer. Denn die Legende von Marek Mintál beginnt mit einem gewissen Peter Hammer, einem Autohausbesitzer aus Röthenbach an der Pegnitz. Er weilte demnach 2003 auf Geschäftsreisen in der Slowakei, und weil er sich dort offenbar gern Fußballspiele ansah, beeindruckte ihn dieser schmalbrüstige Mann, der für den MŠK Žilina spielte. Nun war es nicht besonders schwer, ihn zu entdecken, weil er schließlich Tore am Fließband schoss. Ob er das auch außerhalb der Slowakei tun würde, war freilich nicht abzusehen, er war ja bereits 25 Jahre alt und mithin kein Talent mehr. Aber Hammer wusste ja, dass es auch gute Gebrauchtwagen gibt, und für 150.000 Euro, dachte man sich wohl beim Club, kann man ja nicht viel falsch machen. Also wurde jener Mintál verpflichtet, als ihn Hammer dem damaligen Trainer Wolfgang Wolf empfahl.

In seiner ersten Saison 2003/04 erzielte Mintál 18 Tore, am Ende der Spielzeit gelang so die Rückkehr aus der 2. Liga in die Bundesliga. Der Slowake erhielt nun umgehend einen Vertrag bis 2008. Und auch im Oberhaus bewies Mintál, in eigener Wahrnehmung stets eher ein Mittelfeldspieler als ein Stürmer, auf Anhieb seine Qualität – er gewann mit 24 Treffern die Torjägerkanone 2004/05. Er ist der einzige Bundesliga-Torschützenkönig in der Historie des 1. FC Nürnberg. Angebote von anderen Clubs hatte er nun genug, doch er mochte Franken nicht mehr verlassen. »Es klappt nicht immer alles so, wenn man den Verein wechselt«, stellte er fest. »Du bist wieder ein Niemand und fängst bei Null an. In Nürnberg wusste und weiß ich, was ich habe. Es war eine Sache des Herzens.«[243]

Eine Herzensangelegenheit war Mintál da längst schon für die Fans. »Marek, Marek Mintál« zur Melodie der Fernsehserie *Familie*

Feuerstein wurde ein Klassiker des Fanblock-Repertoires. Er erhielt den Spitznamen »das Phantom«. Weil man sich oft fragte, ob er überhaupt mitspielte, bis er diese Frage beantwortete – indem er plötzlich ein Tor schoss. Er nahm seine Rolle als Phantom so ernst, dass man ihn manchmal noch nicht einmal sah, während er traf. Dann verschwand er allerdings wirklich: In der Spielzeit 2005/06 fiel Mintál nach einem Bruch des Mittelfußes fast durchgängig aus; und auch in der folgenden Saison ging seine Leidenszeit weiter. Es stellte sich heraus, dass die Metallschiene zur Stabilisierung des Fußes nicht korrekt saß und der Bruch nicht richtig verheilt war. Das Comeback im DFB-Pokal-Halbfinale gegen Eintracht Frankfurt 2007 wurde zu einem der emotionalsten Momente seiner Karriere: »Diese drei Minuten, die mir unser Trainer Hans Meyer damals geschenkt hat, waren unglaublich schön – ein Abend, den ich mein ganzes Leben lang nicht vergessen werde.«[244] Überraschend besiegte der Club dann den VfB Stuttgart im DFB-Pokalfinale (3:2) und holte den ersten Titel seit 1968. Doch Mintál hatte erneut Pech, kurz nach seinem Treffer zum 1:1-Ausgleich musste er in der 34. Minute den Platz verlassen, nachdem ihn Fernando Meira böse gefoult hatte. Innenbandriss, Meniskusquetschung – auf Krücken kam Mintál zur Siegerehrung und zur Party ins Olympiastadion zurück.

Neben seinen vielen und wichtigen Toren ist es vor allem sein zäher Wille, allen Rückschlägen zum Trotz immer wieder für den Club sein Bestes zu geben, der ihn zur Legende machte. Im UEFA-Pokal hatte er noch glanzvolle Momente, doch 2008 ging er auch mit dem Club zurück in die 2. Liga. Mit 16 Treffern wurde er dort erneut Torschützenkönig. Nach der Rückkehr ins Oberhaus musste er sich jedoch zunehmend mit der Rolle als Reservist begnügen. In seiner slowakischen Heimat, für die er insgesamt 45 Länderspiele mit 14 Toren bestritt, wurde er zum »Fußballer des Jahrzehnts« gewählt. 2011/12 spielte Mintál noch ein Jahr für Hansa Rostock in der 2. Liga, dann kehrte er umgehend zurück nach Nürnberg – als Spieler half er noch eine Saison lang bei der zweiten Mannschaft in der Regionalliga mit. Danach sollte er im Trainerstab des FCN arbeiten.

Kurioserweise fand pünktlich zu seiner Rückkehr im Juli 2012 sein »Abschiedsspiel« (als Profi) statt – gegen Borussia Dortmund. Aus diesem Anlass verriet BVB-Coach Jürgen Klopp, dass er Mintál in seiner Zeit als Trainer des FSV Mainz 05 gern zu den Mainzern geholt hätte. »Wir haben uns sogar mal getroffen, aber er ist dann doch lieber in Nürnberg geblieben.«[245] Na zum Glück.

GRUND 61

Weil Andreas Wolf wusste, dass das Fürther Kleeblatt nicht blüht

Andreas Wolf wurde 1982 in Leninabad in Tadschikistan geboren, doch schon mit acht Jahren zog er mit seiner russlanddeutschen Familie nach Ansbach. So kam es, dass er zu seiner Zeit als der einzige Franke im Team des 1. FC Nürnberg bezeichnet wurde, und er empfand sich auch als solcher: »Ich bin Franke. Nicht waschecht, aber eine andere Mentalität kenne ich doch gar nicht.«[246] Dass er sich den örtlichen Gegebenheiten bestens angepasst hatte, bewies Wolf 2007 beim Empfang der Pokalsiegermannschaft auf dem Hauptmarkt, als er ein berühmtes Lied anstimmte: *Alle Blümlein blühen, nur das Fürther Kleeblatt nicht.*

Doch nicht nur wegen seiner fränkischen Ader, sondern vor allem wegen seinen Leistungen als Verteidiger, wurde Wolf zum großen Publikumsliebling. Dabei verlief sein Sprung aus dem Nachwuchs zu den Profis schwierig: In der Saison 2001/02 kam er im Rückrundenspiel bei Hertha BSC zum ersten Mal von Beginn an zum Einsatz und überzeugte; zwei Spieltage zuvor hatte ihn Trainer Klaus Augenthaler bereits schon einmal in den Kader für das Heimspiel gegen Werder Bremen berufen, doch am Sonntag nach dem Spiel stellte er bei dem 19-Jährigen eine Alkoholfahne fest und schickte ihn auf der Stelle zurück zu den Amateuren. Weinend verließ Wolf das Trainingsgelände. Die Personalnot zwang Augenthaler allerdings schon eine Woche später, wieder auf Wolf zurückzugreifen.

Unter dem folgenden Trainer, seinem Namensvetter Wolfgang Wolf, setzte sich der Weg nach oben für Wolf fort. Er wurde schnell zum Stammverteidiger. Gefährdet war seine Position höchstens durch eine Vielzahl Gelber und Roter Karten, die ihn oft zum Aussetzen zwangen. So erwarb er sich den Ruf eines harten Hundes, was seinen Trainer wenig beeindruckte: »Was will denn dieser Hupfer? Ich war 70 Prozent härter als er.«[247]

Es folgten viele erfolgreiche Jahre, in denen Wolf zu einer der Stützen der Mannschaft wurde – obwohl er immer wieder von Verletzungen zurückgeworfen wurde. Im Juli 2010 belegte er bei einer Internetabstimmung auf fcn.de zur *Abwehr-Legende des Jahrhunderts* den zweiten Platz hinter Stefan Reuter. In der Saison 2010/11 rief Trainer Dieter Hecking einen Konkurrenzkampf mit dem jungen Dominic Maroh um einen Platz in der Innenverteidigung aus. Wolf gewann ihn – und kam in der sehr erfolgreichen Spielzeit, die mit Platz sechs endete, noch auf 30 Einsätze. Doch sein Abschied rückte näher. Für seinen 2011 auslaufenden Vertrag bekam er ein Verlängerungsangebot, das er aber ablehnte. Als Grund nannte er unter anderem, er fühle sich nicht wertgeschätzt. »Wenn ich das Gefühl gehabt hätte, dass mich der Trainer und der Verein wirklich weiter an Bord hätten haben wollen, wäre es nicht am Finanziellen gescheitert«[248], sagte er den *Nürnberger Nachrichten*. Sportvorstand Martin Bader erklärte hingegen: »Wirtschaftlich haben wir keinen Konsens mehr gefunden, leider.«[249] Nachdem es zu keiner Annäherung kam und der 1. FCN bereits einen Zugang für die Innenverteidigung verpflichtet hatte, erklärte Wolf am 31. Mai 2011 nach 14 Jahren und 213 Profispielen, davon 175 in der 1. Bundesliga, seinen Abschied.

Er wechselte zum SV Werder Bremen, und bevor er mit seinem neuen Verein ins Frankenstadion kam, erklärte er: »Ich kann und möchte mir irgendwie gar nicht vorstellen, gegen Euch und ›meinen Club‹ zu spielen«[250]. Er wolle »keinen einzigen Tag, den ich beim 1. FC Nürnberg verbracht habe, missen. Es waren schöne Jahre. Meine Familie und alle meine Freunde kommen aus Nürnberg und Umgebung.«[251] Das Spiel endete friedlich 1:1, und weitere Spiele gegen den Club blieben Wolf erspart: Schon in der folgenden Winterpause wechselte er zum AS Monaco, der den Bremern 1,5 Millionen Euro für den im Sommer noch ablösefreien Wolf zahlte, und bei dem er mithelfen sollte, den Zweitligisten unter Regie des russischen Oligarchen Dmitri Rybolowlew an die französische Spitze zu führen. Dies gelang: Nach dem Erstliga-Aufstieg 2013 setzte sich Monaco zu Saisonbeginn umgehend an die Spitze. Doch Wolf sah das Projekt, obwohl er dort spielte, mit gemischten Gefühlen: »Das Ganze nimmt Ausmaße an, die nicht mehr normal sind. Ich habe Angst, dass das in die falsche Richtung geht und der Fußball am Ende darunter leiden wird.«[252] Vorerst litt Wolf selbst darunter: Seit Monaco plötzlich ein Spitzenverein war, zählte er – wohl nicht nur wegen seiner Systemkritik – kaum noch zum Kader.

GRUND 62

Weil Raphael Schäfer immer die richtigen Worte findet

Zu den Ikonen der Gegenwart gehört beim Club zweifelsohne Raphael Schäfer. Er war nicht nur auf dem Platz als Torwart eine Bank, sondern zählte auch zu den Wortführern in der Kabine und neben dem Platz – nicht umsonst war er Kapitän. Als solcher beschäftigte er sich intensiv mit dem Innenleben des Teams: mit der Gefühlslage seiner Kollegen, Strömungen, der Gruppendynamik, solchen Sachen. Wenn es ihm notwendig und passend erschien, berichtete

Schäfer – was weniger selbstverständlich ist – über all das auch an die Öffentlichkeit. Gerade nach Niederlagen und in Krisen war Schäfer der erste Spieler, der in die Mixed Zone zu den Journalisten geschickt wurde. Er fand die richtigen Worte, das konnten mal beschwichtigende sein, aber auch mal harte. »Man musste den einen oder anderen mal aufwecken, dass er etwas Gutes hat hier in Nürnberg, und dass es etwas Besonderes ist, in der Bundesliga zu spielen«[253], stellte Schäfer in der Saison 2012/13 fest, als es nach dem Trainerwechsel zu Michael Wiesinger zu einem Durchhänger nach der Winterpause kam. »Einige Spieler haben geglaubt, dass sie sich durch den Trainerwechsel neu positionieren müssen und etwas mehr zu sagen hätten.« Rrrums.

Und nach der Derbypleite gegen Greuther Fürth (0:1) in der Schlussphase jener Spielzeit war es auch wieder Schäfer, der es sich leisten konnte, die Verhältnisse zurechtzurücken. Was diese Niederlage nun bedeute, sollte er beantworten. Er wusste, dass Beschwichtigen nicht helfen würde, Dramatisieren auch nicht, also sprach er: »Sie bedeutet, dass wir nächstes Jahr wieder in der Bundesliga spielen und Fürth nicht.«[254] Einen Kopf wie Schäfer braucht jede Mannschaft. Seine Autorität bei den Mitspielern verdiente er auch seiner langen Erfahrung beim Club. Seit 2001 spielte er – mit einem Jahr Unterbrechung, als er die Saison 2007/08 beim VfB Stuttgart verbrachte – ausschließlich in Nürnberg.

Schäfer wurde 1997 als Rafał Szafarczyk in Kandrzin-Cosel in Polen geboren, kam mit sieben Jahren mit seinen Eltern nach Deutschland und begann beim SC Drispenstedt in der Nähe von Hildesheim mit dem Fußballspielen. Sein erster Profiverein war Hannover 96. 2001 kam er dann vom Regionalligisten VfB Lübeck zum 1. FC Nürnberg, der gerade in die erste Liga aufgestiegen war. Zunächst musste sich Schäfer mit dem Platz auf der Bank begnügen – Trainer Klaus Augenthaler setzte auf Darius Kampa als Nummer eins. Nach einigen Patzern von Kampa kam Schäfer am 16. März 2002 zu seinem Erstligadebüt im Spiel gegen

Borussia Mönchengladbach. Trotz einer guten Leistung musste er im nächsten Spiel wieder auf die Bank – und dort verbrachte er auch die folgende Saison. Zum Zeitpunkt des Abstiegs hatte er nur drei Bundesligaspiele absolviert. In der Zweitligasaison 2003/04 sicherte er sich unter Trainer Wolfgang Wolf dann aber den Stammplatz im Tor – und er sollte ihn lange, lange behalten. Als er 2008 aus Stuttgart zurückkehrte, war er laut einer Internetumfrage des 1. FCN der »Neuzugang«, auf den sich die Fans am meisten freuten – und umgehend erhielt er in der Saison 2008/09 den »Weiße Weste«-Award des Deutschen Sport-Fernsehens (DSF) – in jener Zweitliga-Spielzeit, die mit dem Aufstieg über die Relegation gegen Cottbus endete, blieb er in 16 Spielen ohne Gegentor.

Schäfer hatte angekündigt, sein Karriereende in Nürnberg zu planen – und hielt sein Versprechen. Im Mai 2017 bestritt er mit 38 Jahren sein letztes Spiel. Er blieb dem Club aber erhalten und übernahm die Position des Torwart-Koordinators für Lizenzbereich und Nachwuchs.

GRUND 63

Weil Nürnberg ein Königreich für das Lama war

Den Spitznamen »Robin Hood« erhielt Javier Pinola wegen seines Gerechtigkeitssinnes – und wegen seiner Neigung, diesen auch mit nicht regelkonformen Methoden zu vertreten. »Unser kleiner Robin Hood, unser Rächer aus Argentinien«, sagte Trainer Hans Meyer einmal über Pinola, »wenn er das Gefühl hat, dass seiner Mannschaft Unrecht widerfährt, ist er schwer zu bremsen.«[256] Da nahm der Linksverteidiger auch gerne mal gelbe Karten wegen Meckerns in Kauf. Er ist natürlich der Spieler, der die meisten Verwarnungen der Nürnberger Bundesliga-Historie erhielt.

Einen unschöneren Spitznamen erwarb sich Javier Pinola im November 2010 – mit seiner berühmten Attacke auf Bastian Schweinsteiger beim 0:3 gegen den FC Bayern München. »Er spuckt mich an. So etwas habe ich noch nie erlebt«, staunte Schweinsteiger, »das ist unglaublich und gehört nicht in die Bundesliga.«[257] Lichtgestalt Franz Beckenbauer, oberste Instanz der medialen Fußballanalyse, erklärte: »Von mir hätte Pinola einen Fußtritt bekommen, dass er aus dem Stadion geflogen wäre.«[258] FCN-Sportdirektor Martin Bader nahm seinen Argentinier zwar nach Spielschluss in Schutz (»Ich habe einen Ellenbogen-Schlag von Schweinsteiger gesehen«[259]), und auch Trainer Dieter Hecking hatte zuvor einige Szenen von Schweinsteiger beobachtet, die er für grenzwertig hielt. Pinola allerdings war nun das »Lama«, zu Hause erhielt er einen ordentlichen Rüffel von seiner Frau, und kurz darauf entschuldigte er sich öffentlich für sein mangelhaftes Betragen: »Es war dumm und, Entschuldigung für das Wort, eine Scheiß-Aktion, für die ich mich sehr schäme – und die ich leider nicht rückgängig machen kann. Mein Kopf war in einer anderen Welt.«[260]

Für seine Heißblütigkeit war Pinola bekannt, seit er 2005 von Atlético Madrid zum Club kam – gerade deshalb wurde er zu einem Publikumsliebling. Nachdem er 2008 mit den Nürnbergern abgestiegen war, gelang ein Jahr später der sofortige Wiederaufstieg – woraufhin Pinola vor laufenden Kameras heulte wie ein Schlosshund. Später erklärte er, das sei vor allem aus Erleichterung passiert: »Ich habe in der zweiten Liga vor lauter Verbissenheit meine Lockerheit und mein Selbstbewusstsein verloren«, sagte er. »Richtig hart wurde es, als mir einige Fans vorwarfen, dass ich auf Nürnberg keinen Bock mehr hätte und nach dem Abstieg lieber abgehauen wäre. Entsprechend groß war die Erleichterung, als wir doch aufgestiegen sind.«[261]

Dass sich Pinola so sehr von seinen Gefühlen leiten ließ, war auch der Grund, weshalb er dem 1. FC Nürnberg trotz anderer Angebote stets treu blieb und mittlerweile weit über 200 Einsätze für den Club aufweist. Nach dem Abstieg 2008 hatte Borussia Dortmund Interesse, 2011 erhielt er ein Angebot von Schalke 04, doch stets entschied er sich für den Verbleib beim 1. FCN. »Ich bin ehrlich: Am Anfang dachte ich darüber nach, welche Vorzüge Schalke hat. Dass ein Wechsel vielleicht die einzige Chance in meiner Karriere bedeuten würde, in der Champions League zu spielen. Oder dass Schalke bekannter ist als Nürnberg und ich mehr in den Fokus der argentinischen Nationalmannschaft rücken könnte«[262], sagte er – in der Auswahl hatte er nur einen einzigen Einsatz gehabt, 2007. »Es war seltsam: Mit Schalke waren viele Details geklärt, aber irgendetwas sträubte sich in mir, obwohl ich mir bereits drei, vier Wochen Bedenkzeit genommen hatte. Eines Morgens nach dem Aufwachen aber war ich mir plötzlich sicher, dass ich in Nürnberg verlängere.«[263] Er hatte plötzlich »die Gewissheit, was das Richtige für mich ist. Nämlich für den Verein weiterzuspielen, zu dem ich eine besondere Verbindung aufgebaut habe. Ich bin nicht normal, zumindest denken das wahrscheinlich die meisten im Fußball-Geschäft. Für mich war es das Wichtigste, dass mich der Club immer halten wollte und mich gestärkt hat.«[264]

Als er 2005 zum Club gekommen war, hatte es Pinola zunächst nicht leicht gehabt. Er konnte kein Deutsch, und Wolfgang Wolf, der Trainer, der ihn sich im Kader gewünscht hatte, wurde nach wenigen Wochen entlassen. Doch dann kam Meyer, zu dem er schnell eine besondere Beziehung aufbaute. »Er hat sich sehr um mich gekümmert und mich motiviert, schneller Deutsch zu lernen, damit ich seine Witze verstehe«[265], erzählte Pinola. In der Saison 2006/07 nahm ihn Meyer im Spiel gegen Bayern München nach wenigen Minuten vom Platz, da er akut rotgefährdet war. Der Argentinier zog sein Trikot aus und schleuderte es im Hinausgehen in Richtung Trainerbank – Meyer sah jedoch von einer Bestrafung ab. Er wusste ja, dass ihn die Auswechslung genug getroffen hatte. 2015 verließ Pinola den Club und ging zurück nach Argentinien.

GRUND 64

Weil İlkay Gündoğan in Nürnberg groß wurde

Als ein gewisser İlkay Gündoğan in der Winterpause 2008/09 nach Nürnberg kam, war er noch ein weithin unbekanntes Talent. In der Jugend hatte er für den SV Gelsenkirchen-Hessler 06, den FC Schalke 04 (der ihn nach einer Verletzung als Achtjährigen wieder wegschickte), den SSV Buer und den VfL Bochum gespielt. Für die Bochumer machte er dann gerade mal zwei Spiele für die zweite Mannschaft in der Regionalliga West. Und nun erhielt er vom Zweitligisten 1. FC Nürnberg einen Vertrag bis 2011 – die Ablösesumme betrug lediglich 500.000 Euro. Club-Trainer Michael Oenning kannte ihn noch aus seiner Zeit als Nachwuchscoach in Bochum und holte ihn nun nach Franken. Zu diesem Zeitpunkt ahnten wohl die wenigsten Experten, was mit İlkay Gündoğan passieren sollte.

Zu seinem ersten Einsatz für den Club kam Gündoğan erst am letzten Spieltag jener Saison, in der Partie gegen den TSV 1860 München; er wurde für Javier Pinola eingewechselt, der für die anstehenden Aufstiegsrelegationsspiele geschont werden sollte. »Danach hat mir der Trainer gesagt, dass er in der kommenden Saison auf mich bauen würde«[266], erinnerte sich Gündoğan, »das hat mich wahnsinnig motiviert.« In der Vorbereitung zur Bundesligasaison 2009/10 spielte sich der Neue dann auch umgehend in den Vordergrund; am 1. August 2009 kam er im DFB-Pokal-Spiel bei Dynamo Dresden zu seinem Debüt in der Startelf und erzielte einen Treffer. Eine Woche später gab er gegen den FC Schalke 04 dann auch seine Premiere in der Bundesliga. Allerdings wurde er von Oenning, wie es so schön heißt, behutsam aufgebaut: Insgesamt kam er in der Hinrunde nur auf sieben Einsätze, davon drei über die volle Zeit.

Nach der Winterpause – mittlerweile hatte Dieter Hecking das Traineramt übernommen – stand Gündoğan immer mehr im Mittelpunkt: Am 23. Spieltag erzielte er gegen den FC Bayern München den Ausgleich zum 1:1-Endstand, beim 2:1-Sieg bei Hertha BSC gab er die Vorlage zum Siegtreffer von Angelos Charisteas. Und auch in den erneuten Relegationsspielen blieb Gündoğan einer der wichtigsten Spieler. Nach dem knappen 1:0-Hinspielsieg gegen Augsburg drohte ihm eine Verletzungspause; im Rückspiel konnte er dann aber doch mitwirken und hatte mit dem ersten Tor entscheidenden Anteil am Klassenverbleib.

In der Saison 2010/11 entwickelte sich der junge Deutschtürke dann endgültig zum Leistungsträger der Nürnberger. Gemeinsam mit dem vom FC Bayern geliehenen Mehmet Ekici, mit dem er befreundet war und eine WG bildete, und dem von Stuttgart geliehenen Julian Schieber bildete Gündoğan das sogenannte magische Dreieck. Nach der Winterpause fehlte er allerdings länger verletzt und fand danach, bedingt auch durch den Stress der Abiturprüfungen, bis Saisonende nicht mehr zu seiner gewohnten Form zurück. Allerdings war das Interesse anderer Vereine an Gündoğan nun geweckt – und der FCN konnte ihn nicht halten. Rund vier Millionen Euro Ablöse zahlte Borussia Dortmund, eine Million ging außerdem aufgrund einer Vertragsklausel an die Bochumer. Als die Dortmunder im Mai 2012 Meister wurden und sich damit für die Champions League qualifizierten, erhielt der Club noch einmal eine Million Nachschlag.

Gündoğan staunte zunächst darüber, was er in Dortmund erlebte. »Ich war schon überrascht von dem Niveau, auf das ich dort traf«[267], sagte er. »Ich wusste, du kommst zum deutschen Meister, aber ich wusste auch, ich hatte eine richtig gute Saison mit Nürnberg hingelegt, wir wurden schließlich als designierter Abstiegskandidat Sechster. Aber es war doch eine riesige Umstellung, als ich im Training merkte, wie viele Spieler auf Weltklasseniveau sich da tummeln. Und dann sollte ich, vom Abstiegskandidaten kommend, den Mittelfeldlenker Nuri Şahin ersetzen, der gerade zu Real Madrid gewechselt war. Das war in dem Moment alles ein bisschen zu viel für mich gewesen.«[268]

Es passierte weiterhin wirklich ziemlich viel auf einmal. Am 4. August 2011 wurde er zum Freundschaftsspiel gegen Brasilien erstmals in die deutsche A-Nationalmannschaft berufen, im Oktober gab er dann im EM-Qualifikationsspiel gegen Belgien sein Länderspieldebüt für Deutschland. Er nahm an der Europameisterschaft 2012, in Polen und der Ukraine, teil, blieb jedoch ohne Einsatz. Anlässlich eines Länderspiels in Nürnberg erinnerte sich Gündoğan im Jahr 2013 an seine alte Heimat. »Nürnberg ist etwas Besonderes. Hier bin ich sportlich groß geworden. Ich habe der Stadt und dem Verein viel zu verdanken«[269], sagte er. »Der Verein hat mir die Möglichkeit gegeben, neben dem Fußball die Schule zu beenden und mein Abitur zu machen. Auch zur Stadt und zu den Menschen in Nürnberg habe ich eine gewisse Verbundenheit entwickelt.« Es passte also bestens, dass Gündoğan sein erstes Ländenspieltor im Frankenstadion erzielte, am 26. März 2013 beim 4:1-Sieg im WM-Qualifikationsspiel gegen Kasachstan.

GRUND 65

Weil Hiroshi Kiyotake Kreativität ins Kollektiv brachte

Die Franken sind, allen Vorurteilen zum Trotz, offenbar doch ein höfliches und weltoffenes Völkchen. Als der Japaner Hiroshi Kiyotake seinen ersten Einsatz für den 1. FC Nürnberg absolviert hatte, im Juli 2012 beim 4:0 im Testspiel beim Regionalligisten Bamberg, und eifrig Autogramme auf Trikots und Eintrittskarten schreiben musste, bedankten sich die Fans jedenfalls stilsicher: mit dem in Japan üblichen Ritual einer höflichen Verneigung.

Es war der Beginn eines Abenteuers mit ungewissem Ausgang – wie würde sich der spielerisch zweifellos hochbegabte Kiyotake in seinem neuen Nürnberger Umfeld zurechtfinden? Gegenüber den zahlreichen Medienvertretern gab sich Kiyotake zunächst, wie es zu erwarten war, extrem bescheiden und zeigte einen Hang zur Selbstkritik. Er habe sich »zu viele Ballverluste« geleistet und »zu wenig mannschaftsdienlich«[270], gespielt, meinte er nach dem Spiel in Bamberg und auch seinem Kopfballtreffer zum 2:0 wollte er nicht zu viel Bedeutung beimessen. »Natürlich freue ich mich, wenn mir ein Tor oder ein Assist gelingt. Aber in erster Linie will ich der Mannschaft dienen«[271], ließ der Mittelfeldspieler seinen Dolmetscher und persönlichen Betreuer ausrichten.

Sportvorstand Martin Bader, der das Talent bei Cerezo Osaka mehrfach vor Ort beobachtet und dann aus Japan nach Nürnberg gelotst hatte, zeigte sich bemüht, die Euphorie zu dämpfen: Man müsse »abwarten, wie er es in der Bundesliga macht«[272], sagte Bader. »Wir bekommen einen Fußballer, der seinen Sport mit Leib und Seele liebt, der mit der Kugel was anfangen kann und der Spielfreude versprüht«. Ob sich das bemerkbar mache, sei »eine Frage der Integration. Aber das kriegen wir hin.«[273]

In der Tat, sie bekamen es hin. Kiyotake, der in weiser Voraussicht einen Vierjahresvertrag erhalten hatte, wurde in einer Mannschaft, die sich die Bundesligapunkte in erster Linie über Kampf, Willen und Kompaktheit sichern muss, schnell zu einem Hingucker, weil er mit seinen Freistößen und Pässen für die spielerischen Glanzlichter stand. Am 25. August 2012, dem ersten Spieltag der Saison 2012/13, als der Club mit 1:0 beim Hamburger SV gewann, debütierte Kiyotake in der Bundesliga; am dritten Spieltag beim 3:2 gegen Mönchengladbach erzielte er sein erstes Bundesligator. Am Ende der Spielzeit standen 31 Einsätze, vier Treffer und elf Torvorlagen zu Buche. Im Sommer 2013 bot der englische Erstligist Aston Villa für Kiyotake, der den Club eine Million Euro Ablöse gekostet hatte, nach nur einem Jahr acht Millionen Euro. Es wäre der teuerste Transfer der Vereinsgeschichte gewesen, doch Bader lehnte dankend ab: »Solche Anfragen ehren uns, aber Hiroshi wird hier bleiben.«[274]

Als es zu Beginn der Spielzeit 2013/14 nicht zufriedenstellend lief und der Club lange auf seinen ersten Sieg warten musste, blieb auch

Kiyotake nicht von der Kritik verschont. Die *Nürnberger Nachrichten* stellten fest, der Japaner »spaltete nicht nur das Publikum, sondern sogar den eigenen Mannschaftskreis. Während sich die einen an seinen kreativen Impulsen erfreuen und sogar unmittelbar davon profitieren, fordert nicht nur sein Trainer mehr Ernsthaftigkeit bei der Balleroberung.« Manche Fans fühlten sich gar schon Sergio Zárate erinnert, die Zaubermaus mit Hang zur Gelassenheit. Das war natürlich unfair, Kiyotakes Charakter hatte sich ja nicht binnen eines Jahres geändert. Zudem war er mit 22 Jahren bereits verheiratet und hatte einen Sohn, was ihm nach eigener Ansicht viel Gewissenhaftigkeit im Job abverlangte: »Seit ich eine Familie habe, muss ich mich ganz besonders und noch mehr anstrengen, denn ich bin jetzt nicht mehr allein. Ich bin jetzt auch für andere zuständig.«[275]

Coach Michael Wiesinger monierte aber: »Kiyo muss wissen, dass er in einer Mannschaft spielt, die davon lebt, im Kollektiv zu verteidigen. Er ist noch ein junger Spieler mit noch viel Potenzial, in alle Richtungen.«[276] Verteidigen im Kollektiv – eine klare Ansage an einen hochbegabten Techniker. Die bisherige Arbeitsteilung – die anderen rackern, Kiyotake zaubert – wurde nur so lange angenommen, wie sie zu zählbarem Erfolg führte. »Die Mannschaft akzeptiert, dass er ein Kreativspieler ist«, sagte Wiesinger. »Aber sie will auch das Gefühl haben, dass er trotzdem bereit ist, sich in das Ganze auch einzuordnen.«[277]

Kiyotake müsse »wissen, dass er sich in Spiele auch reinarbeiten muss. Es ist nur eine Kopfsache.«[278] Daran erinnern sollte ihn künftig ein weiterer Zugang aus Japan – aufgrund der guten Erfahrungen mit Kiyotake hatte Bader inzwischen auch Makoto Hasebe verpflichtet. Der Kapitän der japanischen Nationalelf solle als Führungsspieler »die Mannschaft an die Hand nehmen«[279], meinte Wiesinger – und ganz besonders Kiyotake. Damit das Abenteuer so begeisternd weitergehen konnte.

5. KAPITEL

ERPRESSER UND HÄUSLEBAUER

DIE ANHÄNGER

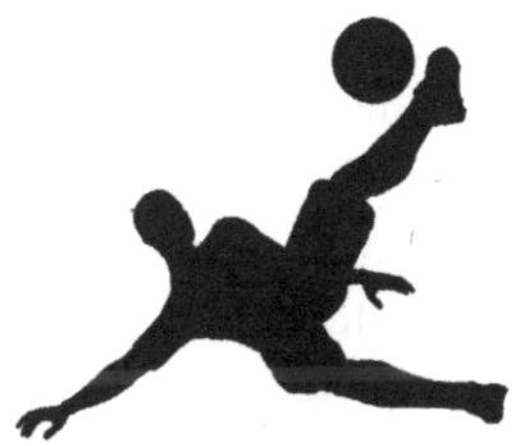

GRUND 66

Weil Nürnberger Fans die »Choreo« erfanden

Heutzutage versucht jede Fanszene im Fußball, die etwas auf sich hält, mit »Choreos« zu punkten. Immer noch größer, noch origineller und noch detailreicher sollen die Choreografien aus Fahnen, Transparenten und anderen Materialien in den Fankurven sein. Natürlich haben diese schöne Tradition Club-Fans begründet – so ist es jedenfalls überliefert. Im Jahr 1924 versuchten demnach Nürnberger Anhänger, beim Meisterschaftsendspiel in Berlin ihre zahlenmäßige Unterlegenheit gegenüber Anhängern des Hamburger SV durch exzessiven Einsatz von Wimpeln und Fahnen wettzumachen. Daran fanden sie offenbar Gefallen – und präsentierten beim Endspiel 1925 im Frankfurter Waldstadion gegen den FSV Frankfurt ein schwarz-rotes Fahnenmeer, das man so noch nicht gesehen hatte.

Ob die Nürnberger wirklich die Ersten waren, die auf diese Idee kamen, ist freilich nicht mehr nachprüfbar. Nun ja, wenn's nicht stimmt, ist's gut erfunden. Schlachtrufe haben übrigens nicht die Nürnberger erfunden; sie übernahmen sie beim Endspiel 1927 von den Berlinern. Dabei bewiesen sie aber auch Kreativität. Das »Ha-ho-he, Hertha BSC« beantworteten sie nach dem 2:0 mit »Hi-ha-ho, Hertha ist k.o.«[280].

GRUND 67

Weil sich die Club-Fans nicht jeden Schmarrn bieten lassen

In der Saison 2012/13 wurde beim 1. FC Nürnberg eine neue Torhymne eingeführt. Offiziell war sie ganz demokratisch per Internetabstimmung ausgewählt worden. Angesichts der insgesamt fragwürdigen Qualität der Vorschläge stellte das Ergebnis die Fans allerdings nicht zufrieden. »Der war drin, der war schee, wir sind der Club, olé, olé!« sang also Atze Bauer, Comedian aus Höchstadt, der sich für diesen Text damit entschuldigte, er habe ja »nur einen halben Tag Zeit« gehabt, um ihn zu verfassen. Die Nürnberger Anhänger kritisierten das neue Lied im Internet und in Mails an den Verein als »infantil«; es handele sich um »Ballermann-Niveau«, das »vielleicht für die Skihütte mit zwei Promille«[281] tauge. Eine neue Torhymne mit mehr Anspruch musste her. Ein Club-Fan lässt sich eben von seinem Verein nicht jeden Schmarrn bieten.

Infrage gekommen wäre, wenn schon die Schönheit des Tores gelobt werden musste, die Arie des Tamino aus Mozarts *Zauberflöte* (»Dies Bildnis ist bezaubernd schön / Wie noch kein Auge je gesehn! / Ich fühl es, wie dies Götterbild / Mein Herz mit neuer Regung füllt«). Wagners Oper *Die Meistersinger von Nürnberg* drängte sich selbstredend auf (»Das heißt ein Wort, ein Wort ein Mann! Da sieht man, was ein Nürnberger kann«). Besonders passend: eine Vertonung von Schillers *Das Tor* unter Einbeziehung der Ultra-Problematik (»Schmeichelnd locke das Tor den Wilden herein zum Gesetze«). Doch die Club-Verantwortlichen entschieden sich dafür, auf das Einspielen einer Musik nach Treffern zunächst komplett zu verzichten.

GRUND 68

Weil die Fans gemeinsam ein Haus bauten

Sich Geld von den eigenen Anhängern über eine sogenannte Fan-Anleihe zu besorgen, ist, ehrlich gesagt, keine besonders originelle Idee mehr gewesen. Bei den deutschen Fußballclubs ist es mittlerweile weit verbreitet, solche Anleihen auf den Markt zu bringen. Das trifft vor allem auf Vereine zu, die sehr wenig Geld und sehr viele Anhänger haben. Solche Anleihen sind im Normalfall selbstverständlich höchst risikoreich und in vielen Fällen eher als ein origineller Fanartikel denn als sinnvolle Geldanlage zu betrachten – weshalb sie gern in Form von Schmuckanleihen vertrieben werden, die man sich dann hübsch einrahmen und ins Wohnzimmer hängen kann. Dort sollen sie dann, so der Wunsch der Clubs, auch hängen bleiben. Nur wenn eine Anleihe zurückgegeben wird, gibt es die Rückzahlung, und für die Zinszahlungen muss man Coupons abreißen. Die Idee bei der Sache ist, dass die Fans dies nicht tun – und oft funktioniert das auch ganz gut. Manche Clubs sind von ihren Anleihen aber auch enttäuscht worden und wurden nur einen Bruchteil davon los. Diese Vereine wollten die Anleihe ganz offen auch für Liquiditätsbeschaffung und Transfers verwenden – was nicht dem ursprünglichen Sinn einer Anleihe entspricht. Sie wurde ja mal erfunden, um Werte zu schaffen, von denen sie zurückgezahlt werden kann.

Der 1. FC Nürnberg schaffte es bei seiner Anleihe im Gegensatz zu vielen Konkurrenten, sie unmittelbar mit einem wichtigen und soliden Projekt zu verknüpfen: mit dem neuen Vereinsgebäude am Valznerweiher. Wenngleich einige Fans maulten, sie würden »angepumpt«, fanden es die meisten doch lobenswert, dass das Geld nicht für teure Spielereinkäufe oder zig Trainerwechsel verplempert werden würde, sondern in eine Immobilie floss. Noch unter Präsident Franz Schäfer, der auf Michael A. Roth gefolgt war, wurde die Idee zur beschlossenen Sache. Ende 2009 begann die Zeichnungsfrist, im März 2010 endete sie. Fast die vollen geplanten sechs Millionen Euro brachte das jährlich mit sechs Prozent verzinste Wertpapier dem Club ein. »Die Anleihe ist Fremdkapital«, erklärte Finanzvorstand Ralf Woy, »wird aber als Gegenwert des Gebäudes in unserer Bilanz geführt.«[282] Überschüssiges Geld aus der Anleihe – die Baukosten sollten sich auf etwa 4,5 Millionen Euro beschränken – gehe »ausschließlich an unseren Nachwuchsbereich«[283], versicherte Woy.

In einem neuen, modernen Gebäude finden nun auf einer Fläche von 3.000 Quadratmetern das Nachwuchs-Leistungs-Zentrum, das

Club-Museum, die Lizenzspielerabteilung und die Geschäftsstelle des Club ein Zuhause. Die Rahmenbedingungen stimmen, um die Trainingsarbeit zu optimieren. Viele Fans sind nun entsprechend stolz, eine solche Anleihe zu besitzen. Vielleicht so stolz, dass sie sie nicht zurückgeben.

GRUND 69

Weil Andy Capp endlich mal aus Nordengland rauskam

Der kleine Mann mit der Flat Cap, einer englischen Variante der Schiebermütze, hatte schon einiges erlebt in seinen rund 50 Jahren als Comicfigur. In seiner Heimat Großbritannien kannte man ihn schon aus der Zeitung *Daily Mirror*, aber erst am 26. Mai 2007 wurde Andy Capp auch in Deutschland ein Star – unter dem Namen Jacky, als Maskottchen von Ultras Nürnberg, das vor dem Berliner Pokalfinale in einer riesigen Choreografie die Trophäe davonschleppte. Selbst Trainer Hans Meyer war noch Monate später begeistert.

Der Comicheld Andy Capp (»Ich trinke in der Kneipe, damit meine Frau nicht spülen muss«) stammt aus der nordenglischen Arbeiterklasse, arbeitet aber nie und hat eine Schwäche für Zigaretten und Bier. Seine Hobbys sind Darts, Snooker, Pferdewetten, mit seiner Frau streiten – und Fußball. In rund 700 Zeitungen in über 30 Ländern ist die Serie mittlerweile zu sehen, und auch nach dem Tod des Zeichners Reginald Smythe 1998 erschien sie weiterhin. In England ziert Andy Capps Konterfei Chipspackungen mit Cheddar-Fries- oder Hot-Dog-Geschmack. In der deutschen Übersetzung hieß Andy Capp Willi Wacker, in Österreich auch Charlie Kappl; er gelangte hierzulande aber nie zu größerer Berühmtheit.

Als Jacky machte er nun also auf sich aufmerksam und ging von Berlin aus auf große Reise mit dem Club. Vor dem UEFA-Cup-Qualifikationsheimspiel gegen Rapid Bukarest segelte er in einem rot-schwarzen Flugzeug durch die Nordkurve, und vor dem Treffen mit dem FC Everton schwebte er an einem Fallschirm zu Boden, dazu war der Spruch zu lesen: »Die Absturzgefahr in Bukarest überwunden, jetzt genießen wir in Europa noch viele schöne Stunden.«[284] Ins entscheidende Heimspiel gegen Benfica Lissabon ging Jacky als Schiffskapitän mit Säbel und Kompass – »lasst die Kompassnadel weiterdrehen und Träume in Erfüllung gehen«[285], hieß das Motto. Doch in diesem Spiel konnte Jacky auch nichts mehr ausrichten, und sein großes Abenteuer war zu Ende. Nun konnte er seine Zeit wieder auf der Couch oder im Pub verbringen.

GRUND 70

Weil seine Fans einen Weltkonzern kreativ erpressten

Von 1945 bis 1961 hieß das Nürnberger Stadion Victory-Stadium (entgegen heutigen Gepflogenheiten war es nicht von der Schuhhauskette Deichmann und ihrer Billigsportschuhmarke Victory, sondern von den alliierten Streitkräften beschlagnahmt). Von 1961 bis 1991 hieß es dann einfach wieder Städtisches Stadion, danach Frankenstadion. Als der Stadionname im Jahr 2006 erstmals verkauft wurde, an ein Kreditinstitut, herrschte Empörung unter den Anhängern. Mehr als Tausend Beschwerdebriefe gingen auf der Geschäftsstelle des 1. FCN ein, etwa so viele also, wie ein durchschnittlicher Bundesbürger pro Jahr an Werbeschreiben von der Firma easyCredit erhält. Eine Fangruppierung benannte die Spielstätte symbolisch in Max-Morlock-Stadion um. Die Revolte blieb letztlich natürlich ohne Erfolg.

Als das Stadion im Jahr 2013 erneut den Namenssponsor wechselte, waren die Anhänger besser vorbereitet. Sie griffen zu einer kreativen Erpressung. Sie hatten die Internetadresse www.grundig-stadion.de nämlich in weiser Voraussicht schon vor der offiziellen

Bekanntgabe des neuen Namens erworben. Auf dem Bildschirm erschien in roten Buchstaben die Botschaft: »Wollt Ihr das Grundig Stadion? Wir wollen eine angemessene Belohnung in Form von reichlich Bier, dann könnt Ihr diese Domain haben!« Für die Freigabe wurde zudem eine wohltätige Spende gefordert. Der fränkische Sponsor ließ sich auf den kuriosen Deal ein, er spendete 20 Kästen Bier für die Fans und kündigte an, jährlich zehn Prozent der Einnahmen aus Stadionführungen an einen Verein zu überweisen, der Typisierungsaktionen für Leukämiekranke organisiert. Von Grundig hieß es, dass die Aktion »sehr schmunzelnd aufgefasst« worden und das Unternehmen »gerne in die Verhandlungen«[286] getreten sei. Alfred Diesner, Chef des Nürnberger Stadions, fand das Ganze nach eigenen Angaben auch lustig – er ließ es sich allerdings nicht nehmen, in den *Nürnberger Nachrichten* miesepeterisch darauf hinzuweisen, dass man die Domain theoretisch auch auf juristischem Wege hätte erhalten können.

Damit wurde es wieder nichts mit dem Max-Morlock-Stadion, aber die Anhänger verbuchten einen kleinen Erfolg. Und einen letzten Trost für die Traditionalisten gibt es ja sowieso noch: Auf dem Haltestellenschild der S-Bahn steht nach wie vor schlicht Frankenstadion – und daran wird sich, Gott sei Dank, wohl auch nichts ändern.

GRUND 71

Weil es über die Freundschaft zum FC Schalke 04 so viele Geschichten gibt

Über den Ursprung der Fanfreundschaft zwischen dem 1. FC Nürnberg und dem FC Schalke 04 kursieren, wie es so üblich ist bei Fanfreundschaften, viele Erzählungen. Die meisten Anhänger, die sie später wie selbstverständlich pflegten, waren damals in den

1980er-Jahren jedenfalls nicht dabei. Der FC Schalke 04 hat einige der Geschichten auf seiner offiziellen Vereinshomepage gesammelt. Einem Gerücht zufolge sollen Nürnberger und Schalker damals zusammen Bayern-Hooligans durch einen Bahnhof gejagt haben; die gemeinsame Ablehnung der Münchner habe zu der Freundschaft geführt. Eine andere Episode behauptet, dass Nürnberger Fans nach einem Spiel im Frankenstadion Geld für einige Schalker sammelten, denen das Geld für die Heimfahrt fehlte. Interessant ist auch die Variante, dass im Nürnberger Fanlokal Seerose der *stern* gelesen wurde und in einem Artikel über »Ruhrpott-Asoziale« ein Bild von Schalke-Fans mit Kutten abgebildet war, auf denen Aufnäher des 1. FC Nürnberg zu sehen waren. Daraufhin habe man sich einfach mal getroffen und gut verstanden. Das Magazin *11 Freunde* wollte hingegen von all diesen Episoden nichts wissen und fasste die Entstehung so zusammen: »Wegen eines Missverständnisses hatten sich die Kutten-Träger beider Clubs ausnahmsweise nicht gegenseitig verdroschen, die verdutzten Fans hatten daraufhin voreilig Brüderschaft getrunken.«[287]

Heino Hassler vom Fanprojekt Nürnberg hingegen kennt die wahre Geschichte, zumindest eine von vielen wahren Geschichten: »Es war einmal ... ein Mädchen namens Monika«, beginnt er auf der Homepage des 1. FCN, die sich dem Thema selbstverständlich auch widmet. »Sie war begeisterter Clubfan und fuhr zu jedem Auswärtsspiel des FCN in die fremde, weite Welt hinaus. So begann die Geschichte von den Schalkern und den Club-Fans. Eines Tages, es war an einem späten Samstagabend, war sie auf dem Nachhauseweg von einem Spiel aus Mönchengladbach. Sie schlenderte mit ihrem schönen schwarz-roten Schal durch den Zug, um sich ein wenig die Beine zu vertreten. Plötzlich sah sie ganz weit hinten einen jungen Mann im Trikot von Schalke 04. Sie bekam einen mächtigen Schreck, hatten sie doch alle gewarnt vor den bösen, bösen Fans aus Gelsenkirchen. Doch der junge Mann sprach sie an – und sie unterhielten sich. Stefan, ein anderer Club-Fan, fragte sich, wo Monika wohl so lange bliebe und suchte sie. Er fand sie und die drei unterhielten sich lange, lange Zeit, bis sie plötzlich in Nürnberg waren. Der Schalker verabschiedete sich von ihnen und fuhr weiter in seine Heimat nach Regensburg. Monika und Stefan erzählten ihren Club-Freunden Joachim, Thomas und allen anderen, dass der Schalker ganz furchtbar nett war und gar nicht so schrecklich böse, wie immer alle erzählten. Und sie beschlossen, sich wieder mit ihm zu treffen ...« Hassler betont: »Die wahrlich märchenhafte Geschichte spielte sich im Jahr 1980 ab, alle beteiligten Personen sind Mitglieder der Gelsen-Szene und der Red Devils. Die Namen wurden nicht geändert.«

Erstmals bewährte sich die Fan-Freundschaft 1981, als die Schalker ausgerechnet nach einem 1:1 gegen den Club aus der Bundesliga absteigen mussten. Es folgten Einladungen zu den berühmten Turnieren des Nürnberger Fanclubs Seerose, Fans organisierten Auswärtsfahrten gemeinsam. Ein Höhepunkt war die Saison 1990/91, als zunächst Fans beider Clubs gemeinsam im Wattenscheider Lohrheidestadion den Klassenerhalt des 1. FC Nürnberg feierten – und nur einen Tag später ums Eck den Aufstieg der Schalker in Gelsenkirchen beim Spiel gegen Darmstadt.

Wie in jeder Freundschaft gab es auch Krisen. Beim Ligapokal 2007 kickten Schalke und der Club eher lustlos gegeneinander, da schallte es plötzlich aus der Nürnberger Kurve: »Ihr werdet nie Deutscher Meister.« Die beleidigte Antwort folgte prompt: »Ihr seid scheiße wie der BVB!« Was sich für Unkundige anhörte wie übliches Kurvengedöns, bedeutete eine unerhörte Krise. In einem Schalker Fanforum schrieb einer: »Freundschaft is' für mich vorbei, und der Schal kommt in die Tonne.« (DER SPIEGEL, 18. September 2008) So weit kam es dann aber, was die Mehrzahl der Fans anging, doch nicht – die rot-blauen Schals sieht man immer noch häufig.

GRUND 72

Weil die Ultras Nürnberg den Julius-Hirsch-Preis gewannen

Julius Hirsch spielte in den 1930er-Jahren siebenmal für die deutsche Nationalmannschaft. 1933 warf ihn sein Verein, der Karlsruher FV, aus dem Kader – weil er Jude war. 1943 wurde Hirsch von den Nationalsozialisten ermordet. Seit 2005 prämiert der Deutsche Fußball-Bund mit dem Julius-Hirsch-Preis Projekte, die sich gegen Diskriminierung und Ausgrenzung richten – und im Jahr 2013 belegte der Club mit den Ultras Nürnberg 1994 den zweiten Rang.

Der 1. FC Nürnberg hatte im September 2012 eine Gedenktafel im Vereinsmuseum für den ehemaligen Trainer Jenő Konrád angebracht, der von 1930 bis 1932 beim Club war. Nach einer Niederlage gegen den FC Bayern hatte das Propagandablatt *Der Stürmer* gegiftet: »Club, gib dem Trainer eine Fahrkarte nach Jerusalem, sonst gehst du am Jud' zu Grunde.« Die Tafel für Konrád war der Anstoß für eine bemerkenswerte Choreografie der Ultras: Vor dem Heimspiel gegen den FC Bayern im November 2012 zeigten sie ein Bild von Konrád in der Nordkurve, dazu einen Spruch, den Konrád auf eine Autogrammkarte schrieb, kurz bevor er in die Vereinigten Staaten floh: »Der Club war der erste. Und muss der erste werden.« Auf die Choreografie folgten weitere Aktionen des Vereins. Dass der FCN seine Geschichte in dieser Form aufarbeite, sagte Vorstand Martin Bader damals, sei zum großen Teil den Ultras zu verdanken.[288]

GRUND 73

Weil beim Club ein Fan im Aufsichtsrat saß

Es war eine kleine Sensation, als Ralf Peisl im Jahr 2010 in den Aufsichtsrat des 1. FC Nürnberg gewählt wurde. Nicht nur, weil Peisl damals erst 34 Jahre alt war – sondern vor allem, weil er direkt aus der aktiven Fanszene stammte. Im Herbst 2013 wurde er wiedergewählt und erhielt mit 850 Stimmen mit weitem Abstand das beste Votum aller Kandidaten.

Sein Ziel war es, dass im Aufsichtsrat auch die Interessen der Stehplatzfans und Auswärtsfahrer vertreten sind. Dabei sahen längst nicht alle beim Club und in dessen Umfeld das Engagement Peisls positiv: Ihm wurde vor allem angekreidet, dass er als Strafverteidiger Clubfans verteidigt, denen Gewalttätigkeiten vorgeworfen werden. »Es gibt Menschen, die wollen mir einen Interessenskonflikt herbeireden«, sagte Peisl. Aber den sehe er nicht: »Es ist natürlich die Sichtweise des Vereins, dass Personen, die im Rahmen von Spielen Straftaten begehen, bestraft werden – aber eben: gerecht bestraft werden.«[289]

Dass er sich aus der Kurve überhaupt in die Führungsebene begeben hatte, begründete Peisl so: »Ich glaube, das ist mein Teil, wie ich mich einbringen kann. Andere stellen sich stundenlang hin und malen Choreos, und ich glaube, dass ich auf diese Weise was tun kann.«[290] Bei den Spielen stand er trotz seines Amtes nach wie vor am liebsten im Fanblock: »Natürlich schaut man sich das mal an, diesen VIP-Bereich«, sagte Peisl, »aber hier fühle ich mich mehr zu Hause.«[291] Und einen ganz großen Wunsch hatte er, der recht einfach zu erfüllen ist: »Man möge es mir nachsehen, aber das Thema brennt mir auf den Nägeln: Wir wollen keine Torhymnen! Die Fans sind die Torhymne, die Fans sind laut genug.«[292] Seine Kollegen hörten ihm da schon zu: »Ich habe schon das Gefühl, dass ich als Aufsichtsrat akzeptiert werde. Das mag daran liegen, dass meine Kollegen wissen, dass ich in der Kurve Rückhalt habe.«[293]

6. KAPITEL

HELDEN IN SCHWARZ-WEISS

DIE SPIELER (II)

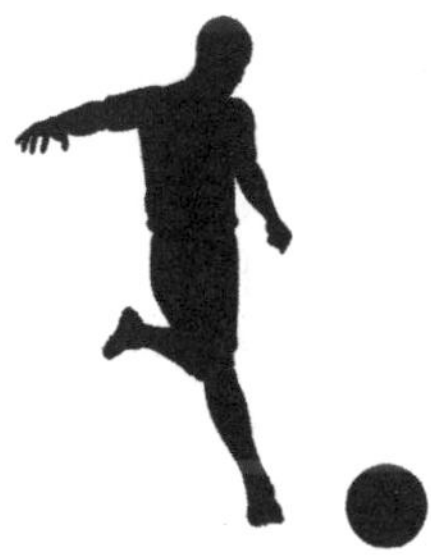

GRUND 74

Weil Fritz Servas den Nürnbergern das Häppen beibrachte

Es war im Sommer des Jahres 1901, als Fritz Servas an der Nürnberger Deutschherrnwiese auftauchte – und nicht nur durch fremdländische Sprache, sondern auch durch außergewöhnlichen Umgang mit dem Fußball auffiel. Servas, zuvor Spieler des erfolgreichen Berliner Clubs Britannia 92, war aus beruflichen Gründen nach Nürnberg gezogen und erklärte den Clubberern, die sich irgendwie immer noch für halbe Rugbyspieler hielten, dass es ja gar nicht darum ging, wer den Ball am weitesten mit der Fußspitze kicken konnte – sondern dass das Schießen mit der Innenseite des Fußes und gar das Stoppen des Balles auch eine wichtige Rolle spielten.

Zahlreiche junge Talente verdrängten schnell die Gründungsväter aus der Mannschaft, die mit Servas' seltsamen Anforderungen nicht Schritt zu halten vermochten. 1905/06 wurde der Club nordbayerischer Meister und eine Spielzeit später bayerischer Meister. Doch währenddessen passierte das Unglaubliche: Der Club lieh seinen genialen Spielführer als eine Art Entwicklungshelfer an die benachbarte SpVgg Fürth aus. Während seiner Zeit als Spielertrainer in Nürnberg betreute Servas gleichzeitig die Mannschaft der SpVgg. Das Kleeblatt wurde 1914, bekanntlich sechs Jahre vor dem FCN, Deutscher Meister. Letztlich kann man behaupten, dass es Servas war, der den Grundstein für die Dominanz beider fränkischer Clubs in den 1920er-Jahren des deutschen Fußballs gelegt hatte.

Auch fußballkulturell hinterließ Servas Spuren in Franken. Das schöne Verb »häppen« (für: den Ball schnell und präzise zuspielen) leitete sich von Servas' Ruf »Häpp!« ab, wenn er einen Pass erwartete, und etablierte sich schnell unter der örtlichen Fußballjugend. Und der Überlieferung nach nahm der Berliner sogar Einfluss auf die Spielkleidung: Es soll seine Idee gewesen sein, beim Club schwarze Hosen einzuführen.

GRUND 75

Weil Theo Haggenmiller die Schule schwänzte

Am 5. Mai 1906 schwänzte der Gymnasiast Theo Haggenmiller die Schule. Ihm sei unwohl, sagte er – er musste ja noch den Zug erreichen, der die Mannschaft des 1. FC Nürnberg nach Prag bringen sollte, zum allerersten Auslandsspiel der Vereinshistorie gegen Slavia. Der Club verlor 2:12 – doch die gute Leistung des Rechtsaußen Haggenmiller war der Presse dummerweise eine Erwähnung wert. Der Rektor des Gymnasiums hatte den Bericht der *Leipziger Neuesten Nachrichten* gelesen und war erbost. Offensichtlich, so ist es überliefert, vermochte Haggenmiller den Chef allerdings nach seiner Rückkehr milde zu stimmen, indem er ihm in epischer Breite von den betrachteten historischen Gebäuden und Denkmälern in Prag und den wertvollen kulturellen Erkenntnissen berichtete.

Das Ergebnis war, dass Haggenmiller von nun an alle Auswärtsfahrten des 1. FC Nürnberg mitmachen durfte, sofern er seinem Klassenlehrer zuvor davon Mitteilung machte. Das war äußerst ungewöhnlich – schließlich war der Fußball damals schon weit verbreitet, aber in bürgerlichen Kreisen etwa so angesehen wie später das Skateboardfahren. Die Turnlehrer weigerten sich allerorten, den neuen Sport in den Unterricht aufzunehmen, und an vielen Schulen war er sogar verboten. Das änderte sich erst viele Jahre später – der Schulschwänzer Haggenmiller blieb mit einer Vorreiterrolle in der gesellschaftlichen Etablierung des 1. FC Nürnberg in Erinnerung.

GRUND 76

Weil Heiner Stuhlfauth Hände wie Klodeckel hatte

»Es ist eine Ehre, für diese Stadt, diesen Verein
und die Bewohner Nürnbergs zu spielen.
Möge all dies immer bewahrt werden
und der großartige FC Nürnberg niemals untergehen.«
(Heiner Stuhlfauth)

Das wohl berühmteste Zitat aus der Historie des 1. FC Nürnberg stammt von ihm, und das berühmteste Exponat des Club-Museums auch – die Schiebermütze, die er stets tief ins Gesicht gezogen hatte. Heiner Stuhlfauth war ohne Frage der beste Torhüter seiner Zeit. Als Deutschland 1929 in Turin zum ersten Mal überhaupt gegen Italien gewann, feierten ihn auch die Italiener: »Gott selbst stand im deutschen Tor«[294], schrieb eine Lokalzeitung. Die *Fußball-Woche* fand, Stuhlfauth habe gehalten, »als wäre er ein Schlangenmensch.«[295] Das war ein schönerer Vergleich, als man ihn gemeinhin in Franken wählte; dort sagte man, Stuhlfauth habe »Abortdeckelhände«[296]. Aber er war auch berühmt für seine weiten Ausflüge aus dem Tor, durch sein hervorragendes Stellungsspiel, und angesichts der häufig drückenden Überlegenheit der Nürnberger Mannschaft gab er fast eine Art Libero.

Heute ist die Gaststätte am Clubgelände nach ihm benannt, die »Stuhlfauth-Stuben«. Das passt, denn der Torhüter war selbst Wirt. Er führte die Sebaldusklause in einem kleinen Fachwerkhaus im Schulgässchen in der Nürnberger Altstadt, die sogenannte »Gifthüttn«. Dort verteilte er gern Autogramme, was die Zahl der Gäste natürlich nach oben schnellen ließ. Eine der vielen Anekdoten über Stuhlfauth illustriert die sprichwörtliche Bierruhe, die ihm nachgesagt wurde: Bis eine halbe Stunde vor dem Anpfiff eines wichtigen

Spiels saß er im Schankraum seiner Sebaldusklause, ehe er sich auf sein Motorrad schwang (mit dessen Hersteller Victoria er, was für damalige Zeiten ungewöhnlich war, einen einträglichen Werbevertrag geschlossen hatte). In allerletzter Minute erschien er in der Kabine mit den Worten: »Dou bin i!«.[297] Berühmt ist auch sein heute ungewöhnlich klingendes Credo, das lautete: »Ein guter Torwart wirft sich nicht!«[298]

Es wäre allerdings eine völlige Fehleinschätzung, aus alldem abzuleiten, Stuhlfauth hätte die Sache mit dem Fußball nicht bierernst genommen. »Eine Niederlage«, sagte er einmal, »sahen wir als Blamage für uns und unseren Verein an, und darüber hinaus als Schande für unsere Heimatstadt.«[299] 606 Einsätze für den Club hatte Stuhlfauth während seiner Karriere zwischen 1916 und 1933 vorzuweisen – und in fünf Meisterschaftsendspielen blieb er ohne Gegentor. Nach dem Zweiten Weltkrieg war die Sebaldusklause völlig zerstört, doch Stuhlfauth hatte bereits einen anderen Job – als Schulsportlehrer. In dieser Funktion wurde er noch einmal sehr wichtig für den 1. FC Nürnberg. Er entdeckte einen Buben namens Max Morlock.

GRUND 77

Weil sich die Hennenzucht für Luitpold Popp nicht rentierte

Rauchen gefährdet bekanntlich die Gesundheit, das zeigt auch der Fall des deutschen Nationalspielers Luitpold Popp, der nur äußerst selten ohne Zigarette oder Zigarre im Mund gesichtet wurde. Jedenfalls erlitt Popp im Meisterschaftsendspiel zwischen seinem 1. FC Nürnberg und dem Hamburger SV im Jahr 1922 einen Schwächeanfall, und ein offensichtlich nikotinkritischer Autor stellt dies auf wikipedia.de in direkten Zusammenhang. In einem englischsprachigen Internet-Bericht über das Finale ist tatsächlich von »Asthma«[300] die Rede. Ansonsten hatte Popp, der auch dafür gerühmt wurde, dass er noch kurz vor dem Spiel mühelos eine Kalbshaxe verdrücken konnte, allerdings eine offenbar blendende Konstitution: Er spielte bis 1935, bis zum Alter von 42 Jahren, für den Club und absolvierte 870 Partien, erst als treffsicherer rechter Halbstürmer, später als eisenharter Verteidiger. Mit 67 Jahren forderte Popp auf der Geschäftsstelle seinen Spielerpass mit der Begründung an, er müsse ab und zu in der ersten Mannschaft seines Heimatdorfes einspringen. Die Homepage des 1. FC Nürnberg würdigt ihn so: »Der vierfache Meister Luitpold Popp war ein unverwüstlicher Dauerbrenner – die Zigarette in seinem Mund war es auch.«[301]

Dass Popp 1917 vom FC Pfeil Nürnberg zum Club kam, hatte auch unmittelbar mit Rauchwaren zu tun. Das Profitum existierte ja noch nicht, mit direkten Gehaltszahlungen konnten die Vereine Spieler also nicht locken, aber Anreize finanzieller Art waren dennoch schon damals gern gesehen. So eröffnete der 1. FCN Popp, der zuvor als Briefträger gearbeitet hatte, unter der Hand die Möglichkeit, in den Tabakwarenhandel einzusteigen. In der Vereinszeitung wurde geworben: »Sportsleute! Deckt Euren Bedarf an Zigarren, Zigaretten und Tabaken im Zigarrenhaus Wieder und Popp, Ludwigstraße 32 (am Weißen Turm).«[302] Allerdings bezweifelten schon damals viele, ob das Geschäft ihm ein gutes Einkommen sicherte. Popp selbst galt als sein bester Kunde, und an der Tür des Ladens hing meist ein Schild mit der Aufschrift »Komme gleich wieder!«[303]

Legendär war auch Popps großer Appetit. Sein Versuch, sich außerhalb Nürnbergs mit einer Hühnerfarm eine Existenz aufzubauen, scheiterte daran kläglich. Als ihn einige Mannschaftskollegen besuchten und sein neues Unternehmen besichtigen wollten, sahen sie große Ställe, vermissten allerdings die Hühner. Besorgt vermuteten sie, es habe wohl die Hühnerpest gewütet. »Ach wo!«, sagte Popp, »die hab ich scho' fast alle g'fressen. Hühnersuppe schmeckt mir nämlich viel besser als das ganze Eierzeug.«[304] In seinem Weihnachtsspiel des Jahres 1932 dichtete der zweite Vorsitzende Dr. Hans Pelzner:

»Weit draußen, Richtung Oberpfalz,
dou wohnt a Mo – mer sicht'n als
die Sunntog a ban Fußballspieln –
von dem muß ich a Stück derziehln:
Der selbig Mo, der hout a Mogn,
der ko a Portion vertrogn.
Der Mo hout g'hatt a Hennazucht,
Döi werkli ihresgleich'n sucht,
doch aus Verseh'n, dou frißt er a
die Henna – samt die Gagala!
Und öitz behauptet er pikiert,
daß d'Hennazucht sich nicht rentiert.«[305]

Was sich für Popp rentierte, war das Fußballspielen. Seine Vergangenheit als Offensivspieler nutzte ihm auch für seine spätere Karriere im hinteren Mannschaftsteil. »Popp ist der wohl technisch beste Verteidiger Süddeutschlands, an ihm war nicht vorbeizukommen«[306], heiß es in einem Zeitungsartikel: »In jeder Stellung nahm er den Ball. Prächtig ist bei ihm das Ziehen des Balles über den Kopf mit wuchtigem, gezickten Schlag.«[307] Nach dem Krieg zog Popp nach Wolnzach in Oberbayern, er hatte dort ein Haus geerbt. Am 30. August 1968 starb er bei einem Autounfall.

GRUND 78

Weil Heiner Trägs Schuhe zwei Nummern zu klein waren

Einen besonderen Auftritt hatte Heinrich, genannt »Heiner«, Träg im Januar 1918 in Regensburg. Es lagen 30 Zentimeter Neuschnee, der 1. FC Nürnberg trat zu einem Freundschaftsspiel beim TV 1891 an. Träg erzielte in dieser kuriosen Partie zehn von 19 Nürnberger Toren gegen die bedauernswerten Oberpfälzer.

Bereits seit 1911 spielte Träg für den Club, seine große Zeit sollte allerdings noch folgen – in den goldenen Zwanzigern, in denen er mit dem FCN insgesamt fünfmal Deutscher Meister wurde, was nicht zuletzt ein Verdienst Trägs war. Er galt als einer der besten linken Außenspieler im deutschen Fußball der 1920er-Jahre; das Fachblatt *kicker* bescheinigte ihm, gemeinsam mit seinem Teamkollegen Gustav Bark »einer ganzen Fußballepoche seinen Stempel aufgedrückt«[308] zu haben. Zwischen 1911 und 1927 bestritt Träg für die erste Fußballmannschaft des 1. FC Nürnberg 455 Spiele. Von 1921 bis 1926 wurde er sechsmal in die Nationalmannschaft berufen.

Trotz seiner bulligen Statur – und ganz im Gegensatz zu seinem Namen – war Träg wendig und energisch, in den Zweikämpfen setzte er sich meist durch. Obwohl er insgesamt eher langsam war, verfügte er über einen schnellen Antritt und lauerte gern auf Steilpässe. Seine größte Stärke war die Schusskraft seines linken Fußes, zudem zielte er sehr präzise. Ein Berliner Journalist vermutete: »Träg hat Sehorgane an den Füßen.«[309] In seinen 18 Einsätzen in Endrundenspielen um die deutsche Meisterschaft erzielte der Linksaußen 16 Treffer. 1919 wiederholte er fast seinen Auftritt von Regensburg, doch diesmal gar in einem Punktspiel: Gegen Jena gelangen ihm sieben Tore, mit denen er fast im Alleingang aus einem 0:2-Halbzeitrückstand noch einen 9:2-Sieg für den Club machte.

Kein Wunder, wenn man der Überlieferung glaubt: Der Jenaer Torhüter soll sich aus Angst vor Trägs »Kanonenschüssen« schützend umgedreht haben, wenn der Ball auf ihn zuflog.

Trägs Erfolgsgeheimnis war, dass er die Fußballschuhe stets zwei Nummern zu klein wählte – das steigere die Schusskraft, glaubte er. Dass es die Bequemlichkeit hingegen nicht steigerte, nahm Träg gern in Kauf – nichts hasste er mehr als Wehleidigkeit. »Mit wenigen Strichen ist sein Stil, der einfach genug war, charakterisiert«, schrieb Hans Hofmann in der Vereinszeitung des Clubs über Träg. »Schmuck- und schnörkellos, geradlinig, ungeheuer wuchtig, ausdauernd, urwüchsig kannten wir sein Spiel. (...) Es gab eine Zeit, da war das ganze Spiel auf Heinrich Träg zugeschnitten, und wenn auch der Gegner den Löwen durch doppelte Bedeckung zu bewachen und zu bändigen versuchte, meist war es umsonst. Einmal durch, dann durfte der Mann im Kasten sein Testament machen.«[310]

Mit seinem Hang zum Jähzorn war Träg auch das Enfant terrible des 1. FC Nürnberg. Immer wieder wurde er von den Schiedsrichtern des Feldes verwiesen, weil er sich mit Gegnern, Publikum und Unparteiischen anlegte. Im legendären Endspiel 1922 gegen den Hamburger SV wurde Träg nach einem brutalen Foul an Rudi Agte vom Platz geworfen. Und auch in der Nationalmannschaft sorgte Träg immer wieder für Ärger. Denn tatsächlich schienen lediglich drei Spieler in der Lage zu sein, ihm die Bälle wie gewünscht zu servieren: seine Nürnberger Kameraden Böß, Schaffer und Sutor. Mit anderen Spielern kam er in der Regel nicht zurecht, sodass er in Länderspielen oft eine schlechte Figur machte. Dann zögerte er nicht, seine Teamkollegen zu beschimpfen und zu beleidigen. Hans Hofmann schrieb: »Da kam es leicht zu Wortgefechten, worin er es in urwüchsiger Gestaltungskraft auch nicht fehlen ließ. Wir haben in dieser Hinsicht nie die leidige Stärke oder vielmehr Schwäche des Heiners sanktioniert, aber sie war einmal da und unausrottbar. Wenn es zum Kampf ging, war Träg immer Feuer und Flamme, und wie ein überhitzter Dampfkessel ein Ventil braucht, so musste sich Träg auf seine Weise Luft machen. War er schon vor dem Spiel geladen, so war schlecht mit ihm Kirschen essen. Als langjähriger Spielausschussvorsitzender kannte ich seine Stimmung gut. Deuchte sie mir gereizt, so mochte ich sie doch gerne als Vorbote eines glücklichen Gefechtes hinnehmen. Und wir triumphierten in vielen Gefechten.«[311]

Erwartungsgemäß endete Trägs Karriere mit einem Platzverweis. Im Endspiel des Jahres 1927 gegen Hertha BSC, der Club gewann 2:0 und Träg hatte den ersten Treffer erzielt, verwies ihn der Schiedsrichter nach einem Revanche-Foul des Platzes. Trägs Kommentar in Richtung Berliner Publikum: »Edds kennder weiderschimbfn, gewunner ham mir!«[312]

Nach dem Ende seiner aktiven Laufbahn gehörte Träg dem Ältestenrat des 1. FC Nürnberg an. Der Kaufmann war von 1922 bis 1966 Mitinhaber und Geschäftsführer einer Mineralölfabrik in Schweinau. Er starb am 13. Oktober 1976 in Nürnberg.

GRUND 79

Weil Alfred Schaffer ein Fußballkönig war

Alfred »Spezi« Schaffer blieb nicht einmal eine Saison lang beim 1. FC Nürnberg und absolvierte insgesamt nur 25 Spiele für den Club. Dennoch gehört der Ungar ohne Frage zu den größten Spielerpersönlichkeiten in der Vereinshistorie – er gilt nicht umsonst als einer der besten Fußballer seiner Zeit und vor allem: als erster Profispieler, den es in Europa gab.

Als sein Verein, MTK Budapest, im Sommer 1919 eine Reise durch Deutschland unternahm, blieb Schaffer zusammen mit seinem Mannschaftskollegen Péter Szabó dort. Beide wollten damals schon zum 1. FC Nürnberg wechseln, doch das Angebot des FC Basel war finanziell verlockender für Schaffer – der »Spezi« genannt wurde, weil alles, was er auf dem Fußballplatz machte, so speziell war. So zog es ihn zunächst in die Schweiz, aber nur ein Jahr später landete er dann doch noch in Nürnberg. Der Club beherrschte damals schon vor seiner Ankunft das deutsche Fußballgeschehen und war sehr populär. Dennoch nannten die Fans Schaffer sofort respektvoll »Fußballkönig«. Es gelang ihm eindrucksvoll, das ohnehin schon überlegene Spiel der Mannschaft weiter zu verbessern. Sein Ziel war es, als Spielertrainer ein Team so zu schulen, dass es durch gutes Stellungsspiel mit möglichst geringem Kraftaufwand vors gegnerische Tor kam. Das hatte sicherlich auch damit zu tun, dass er selbst – mit zeitweise bis zu 95 Kilo – ein Schwergewicht war und er Laufarbeit gern vermied.

Schaffer stellte sich, obwohl er ein Wanderer durch die Vereine war, ganz in den Dienst der jeweiligen Mannschaft. »Spezi war kein Karrierist«[313], stellte Torwart Heiner Stuhlfauth fest. »Er wollte nicht immer selbst alle Tore schießen, sondern half seinen Kameraden, dass sie es ebenfalls taten.« Aber wenn Schaffer schoss, war meist nichts zu machen. »Es war bei einem Spiel gegen Fürth«, erinnerte sich Stuhlfauth. »Der Ball schlug so rasch im Tor ein, dass der Schiedsrichter ihn gar nicht sah. Er erkannte den Treffer aber an, weil Schaffers Schuss das Netz durchlöchert hatte. Einen besseren Beweis für die Gültigkeit des Treffers konnte es gar nicht geben.«[314]

Schaffer wusste, was er konnte – und das ließ er sich bezahlen. Natürlich hatte er aus diesem Grund auch viele Kritiker. »Der Schaffer spielt für jede Währung«[315], wurde oft gelästert. Es ist auch überliefert, dass er während der Spiele gern mal zur Tribüne lief und Wetten abschloss: »Ich wette, dass ich jetzt das Siegtor schießen werde. Wer setzt dagegen?«[316] Diejenigen, die dagegensetzten, verloren in den meisten Fällen. In Nürnberg ließ er sich erst einmal auf Vereinskosten neu einkleiden, zudem gab es ordentlich »Taschengeld«. Offiziell war das verboten – aber natürlich gab es viele Tricks, um das Amateurstatut auszuhebeln. Schaffer selbst verriet nie, was er vom Club erhielt.

1921 gewann der 1. FC Nürnberg den zweiten von insgesamt neun deutschen Meistertiteln - ohne Schaffer. Der war schon wieder weitergezogen - zum FC Wacker München. Der Nürnberger Vorstand hatte seine finanziellen Forderungen nicht allzu lange wunschgemäß erfüllt. Weil er nun als ausländischer Berufsspieler galt, verweigerte ihm der DFB jedoch die Spielerlaubnis. Wacker beschäftigte ihn zunächst als Trainer - und dann erschien in der Zeitschrift *Fußball* eine Verlobungsanzeige von Schaffer mit Olga Bernstein, der Schwester des Wacker-Tormanns. Diese Schwester existierte zwar gar nicht, aber Schaffer erhielt als Verlobter ein Aufenthaltsrecht - und die Spielgenehmigung vom DFB. Bezahlt wurde er aus einer schwarzen Kasse. Wacker München stieg mit ihm zu einer bayerischen Fußballsensation auf und schaffte es in der Meisterschaftsendrunde 1922 bis ins Halbfinale.

Später begnügte sich Schaffer auch mit weniger Geld, etwa 1929, als ihn Austria Wien als Trainer verpflichten wollte. Schaffer schickte ein Telegramm: »Komme mit 1.000 Freuden - stopp - Monatsgage 2.000 Schilling«. Am nächsten Tag antwortete Austria: »Komme mit 2.000 Freuden - stopp - Monatsgage 1.000 Schilling«[317]. Und Schaffer kam tatsächlich. Schlecht war das Salär immer noch nicht, üblich waren etwa 300 Schilling. Und mit seinen mittlerweile 36 Jahren vermochte Schaffer in Wien auch nicht mehr viel auszurichten.

Bei den Zeitzeugen in Nürnberg blieb er in unterschiedlicher Erinnerung. Vereinschronist Hans Hofmann lobte ihn zwar einerseits als den besten Mittelstürmer, den der Club je gehabt hatte, stellte aber andererseits im Gegensatz zu den zahlreichen Verehrern fest: »Als er zu uns kam, legte er sich in ein gemachtes Bett, und als er ging, hatte sich nichts geändert.«[318] Umstritten ist Schaffers Rolle in der Förderung des jungen Hans Kalb, der Nürnbergs nächster überragender Spieler wurde. Er hielt mit ihm besondere Übungsstunden ab, förderte die Technik, die Beidfüßigkeit und die Beweglichkeit. Viele Nürnberger, die vor Schaffer schon da waren und nach ihm immer noch, betonten jedoch, der Club habe Kalbs

Talent selbstredend schon lange vor dem ungarischen Gastspieler erkannt gehabt und gefördert. So klagte Hofmann über Schaffer: »Seiner Eitelkeit und maßlosen Eingebildetheit setzt er noch die Krone auf, indem er sich als den Entdecker unseres Mittelläufers Kalb ausgibt, den er aus einer Schülermannschaft herausgezogen haben will. (…) Kalb war bereits entdeckt und hat in der ersten Mannschaft erstmals als Stürmer gespielt, später dann aushilfsweise als Außenläufer.«[319]

Zur Winterpause 1933/34 übernahm Schaffer den Club als Trainer. Er begann seine Tätigkeit mit den Worten: »Bitte, kann ich nicht zaubern. Gebt mir eine gute Mannschaft und ich trainiere!«[320] Er blieb erneut nicht allzu lange, später betreute er stattdessen die ungarische Nationalelf.

GRUND 80

Weil der Club ohne Kalb nur halb war

Zahnärzte sind beim Endverbraucher recht unbeliebt, da gab es in der Historie der Dentalmedizin nur zwei Ausnahmen: Dr. Alban (*It's my life*), einen je nach Geschmack beliebten Popsänger, und Hans Kalb – ohne Diskussionen einen der größten Spieler des 1. FC Nürnberg, der seine Karriere 1933 beendete, nachdem er 1932 sein Zahnmedizinstudium erfolgreich abgeschlossen und eine eigene Praxis eröffnet hatte.

Kalb spielte als Mittelläufer zwischen 1917 und 1933 für die erste Fußballmannschaft des 1. FC Nürnberg und wurde in dieser Zeit fünfmal Deutscher Meister. Insgesamt bestritt er 681 Spiele. Zwischen 1920 und 1928 kam er zudem auf 15 Einsätze (zwei Tore) für die Deutsche Nationalmannschaft. Nicht nur für Sepp Herberger war er »der beste deutsche Spieler seiner Zeit«[321]. Dank seines großen Spielverständnisses war Kalb der Dreh- und Angelpunkt des damals gefürchteten Nürnberger Flachpassspiels, zudem verfügte er über einen knallharten Distanzschuss. Nicht umsonst galt das Sprichwort, das angewendet wurde, wenn er einmal fehlte: »Club ohne Kalb – halb«[322].

Allerdings hatte Kalb auch viele Kritiker – einerseits, weil er auf dem Platz ein Hitzkopf war und des Öfteren gesperrt wurde. Nicht nur die Schiedsrichter und die Gegner brüllte er an, sondern gern auch mal seine Mitspieler. 1928 endete wegen seiner Unbeherrschtheit sogar seine Karriere in der Nationalelf. Die Nürnberger Vereinszeitung fragte: »Könnte Ruhe nicht auch unserem lieben Kalb zu eigen sein? Bessere Leistungen und weniger Ärger wären die sichere Folge.«[323] Der andere Kritikpunkt war, dass Kalb ein Liebhaber guten Essens und Trinkens war. Hans Hofmann dichtete in der Clubzeitschrift: »Auch Dir, Hans Kalb, Du weißt, Dir frommt / ein schwerer Trunk nicht immer. / Die Stunde kommt, die Stunde kommt, / da singt Dein Lob man nimmer.«[324] 1930 hatte Kalb der Überlieferung nach bereits 25 Kilogramm Übergewicht. So durfte man es als fast schon ironische Anmerkung werten, dass der *kicker*-Herausgeber Herausgeber Walther Bensemann zu Kalbs Karriereende hin die Lage beim Club so kommentierte: »Mit Kalb ist ein System gefallen, ja ich möchte sagen, die letzte Hoffnung auf Jahre hinaus. Ich fürchte, dass den sieben fetten Jahren sieben magere folgen werden.«[325]

Ganz so schlimm war es nicht, aber es dauerte tatsächlich bis 1936, ehe der Club wieder Deutscher Meister wurde. Dass Kalbs Glanz verblasste, hatte übrigens auch mit einer taktischen Änderung zu tun, die quasi eine ganze Fußballepoche beendete: Die Zeit, in der sich der Mittelläufer wie ein sechster Stürmer permanent ins Angriffsspiel einschaltete, war mit dem Aufkommen des sogenannten WM-Systems vorbei. Für Kalb, der eine defensivere Taktik grundsätzlich für peinlich hielt und das Motto »Lieber langsam und gescheit als schnell und dumm« pflegte, wurde es schwierig. »Bei Fußball muss man auf Sieg spielen«, meinte er. »Nur im Wettstreit um den Sieg und ohne Kapitulationsangebot von vorneherein wird in einem fairen und ritterlichen Gefecht der Bessere ermittelt. Als wahrer Sportler soll man auch verlieren können – nur blamieren darf man sich nicht. Das Mauern aber ist Blamage.«[326] Wer über das Kicken philosophieren wollte, traf Kalb nun in der Nürnberger Tuchgasse, wo er mit einem Herrn Dr. Edelmann die Zahnarztpraxis betrieb. Manch sehr alteingesessener Nürnberger mag sich an eine Wurzelbehandlung erinnern, wenn er durch die Hans-Kalb-Straße zum Frankenstadion läuft.

GRUND 81

Weil Max »Muckl« Eiberger unter Wert entlohnt wurde

Wäre es nach seinen Eltern gegangen, hätte Max Eiberger Turner werden sollen. »Aber das Turnen war mir irgendwie zu langweilig«[327], erzählte er später. »Meine Leidenschaft galt schon damals dem Fußball.« Das Fußballspielen musste er allerdings zunächst vor seinen Eltern verheimlichen. Mit 14 erst durfte er sich dem SV Göggingen anschließen, fünf Jahre später wechselte er zum damaligen Spitzenclub Schwaben Augsburg – bei dem der 1. FC Nürnberg trotz seiner Idole Stuhlfauth und Kalb mit 2:3 verlor. Für den FCN war dies der letzte Grund, den schon länger beobachteten Eiberger zu verpflichten. Sein Debüt feierte er an Pfingsten 1933 bei einem Gastspiel bei Alemannia Aachen.

Der Augsburger Vereinspräsident verabschiedete ihn trotzig: »Sind wir froh, dass er weg ist, er hat ja eh zuviel gedribbelt.« Auch in Nürnberg präsentierte sich Eiberger anfangs sehr ballverliebt, bis ihn Trainer Alfred Schaffer belehrte: »Dribbeln ist dumm, wenn Nebenleute freistehen.« Nun spielte der Ballkünstler mannschaftsdienlicher – und trug sich in die Historie des 1. FC Nürnberg ein. Denn ihm gelangen Tore bei allen drei Titelgewinnen der 1930er-

Jahre: Bei den Pokalsiegen 1935 (1:0 beim 2:0-Sieg gegen Schalke) und 1939 (beide Treffer beim 2:0 gegen Waldhof Mannheim) sowie im Spiel um die Deutsche Meisterschaft 1936 (Tor zum 1:1 beim 2:1 n. V. gegen Fortuna Düsseldorf). Für den Titelgewinn 1936 kassierte Eiberger die höchste Gage seiner Laufbahn: 150 Mark. »Das war damals viel Geld. Aber wenn man bedenkt, dass jeder der 50.000 Zuschauer fünf Mark Eintritt bezahlt hat«, erkannte er später, »dann wurden wir doch unter Wert entlohnt.«[328]

Den Neuanfang des deutschen Fußballs nach dem Zweiten Weltkrieg erlebte Eiberger nicht mehr als aktiver Spieler; er eröffnete eine Autowerkstatt. Bis ins hohe Alter besuchte Eiberger die Heimspiele des 1. FCN, stellte bei den Bundesligapartien aber immer wieder fest: »Im Grunde hat der heutige Fußball mit unserem Spiel nichts mehr zu tun.«[329]

GRUND 82

Weil die Übelein-Brüder um Fleisch und Kirschen spielten

Dass es nicht besonders angenehm ist, zwei berühmte Brüder zu haben, wenn man selbst nicht berühmt ist, liegt auf der Hand. Man denke nur an die Situation der Gallagher-Brüder. Liam und Noel kannte man aus der Britpop-Band Oasis, aber wer kannte schon Paul Gallagher? Der Dritte im Bunde hätte wohl gut damit leben können, gänzlich unbekannt zu bleiben, aber ständig musste er sich dazu äußern, wie wohl die Stimmungslage in seiner zerstrittenen Verwandtschaft sei, und zu allem Überfluss musste er sich von der Zeitung *The Independent* auch noch als »fette Version eines Gallaghers« bezeichnen lassen, dessen »Aussicht auf Berühmtheit miserabel« sei[330].

Ehre sei also den unbekannten dritten Brüdern. An dieser Stelle soll daher ausnahmsweise einmal Baptist Übelein gewürdigt werden, der »Übelein III« genannt wurde, weil er der drittgeborene der damals in Aufstellungen und Spielberichten durchnummerierten Übelein-Brüder war. Übelein III gehörte dem Club seit 1940 an und absolvierte zwischen 1945 und 1948 28 Oberligaspiele; er war aber auch ein hilfsbereiter Freund: 1947 half der Malermeister Max Morlock beim Ausbau einer Dreizimmerwohnung.

Wenn es um die Übelein-Brüder geht, denkt man in Nürnberg ansonsten allerdings eher an »Übelein I« und »Übelein II«. Der Erste, Hans Übelein, machte erstmals beim Pokalfinale 1935 gegen den FC Schalke 04 auf sich aufmerksam, als er den berühmten Fritz Szepan immer wieder schlecht aussehen ließ. Danach lobte auch die *Fußball-Woche* den »rechten Außenläufer Uebelein, der, obgleich nur mittelgroß und leichtgebaut, prachtvoll kämpferisch und ein Könner dazu war. Übelein tauchte in dieser Spielzeit zum ersten Mal in der deutschen Gauliga auf! Das nennt man Karriere machen.«[331] Im Endspiel um die Deutsche Meisterschaft 1936 wurde Übelein I dann zum Garanten des Sieges. Auch nach dem Zweiten Weltkrieg, in der Oberliga und bei den sogenannten Fressspielen, in denen es Nahrungsmittel wie Kartoffeln, Fleisch, Kirschen oder auch mal eine Torte zu gewinnen gab, war Hans Übelein noch dabei. Er war damit eine der zentralen Übergangsfiguren, die die vom Krieg zerrissenen Club-Generationen verbanden. 1951 beendete er seine Karriere mit 36 Jahren, nach insgesamt 487 Einsätzen für den 1. FC Nürnberg.

Der zwei Jahre jüngere Julius Übelein, statt »Übelein II« manchmal auch nur »Uttla« genannt, spielte ebenfalls schon 1935 in der ersten Mannschaft. Er wurde auf Anhieb Torschützenkönig in Bayern. Nach dem Krieg galten die Außenläufer Gebhardt/Übelein I und die Halbstürmer Übelein II/Morlock als »magisches Viereck«. Julius Übelein brachte es auf insgesamt 287 Einsätze. »Ich bin keinem Zweikampf ausgewichen, habe aber in meiner ganzen Laufbahn keinen Platzverweis und keine einzige Verwarnung erhalten«[332], bilanzierte er hinterher stolz. Uebelein II trug auch zur

Versorgung der Spieler bei: Er hatte in der Nachkriegszeit eine Arbeitsstelle in einer sogenannten »Amibäckerei« und brachte oft Bohnenkaffee und Gebäck mit zum Training.

Nach der Karriere betrieben Hans und Julius, wie sollte es anders sein, Toto-Lotto-Annahmestellen; Übelein I in der in der Schwabacher Straße, Übelein II in der Wodanstraße. Übelein III hingegen hatte sein Malergeschäft in Zerzabelshof, das offenbar florierte: »1955 wurde es notwendig, einen zweiten Lieferwagen anzuschaffen«[333], heißt es in der Firmengeschichte. »In dieser Zeit stieg die Zahl der Malergesellen und Auszubildenden, zum Teil waren 20 Facharbeiter und mehrere Azubis beschäftigt.« Das Unternehmen gibt es heute noch, es engagiert sich als Sponsor bei der Mädchenmannschaft des 1. FC Nürnberg.

GRUND 83

Weil Torwart Edi Schaffer das Glück des Könners hatte

Zu den Sehenswürdigkeiten im Club-Museum gehört das grüne Torwarttrikot von Eduard »Edi« Schaffer. Als er 1947 zum Club kam, war er ein »Exot« – als Sudetendeutscher der einzige Nicht-Franke in der ganzen Mannschaft. In einer Soldatenmannschaft hatte er die Uebelein-Brüder kennengelernt, Nürnbergs berühmte Meisterspieler. Dass er nach Kriegsende zum Club kommen würde, war ausgemachte Sache. Doch in den ersten Jahren nach dem Zweiten Weltkrieg stand er beim VfL Neustadt/Aisch und beim VfB Neustadt bei Coburg im Tor – in Nürnberg war die Lage auf dem Arbeitsmarkt schwierig, auf dem Land ließ es sich etwas besser leben. Als Clubtorhüter Schorsch Lindner an TBC verstarb, kam es doch zu Schaffers geplanter Verpflichtung; die Oberfranken zeigten sich bei der Freigabe sehr kooperativ.

»Es war nicht leicht für mich, ich war schließlich der einzige nichtgebürtige Nürnberger«[334], erinnerte sich Schaffer später. »Aber mein Herz schlug immer für den Club.« Und gleich das erste Jahr beim 1. FCN verlief für Schaffer sehr erfolgreich: Er zeigte hervorragende Leistungen – und am Ende der Saison stand der Club im Finale um die deutsche Meisterschaft, das 2:1 gegen den 1. FC Kaiserslautern gewonnen wurde. Es war eines seiner besten Spiele, und Vereinschronist Hans Hofmann bemerkte gar, dass wohl der Gegner gewonnen hätte, hätte man die Torhüter getauscht.

Doch in der letzten Minute beim Stand von 2:1 für den Club sorgte Schaffer beinahe für ein Unglück. Das *Sportmagazin* beschrieb die Szene so: »Kurz und gut – ein Pfiff ertönte. Gemeint war ein Freistoß und – selbst Schaffer glaubte an ein Spielende. Freudestrahlend warf er die Arme in die Luft, lief zur Mitte, die ersten Nürnberger Anhänger folgten. Da erkannte er rechtzeitig seinen Irrtum, zumal Kennemann wie ein Verkehrsschutzmann in Richtung Tor zurückzeigte. Sekunden später brauste ein Schuss von Baßler am Club-Tor vorbei. Schaffers Panthersprung wäre vergebens gewesen, aber das Glück war mit ihm und seinem prachtvollen Können.«[335]

Wenn er im Tor stand, machte Schaffer einen ruhigen und abgeklärten Eindruck. Umso erregter und empfindlicher wirkte er vor und nach den Spielen. Oft soll er kreidebleich in der Kabine gesessen haben, während er dem Spiel entgegenfieberte oder es verarbeitete. Nach der Meistersaison musste Schaffer zeitweise mit Rudi Fischer um den Posten als Nummer eins kämpfen, was für die Leistungen beider nicht gerade förderlich war; zudem fiel Schaffer regelmäßig verletzt aus, was auch auf seine riskante Spielweise zurückzuführen war. Dennoch kam er bis 1958 zu 228 Oberliga-Einsätzen für den 1. FC Nürnberg – und insgesamt auf 413 Club-Spiele. Schaffer war in dieser ganzen Zeit ein sogenannter »Halbprofi«, er arbeitete zusätzlich als kaufmännischer Angestellter in den Siemens-Schuckertwerken. Diesem Betrieb blieb Schaffer auch nach dem Fußball treu. Als die Blöcke des Frankenstadions 2006 nach verdienten Clubspielern benannt wurden, erhielt Block 42 im Oberrang der Haupttribüne den Namen »Edi-Schaffer-Block«.

GRUND 84

Weil sich Max Morlock nicht verpflanzen ließ

Ein solcher Mann sorgte natürlich auch für Aufsehen bei den Nürnberger Frauen. Mit Unmengen von Liebesbriefen wurde die Geschäftsstelle des 1. FCN überhäuft. Um der unerwünschten Post Einhalt zu gebieten, stand in der Vereinszeitung im Januar 1952 der fast verzweifelte Hinweis: »Der verehrlichen Damenwelt sei mitgeteilt, dass Max bestimmt nicht mehr zu haben ist.«[336]

Die Bewerberinnen hatten offenkundig Ahnung vom Fußball: Schließlich ahnten sie schon damals, dass Max Morlock der größte Spieler der Club-Historie werden sollte, mit rund 700 Toren in etwa 900 Partien. Von 1945 bis 1963 absolvierte Morlock 451 Spiele der nach dem Zweiten Weltkrieg neu geschaffenen Oberliga Süd; dabei erzielte er 286 Treffer. Damit ist er mit großem Abstand Torschützenkönig dieser Liga. Als einziger Spieler wirkte er in allen 18 Jahren mit, in denen sie oberste Spielklasse war. 1948 und 1961 erkämpfte er mit dem Club die deutsche Meisterschaft. In der Bundesligasaison 1963/64 spielte Morlock dann noch 21-mal für den Club und schoss dabei acht Tore. Mit seinen 26 Länderspielen (21 Tore) ist er auch Rekordnationalspieler des 1. FC Nürnberg.

Da störte es die Nürnbergerinnen auch gar nicht, dass Morlock mit 1,70 Metern eine eher geringe Körpergröße aufwies. Sie hinderte ihn ja auch nicht daran, zu einem der gefürchtetsten Kopfballspezialisten seiner Zeit zu werden; er übersprang auch weitaus größere Gegenspieler.

Zudem überzeugte er mit Geschick am Ball, Laufstärke und Dynamik. Die Nürnberger, die das Glück haben, ihn noch spielen gesehen zu haben, behaupten steif und fest, dass Morlock auch im athletischen, schnellen Fußball der Gegenwart prima mitspielen könnte. Zudem war er ein von allen Mitspielern, und er erlebte sehr viele, stets akzeptierter Anführer, der sie immer wieder aufmunterte und mitriss. Nur eines mochte er nicht so gern: Das Elfmeterschießen überließ er lieber den anderen.

Morlocks Karriere war hart erarbeitet – er begann als Straßenfußballer in der Schlossstraße im Stadtteil Gleißhammer. »Ich kam auch nicht als Wunderkind zur Welt«[337], hat er gesagt. »Aber schon als Bub lernte ich bewusst mit beiden Füßen spielen und schießen. Das Ziel der Beidfüßigkeit ist für jeden, der es zielbewusst anstrebt, erreichbar. Ein Halbstürmer, der nicht mit beiden Beinen gleichmäßig auf Draht ist, kommt in die schlimmsten Verlegenheiten.« Über Eintracht Nürnberg kam er 1940 zum Club – als Gegenleistung musste die komplette erste Mannschaft des Club ein Ablösespiel für ihn austragen. Es war damals noch außergewöhnlicher, als es heute schon ist: ein Ablösespiel für einen 15-Jährigen. Ein Jahr später stand Morlock bereits in der ersten Mannschaft – in den Kriegsjahren war es für Trainer Bumbes Schmidt oft sehr schwierig, genügend Spieler zusammenzubringen.

Und auch beim Club erhielt Morlock schnell Angebote anderer Vereine. 60.000 Mark Handgeld bot ihm 1949 Fiorentina Florenz. 1950 erhielt er eine Anfrage vom AC Bergamo für 70.000 Mark Handgeld, sein Monatsgehalt hätte in der Höhe dem eines hohen Beamten entsprochen. Er lehnte dankend ab: »Ein Franke lässt sich nicht so leicht verpflanzen.«[338] Nach der WM 1954 wurden Morlock sogar Handgelder von 300.000 Mark und Jahresgagen von 36.000 Mark angeboten.

Morlock, der 1994 verstarb, ist der einzige deutsche Spieler, der je während seiner Zugehörigkeit zum 1. FC Nürnberg bei einer WM für Deutschland spielte. Bundestrainer Sepp Herberger sagte einmal über ihn: »In kritischen Situationen war immer Max Morlock mein Mann. Auf ihn konnte ich mich stets verlassen. Er war ein Spieler, der alle mitgerissen hat.«[339] Gründe gab es also genug, den großen Sohn des Club mit einem Denkmal zu ehren: 2008 wurde am Frankenstadion eine Max-Morlock-Statue aufgestellt, für die zahlreiche Anhänger und Fanclubs ein Jahr lang gesammelt hatten. Manche alte Nürnbergerin wird beim Vorübergehen lächeln und an einen alten Brief denken.

GRUND 85

Weil sich Heinz Strehl den Wind nicht um die Nase wehen ließ

Der Rekordbundesligatorjäger des 1. FC Nürnberg ist nicht etwa Marek Mintál - sondern Heinz Strehl. Und das, obwohl der Stürmer seine Karriere lange begonnen hatte, bevor die Bundesliga überhaupt eingeführt wurde. In 174 Spielen in dieser Klasse erzielte er 76 Tore.

Nach vier Jahren in der Club-Jugend lief Strehl, der in Kalchreuth geboren wurde und als Schüler zunächst beim TV Gleißhammer spielte, von 1958 bis 1970 in 534 Spielen der Oberliga, der 1963 eingeführten Bundesliga und der Regionalliga im Nürnberger Profikader auf. Zu seinen größten persönlichen Erfolgen zählte der Titel des Torschützenkönigs im Europapokal der Landesmeister – Strehl erzielte in der Saison 1961/62 sieben Tore, obwohl der Club schon im Viertelfinale gegen den späteren Sieger Benfica Lissabon die Segel streichen musste.

Obwohl ihm in seinen vier Nationalmannschaftseinsätzen vier Tore gelangen und er auch in den Kader für die Weltmeisterschaft 1962 in Chile berufen wurde, vermochte sich Strehl angesichts der namhaften Konkurrenz jener Zeit wie Uwe Seeler nicht für die ganz große internationale Karriere zu empfehlen. In Nürnberg leistete der lauffreudige Angreifer aber regelmäßig entscheidende Beiträge zu den Erfolgen des Clubs. Seine Treffer waren bemerkenswert häufig die Führungstore in den jeweiligen Spielen. In der Saison 1964/65 traf er in den ersten vier Saisonspielen jeweils zum 1:0. »Das klingt schon sehr interessant«, meinte auch Milivoje Novakovič vom 1. FC Köln, als er nach drei 1:0-Treffern in den ersten drei Spielen in der Saison 2008/09 kurz davor stand, den uralten Rekord zu brechen. »Ich wusste nichts von dieser Statistik und kannte den Namen Strehl bisher auch nicht«[340], gab Novakovič zu. Hatte sich dann auch gleich erledigt: Im vierten Spiel traf Novakovič gar nicht.

1965 kam Franz Brungs zum Club, und Strehl wurde daraufhin zum Halbstürmer. »Mit Franz klappte das Zusammenspiel fast so traumhaft sicher wie zuvor mit Max Morlock«[341], erzählte Strehl später: »Es hat uns beiden immer einen Heidenspaß gemacht.« Dieser Spaß führte 1968 zum Gewinn der Meisterschaft, das Duo erzielte 43 der 71 Nürnberger Tore. Doch Strehl begann, seinen Beruf zunehmend kritisch zu sehen.

»Ehrlich gesagt, ist mir der Profifußball zu gehässig geworden«, stellte er fest. »Nicht dass ich damit etwa auf eine übertriebene Härte meiner Gegenspieler anspielen will, nein, es ist die ganze Atmosphäre. Du wirst vom Publikum dauernd gejagt. Es will nur Höchstleistungen sehen. Einerseits ist das verständlich, weil die Zuschauer für ihr gutes Geld etwas geboten bekommen wollen, andererseits wird das aber zum Fluch – besonders für die Leute, die ihrem Verein immer die Treue hielten. Beim zweiten oder spätestens beim dritten Fehlpass fangen die Pfeifkonzerte an. So gesehen haben es von auswärts gekommene Spieler gerade in Nürnberg leichter. Sie werden zu Publikumslieblingen, ihnen wird viel mehr nachgesehen als uns.«[342] Strehl musste den Abstieg in die Regionalliga miterleben, und im Heimspiel gegen die Stuttgarter Kickers trug er 1970 zum letzten Mal das weinrote Trikot.

Strehls Karriere hätte auch ganz anders verlaufen können. Der Augsburger Helmut Haller hatte Strehl in einem Schreiben, das er zeit seines Lebens aufbewahrte, ein lukratives Angebot von Juventus Turin übermittelt. »Ich war damals zu jung und habe deshalb gepasst«, meinte er später: »Vielleicht hätte ich es annehmen sollen und mir etwas in der Ferne den Wind um die Nase wehen lassen sollen.«[343] Ob Strehl allerdings so fern von Nürnberg glücklich geworden wäre, darf man aufgrund seines gesamten Wesens bezweifeln. »Mir wird nachgesagt, ich sei zu bescheiden und verkaufe mich unter Preis«, stellte er einmal fest. »Doch was soll's? Ich bin nun einmal so, wie ich bin.«[344]

Strehl arbeitete nach seiner Karriere als Versicherungsagent bei der Nürnberger. Am 11. August 1986 ging sein Leben schon mit 48 Jahren zu Ende. Seine letzte Ruhestätte fand er auf dem Kalchreuther Friedhof. Im Frankenstadion ist Block 36 nach Heinz Strehl benannt.

GRUND 86

Weil Tasso Wild die Meisterschaft versäumte und dennoch zum Inventar gehört

Steff Reisch schickte Tasso Wild, aber der Pass war ein bisschen zu ambitioniert. Wild sprintete los, aber er brach umgehend ab und rief: »Du hast doch versprochen, mich nicht mehr steil zu schicken!«[345] Dies ereignete sich selbstverständlich nicht in den 1960er-Jahren, damals wäre eine solche Szene undenkbar gewesen. Sondern 2009, bei einem Altherrenspiel – die Oldies des 1. FC Nürnberg gewannen 5:3 beim SSV Kasendorf. Natürlich verziehen die Mitspieler Wild in Anbetracht dessen, was er einige Jahrzehnte zuvor für den Club geleistet hatte. Der begnadete Techniker spielte von 1959 bis 1963 74-mal in der Oberligamannschaft und erzielte dabei

37 Treffer; von 1963 bis 1967 absolvierte er 79 Bundesligaspiele mit 18 Toren. Insgesamt lief Wild 261-mal für den Club auf.

Seinen berühmtesten Treffer, und auch einen seiner spektakulärsten, erzielte der Halblinke in der Verlängerung des Pokalendspiels 1962 gegen Fortuna Düsseldorf. Als der Düsseldorfer Manni Kraft einen Abschlag verzögerte, ging Wild dazwischen – und schob den Ball einfach zum 2:1 ins leere Tor. Wenn er später über den Treffer berichten sollte, und er sollte es oft, erinnerte Wild sich – wohl aus Höflichkeit – nicht mehr an Kraft. »Am Fünfmeterraum hatte ein Düsseldorfer Verteidiger den Ball und überlegte, wo er hinspielen sollte«, berichtete er einmal: »Diese Sekunde habe ich ausgenutzt, ihm das Ding vom Fuß und ins Tor gespitzelt. Der hat gestaunt.«[346]

Nach der Einführung der Bundesliga – und der Ablösung des beliebten Übungsleiters Herbert Widmayer durch den strengen Jenő Csaknády – bekam Wild gleich den Zorn des neuen Trainers zu spüren. Sein Mitspieler Nandl Wenauer berichtete später davon: »Widerspruch ließ Csaknády erst gar nicht aufkommen. Wenn er merkte, dass der Steff Reisch oder der Tasso Wild mal aufmuckten, was bekanntlich vorkommen kann, forcierte er das Tempo im Training und prophezeite: Ihnen gebe ich 30 Minuten, dann sterben Sie!«[347]

Nun, erfreulicherweise überlebte Wild sogar Csaknády. Allerdings war der spätere Trainer Max Merkel ebenfalls nicht gerade ein Spielerversteher. »Als Tasso Wild an der Bar des Club St. Tropez nach Mitternacht ertappt und bei Max Merkel verpfiffen wurde, brummte ihm der Trainer die saftige Geldstrafe in Höhe von 1.500 Mark auf«[348], berichtete Wenauer. »Der Tasso musste bluten, Max Merkel aber war unerbittlich. ›Der Wild soll Leitungswasser saufen! Sekt kann er später immer noch trinken‹, tönte Max Merkel.« 1967 wurde Wild von Merkel suspendiert und später mit den Worten »Tasso Wild sagt, dass er in Berlin Fußball spielen will. Soll er!«[349] endgültig ausgemustert.

Daraufhin wechselte Wild zu Hertha BSC – und versäumte die deutsche Meisterschaft, die dem Club in der Folgesaison gelang. »Ich habe mir damals in meinem letzten Spiel für Nürnberg einen Muskelfaserriss zugezogen, und als ich nach meiner Verletzung wieder zur Mannschaft stieß, wurde das erst einmal gefeiert«[350], erinnerte sich Wild später. »Natürlich wurden da auch ein paar Gläser Sekt getrunken und es ist dann etwas spät geworden. Ich hätte mir dann mit dem Aufbautraining gern etwas mehr Zeit gelassen, aber Merkel gab mir zu verstehen, dass er mich unbedingt braucht, und so kam es, dass ich im Abschlusstraining vor dem Spiel schon wieder einen Muskelfaserriss hatte. Daraufhin war Merkel dann so sauer, dass er meinte, ich könne scheinbar nur feiern und mich nicht auf den Fußball konzentrieren.« Das sei nicht die einzige Unstimmigkeit mit Merkel gewesen: »Einmal wollte er mich zum Beispiel auch zum Kapitän bestimmen, aber davon hielt ich überhaupt nichts, weil ich der Meinung war, dass der Kapitän von der Mannschaft gewählt werden sollte.«[351]

Mit der Hertha stieg Wild dann auf Anhieb aus der Regionalliga in die 1. Bundesliga auf. Von 1968 bis 1971 kamen für Hertha BSC weitere 88 Bundesligaspiele dazu, mittlerweile war er in die Abwehr versetzt worden. Später wurde Wild im Zuge des Bundesliga-Skandals um gekaufte und verschobene Spiele gesperrt. Er weigerte sich jedoch trotz erdrückender Tonbandbeweise, ein Geständnis abzulegen oder die Namen anderer Involvierter preiszugeben: »Sie müssen das verstehen. Es genügt doch, wenn ich nie mehr Fußball spielen darf. Ich kann doch nicht auch noch alle Kameraden hineinreißen.«[352] Die Folge war eine Sperre von 1971 bis 1975. 1973 wurde Wild begnadigt, seine Profikarriere war damit aber natürlich beendet.

In den 1990er-Jahren ließ sich Wild als Vizepräsident in den Vorstand des 1. FC Nürnberg wählen, trat dann aber nach Unstimmigkeiten mit Präsident Michael A. Roth wieder ab. »Der Grund dafür, dass ich nach einigen Jahren aufgehört habe, war ja der, dass ich mich mit Roth überworfen hatte«[353], erinnerte sich Wild später. »Alles, was ihm vorgeschlagen wurde, von der Jugendarbeit bis zur Spielersichtung, wurde von ihm nicht umgesetzt.« Heute zählt Wild zum Inventar des Stammtischs der alten Clubberer – was Max Merkel sicher nicht gewundert hätte.

GRUND 87

Weil Nandl Wenauer nicht zu Real Madrid ging

Schon in der Jugend erarbeitete sich Ferdinand »Nandl« Wenauer einen besonderen Ruf als Stopper in der Abwehr. Er war bekannt und gefürchtet für seine harte Zweikampfführung und wurde oft ermahnt – und das, obwohl er beim Straßenfußball nicht einmal Schuhe trug. »Das glaubt einem heute gar keiner mehr, aber es war tatsächlich so, dass ich von April bis November barfuß herumstolzierte«[354], erzählte er später.

Als aktiver Fußballer – mit Schuhen – galt er dann aufgrund seiner Statur und seiner guten Übersicht als einer der besten Stopper seiner Zeit. Meist stoppte er den Ball bereits kurz hinter der Mittellinie und leitete den Gegenangriff ein. Er war ein Führungsspieler in der Defensive und verstand es vortrefflich, das Zusammenspiel einer Hintermannschaft zu organisieren. Mittlerweile hatte er auch gelernt, dabei meist fair zu bleiben – indem er den Ball nach Möglichkeit vor dem Gegner berührte. Im letzten Spiel des Jahres 1961 zeigte er mit 21 Jahren eine überragende Leistung, als der Club mit einem 3:0 gegen Borussia Dortmund die Deutsche Meisterschaft gewann. »Bei Wenauer ist Endstation für die Dortmunder!«[355], erkannte auch Bundestrainer Sepp Herberger. Beim anschließenden Festbankett erfuhr Wenauer überdies von der Geburt seines Sohnes Ferdinand junior. Da hielt er sich nicht lange mit dem Umstand auf, dass er sich während des Spiels das Nasenbein gebrochen hatte.

Es war gar nicht so einfach gewesen, Wenauer zum Club zu lotsen. Denn dessen Vater, ein Kriminalbeamter, war beim Arbeitersportverein ASV Nürnberg-Süd Jugendleiter. Doch es klappte mit einigen Tricks. Eine wichtige Rolle soll neben der sportlichen Perspektive eine halbe Flasche Cognac gespielt haben, die Club-Nachwuchsleiter Andreas Weiß mit Herrn Wenauer senior leerte. Und der Wechsel lohnte sich: Wenauer spielte von 1958 bis 1963 141-mal in der Oberliga Süd für den Club, von 1963 bis 1969 brachte er es auf 168 Bundesligaspiele, zwischen 1969 und 1972 auf 94 Regionalligapartien. Insgesamt trug er 706-mal das Club-Trikot. Nach 1961 wurde er auch 1968 noch einmal Deutscher Meister, 1962 holte der 1. FCN den DFB-Pokal. Wenauer hielt dem 1. FCN stets die Treue – sogar, als ihm Real Madrid das Angebot machte, Nachfolger des großen uruguayischen Stoppers José Santamaría zu werden. »Ich hatte einfach nicht den Mut und den nötigen Biss!«, sagte Wenauer später. »Und als Nürnberger hängt man eben am Club.«[356]

Insgesamt kam er auch nur auf vier Länderspiele zwischen 1960 und 1962. »Meine größte Enttäuschung in meiner Nationallaufbahn erlebte ich 1962«, erzählte er. »Obwohl ich bereits für die Weltmeisterschaft in Chile eingekleidet war, wurde ich wegen eines einzigen schlechten Spiels von Sepp Herberger wieder ausgeladen.«[357] Seinen besten Trainer fand Wenauer dann beim Club in Max Merkel im Meisterjahr: »Von ihm ging eine sagenhafte Begeisterung aus, nicht nur im Spiel, auch im Training. Wir konnten oft gar nicht fassen, dass schon Schluss war.«[358]

In der anschließenden Abstiegssaison 1968/69 kündigte die Vereinsführung Wenauer fünf Wochen vor Saisonende den Vertrag, was ihn sehr verärgerte. Ein Angebot eines Schweizer Erstligisten mit einem Handgeld von 60.000 Mark lehnte er dennoch ab. Wenauer spielte noch drei Jahre für den 1. FCN in der Regionalliga. Als die Mannschaft in der Saison 1970/71 nicht aufstieg, obwohl sie 27-mal hintereinander ungeschlagen geblieben war, machten böse Gerüchte die Runde. »Der Mannschaft und besonders uns älteren

Spielern wurde unterstellt, die Erfolge sabotiert und den Wiederaufstieg absichtlich verhindert zu haben, weil wir in der Bundesliga keine Chance mehr gehabt hätten, als Spieler eingesetzt zu werden«, erzählte Wenauer. »Diese Behauptungen sind natürlich mehr als gehässig und gehen an den Tatsachen vorbei. Zum einen hatte der 1. FC Nürnberg eine Aufstiegsprämie in Höhe von einer viertel Million Mark für Trainer und Spieler ausgesetzt, zum anderen waren die Verträge sämtlicher Spieler prolongiert worden.«[359] Dass auch er selbst teilweise übel beschimpft wurde, tat ihm weh: »Mein Pech war vielleicht, dass ich 12 Jahre in Nürnberg blieb. Die Zuschauer hatten sich sattgesehen.«[360]

Am Ende bilanzierte Wenauer: »Obwohl mir nie der große Durchbruch zum Kreis der Nationalmannschaft glückte, bin ich mit meiner Karriere als Fußballspieler vollauf zufrieden. Es war eine unwiederbringlich herrliche Zeit mit Auslandsreisen, internationalen Auftritten und heiteren Episoden. Leider aber auch erlebte ich den tiefen Sturz des 1. FC Nürnberg mit. Das waren die betrüblichsten Stunden meiner Karriere.«[361] Nachdem Wenauer die Laufbahn beendet hatte, betrieb er ein Schreibwarengeschäft und trainierte verschiedene mittelfränkische Amateurvereine. Mit dem TSV Katzwang stieg er 1992 in die Landesliga auf. Im Alter von nur 53 Jahren starb er im gleichen Jahr völlig überraschend an Herzversagen.

GRUND 88

Weil Horst Leupold seine Sonntagsschuhe ruinierte

Es war an seinem zehnten Geburtstag, als sich Horst Leupold auf zum Trainingsgelände des 1. FC Nürnberg machte, um sich anzumelden. Seine Eltern wussten nichts davon, sie hatten ihn eigentlich zum Einkaufen geschickt. Über Nürnberg lag tiefer Schnee, Leupold nahm gleich am Training teil, die guten Sonntagsschuhe waren ruiniert, und zum Einstand in der siebten Schülermannschaft erlebte der Junge aus der Südstadt ein 0:20 gegen Zabo-Eintracht. Sauer waren die Eltern aber nicht, im Gegenteil: Zum Trost kaufte ihm der Vater die ersten Fußballschuhe.

Es war ein guter Entschluss. In der Saison 1962/63 spielte sich Leupold als Abwehrspieler in den Stamm der Oberligamannschaft. Er stand in der Endrunde der acht besten Mannschaften um die deutsche Meisterschaft und erreichte mit dem Club das Halbfinale des Europapokals der Pokalsieger. In den folgenden Jahren war er als Rechtsverteidiger fester Bestandteil der ersten Mannschaft in der Bundesliga. Als offensiv ausgerichteter Außenverteidiger und Flankengeber war er ein moderner Fußballertyp, dessen Spielweise auch heute noch gefragt wäre.

Die Saison 1967/68 endete mit dem Meistertitel für den Verein, dem größten Erfolg in Leupolds Karriere. Doch ein Jahr nach der Meisterfeier stieg der 1. FC Nürnberg nach einem 0:3 in Köln ab; das Schwarz-Weiß-Foto des tränenüberströmten Leupold wurde zu einem Dokument der Fußballhistorie. »Es war eine große Sache, Meister zu werden und nur ein Jahr später steht man am Abgrund«, erinnerte sich Leupold später seiner Tränen. »Wir hatten bis zum letzten Spiel noch Hoffnung, danach brach eine Welt für mich zusammen. Wenn man so sehr mit dem Verein verwachsen ist, tut das unglaublich weh.«[362]

Der Niedergang sei »ein schleichender Prozess« gewesen, wie Leupold Jahrzehnte später rückblickend feststellte: »Trainer Max Merkel war eine dominante Persönlichkeit, um es mal vorsichtig auszudrücken. Im Vorjahr haben wir unglaublich gut gespielt und sind souverän Meister geworden. Aber Merkel hat die Meisterschaft für sich beansprucht. In seiner Auffassung war er allein Meister geworden, nicht wir gemeinsam.«[363] Die mangelnde Wertschätzung der Meisterspieler kam vor allem dadurch zum Ausdruck, dass Merkel sie fast alle austauschen zu müssen glaubte. »Teilweise standen aus der Meistermannschaft nur noch drei Spieler auf dem Platz, der Rest war aufgefüllt mit Merkels sogenannten Verstärkungen«, erinnerte sich Leupold. Als Merkel in der Rückrunde schließlich entlassen wurde, machte der Club dessen Assistenten Robert Körner zum Chef. »Ein großer Fehler«, fand Leupold, »denn Körner war Merkel noch sehr verbunden und hat auch nach dessen Entlassung jede Entscheidung mit ihm abgesprochen. Der Erfolg blieb natürlich aus. Körner musste auch gehen und es kam Kuno Klötzer. Den Schnitt hätte man gleich machen müssen.«[364]

Nach einem Regionalliga-Jahr im Club-Trikot fiel Leupold nach dem verpassten Wiederaufstieg dem Neuaufbau einer jungen Mannschaft zum Opfer. Er verließ 1972 nach über 400 Einsätzen den 1. FCN, blieb aber immer seiner mittelfränkischen Heimat treu. Bis Mitte der 1970er-Jahre spielte er für den Drittligisten ASV Herzogenaurach. Danach war er als Trainer beim 1. SC Feucht und beim TSV Röthenbach tätig. Beim 1. FCN blieb er stets präsent, etwa im Vereinsbeirat und als Stammgast der Heimspiele. Im Herbst 2011 kandidierte er sogar für den Aufsichtsrat des 1. FC Nürnberg – weil man ihn dazu gedrängt hatte. Gewählt wurde er aber nicht. Zu Recht, wie Leupold den *Nürnberger Nachrichten* hinterher sagte: Sein Auftritt sei nicht gut gewesen. Das verbale Imponiergehabe und der sehr ehrgeizig geführte Wahlkampf hatten ihn überrascht. Er habe da nicht mithalten können, meinte er, und der Journalist Hans Böller, der Leupold gut kennt, folgerte: »Man darf sicher sein, dass er das auch gar nicht wollte.«[365]

7. KAPITEL

VON FÜNFTEN UND FÜRTHERN

DIE FRÄNKISCHE RIVALITÄT

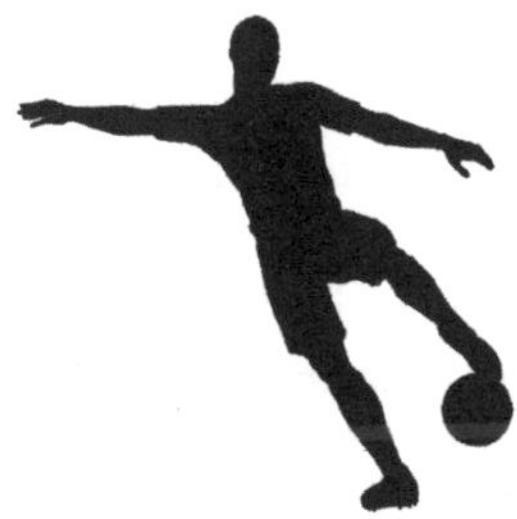

GRUND 89

Weil Wirt in Fürth wird, wer nix wird

»Lieber Fünfter als Fürther«, sagt man in Nürnberg, oder auch mal gern: »Wer nix wird, wird Wirt in Fürth.« Für Außenstehende mag es lächerlich arrogant klingen, dass sich die Einwohner der mit rund 500.000 Einwohnern deutlich größeren Stadt über den mit etwas über 100.000 Einwohnern deutlich kleineren Nachbarn lustig machen; und wenn die Fürther Fürth besser finden als Nürnberg, wird das auf Unbeteiligte erst recht etwas befremdlich wirken.

Um der Rivalität auf den Grund zu gehen, muss man in der Historie weit zurückblicken. Während die Entstehung von Fürth bereits im 7. oder 8. Jahrhundert vermutet wird, Fürth in jedem Falle älter ist, entstand Nürnberg erst nach dem Jahre 1000. Die strategische Lage der neuen Nachbarstadt war allerdings deutlich besser; Fürth war für die Reichspolitik plötzlich nicht mehr allzu bedeutsam. Heinrich II. verschenkte Fürth an den Domprobst von Bamberg. Damit diente es nur noch der Versorgung der Bamberger Domherren und war zur Provinzialität verurteilt. Zudem übertrug Heinrich III. das Marktrecht von Fürth auf Nürnberg; und obwohl ab 1062 auch in Fürth wieder Markt abgehalten werden durfte, war Nürnberg bereits wenige Jahre nach seiner Gründung von größerer Bedeutung. Dumm gelaufen für die Fürther, die wohl zum ersten Mal so richtig sauer waren.

Im Fußball verlief es ähnlich: Fürth war schneller dran, verlor seinen Status jedoch umgehend. Die SpVgg war, das muss man zugeben, zuerst Deutscher Meister. Das war 1914. Doch der Club legte 1920, 1921, 1924 und 1925 nach. Danach wechselte man sich noch ein wenig ab. Die deutsche Fußballgeschichte fand in diesen Jahren fast nur in Franken statt, und da lag es nahe, dass sich eine Rivalität herausbildete und keine Solidarisierung.

Auch heute noch hält sich die Rivalität hartnäckig. Als eine Nürnberger Lokalzeitung die Verwahrlosung der Fußgängerzone im Bereich des Bahnhofs anschaulich belegen wollte, zitierte sie einen Passanten mit den Worten: »Hier sieht's ja aus wie in Fürth.« Und als in der Saison 2012/13 der Club souverän in der Bundesliga blieb und Fürth sang- und klanglos abstieg, führte ein 0:1 der Nürnberger im Derby kurz vor Saisonende doch dazu, dass es aus Sicht der Fürther eine tolle Spielzeit war und für die Club-Fans – zumindest in der Wahrnehmung einiger Wochen – eine verkorkste.

Um eine Katastrophe sind beide Städte übrigens nur knapp herumgekommen. Beinahe hätte sich Fürth 1922 Nürnberg angeschlossen: Der Fürther Stadtrat stimmte für eine Eingemeindung. Man meinte, wenn sich beide Städte zusammentäten, könne man die wirtschaftlichen Probleme nach dem Ersten Weltkrieg besser lösen. Dem damaligen Fürther Stadtpfarrer Paul Fronmüller ist es zu verdanken, dass es nicht so kam; er war Gründer und Vorsitzender des Vereins »Treu Fürth«. Er nutzte die neu eingeführte Demokratie der Weimarer Republik und initiierte eine Volksabstimmung. 65 Prozent der Fürther sprachen sich bei der Abstimmung am 22. Januar 1922 gegen eine Eingemeindung aus. Der Fürther Ehrenbürger Alfred Nathan schrieb: »Das ist ein hell in Ewigkeit strahlender Ehrentag für unsere Heimat, für mich selbst ein Glückstag.«[366] Und was es erst für ein Glückstag für Nürnberg war!

GRUND 90

Weil die Nürnberger nicht mit den Fürthern reisten

1924 bestand die deutsche Nationalmannschaft ausschließlich aus Fürther und Nürnberger Fußballern. Diese wollten selbstredend nicht miteinander spielen, zumal sie sich einige Tage zuvor ein Spiel um die süddeutsche Meisterschaft (0:0) geliefert hatten, das die *Nürnberger Zeitung* so kommentierte: »Ringkampf, Boxkampf, Schlägerei, ja Rauferei möchte man nennen, was die beiden Mannschaften vorgeführt haben.«[367] Sie wurden nun aber vom Deutschen Fußball-Bund zum Wohle des Vaterlands gezwungen, gemeinsam zu einer Partie nach Holland zu fahren. Im selben Zug, aber in getrennten Waggons reisten sie nach Amsterdam. »Wir trafen uns in Nürnberg und sahen, dass die Fürther in einem der hinteren Waggons des D-Zugs einstiegen«[368], erzählte Club-Torwart Heiner Stuhlfauth später. »Als wir das gesehen haben, sind wir in einem der vorderen Waggons eingestiegen.« Bei einem Zwischenstopp in Düsseldorf stiegen die Nürnberger aus, von den Fürthern war keine Spur. Der Betreuer der Nationalmannschaft, Paul »Papa« Blaschke, runzelte die Stirn: »Wo sind denn die Fürther?« Dann stellte er fest, dass sie in einem anderen Waggon waren. »Was ist denn los mit euch«, rief Blaschke, »ihr müsst doch Freunde sein! Ihr habt doch morgen ein Spiel gegen Holland!«[369]

Die Parteien mieden sich im Hotel – und auch in der Kabine. Die fünf Nürnberger Stuhlfauth, Kugler, Kalb, Schmidt und Träg zogen sich in einer Ecke um, auf der anderen Seite die sechs Fürther Müller, Hagen, Auer, Franz, Seiderer und Ascherl. Demonstrativ schwiegen sie sich an. Blaschke ermahnte Stuhlfauth nochmals: »Ihr müsst euch einig werden. Das macht sich im Spiel bemerkbar, wenn ihr streitet!«[370]

Nun, es machte sich zumindest im Resultat nicht bemerkbar. Den 1:0-Siegtreffer erzielte – auf Vorlage des Nürnbergers Träg – der Fürther Stürmer Ascherl. Dann wurde es allerdings wieder kurios: Während die Fürther jubelten, wandten sich die Club-Spieler ab. Auch nach dem Sieg sprachen die verfeindeten Mannschaftskameraden kein Wort miteinander. Das so konsequent durchzuhalten, ist auch eine Frage der (fränkischen) Mentalität; generelle Wortkargheit hilft da sicherlich.

GRUND 91

Weil Hans Sutor eine Nürnbergerin heiratete

Was die Rivalität zwischen Nürnberg und Fürth anging, kannte man zu Beginn der 1920er-Jahre auch in Liebesdingen keinen Spaß: In Fürth hatte der Verein »Treu Fürth« den Nürnberg-freundlichen Stadtrat gestürzt, mehr als die Hälfte der Stadtratssitze hatte die neu gegründete Partei »Fürther Selbständigkeit« inne. Als der Fürther Linksaußen Hans Sutor 1920 eine Nürnbergerin heiratete, wurde er bei der SpVgg aus dem Verein gedrängt und schloss sich dem Club an. (Dass Sutor in Nürnberg geboren war, hatte bei der SpVgg zuvor hingegen niemanden gestört.)

Das lohnte sich für den Club, der zur besten deutschen Mannschaft des Jahrzehnts avancierte. In höchsten Tönen lobte der *kicker* das Spiel des linken Außenstürmers. Ein Journalist schrieb vom »elegantesten Linksaußen, den der Club jemals besessen hat«.[371] Ein anderer lobte Sutors »formschönes Außenballett«[372]. Mit Tempo und Dribbelkunst setzte sich Sutor regelmäßig auf der Außenbahn durch und brachte seine Flanken präzise in die Mitte. Auch sein trockener und platzierter Schuss war gefürchtet. Sutors ausgereifte Technik und der Erfolg mit dem Club ließ Sportjournalisten aufhorchen: Sutor wurde 1922 in die Weltelf gewählt. Da hatten die Fürther mal wieder Pech gehabt.

GRUND 92

Weil im Poppenreuther Wäldchen die Gefahr lauerte

Über Poppenreuth gibt es nicht viel Gutes zu sagen. Der größte Nachteil dieser Ortschaft ist zunächst, dass sie ein Stadtteil von Fürth ist. Obwohl die heute evangelische Pfarrkirche St. Peter und Paul bis ins 13. Jahrhundert Mutterkirche von St. Sebald in Nürnberg war, ließen sich die Poppenreuther im Jahr 1900 von der Nachbarstadt vereinnahmen. Schlimmer noch: Sie hatten diesen Zusammenschluss zielstrebig vorangetrieben, denn die Gemeinde war fast pleite; selbst ein sogenannter »Bieraufschlag« half kaum. Die Stadt Fürth hatte kein Interesse an ganz Poppenreuth, sondern nur an dem Gebiet von der Stadtgrenze bis zum Kanalhafen. Die Poppenreuther bewiesen allerdings listiges Verhandlungsgeschick: 30.000 Mark forderten sie für den begehrten Landstreifen, fügten aber großzügig hinzu, dass die »Einverleibung der Gesamtgemeinde«[373] kostenlos gewährt werde.

In Poppenreuth befindet sich heute das schwedische Möbelhaus, das seine Kundschaft mit irrgartenartiger Wegeführung, fehlenden Schrauben und seltsamen Fleischklößchen systematisch in den Wahnsinn treibt. Zu allem Überfluss führt die Ausfahrt Poppenreuth vom Frankenschnellweg (A 73) auch noch direkt zum Stadion der Unaussprechlichen. Früher hingegen muss es recht schön gewesen sein in Poppenreuth. Das Schönste war ohne Zweifel das »Poppenreitha Wäldla«, das hochdeutsch »Poppenreuther Wäldchen« heißt, was aber keine Rolle spielt, weil Menschen, die hochdeutsch sprechen, es normalerweise gar nicht kennen. Es existiert ja schon lange nicht mehr. In den 1920er-Jahren, als die Anhänger des 1. FC Nürnberg zum Derby noch größtenteils zu Fuß nach Fürth anreisten, bot es eine schöne, schattige Abwechslung auf dem Weg.

Allerdings barg das Wäldla auch Gefahren – oft lagen zwischen den Bäumen nämlich rauflustige Fürther auf der Lauer. Ein gängiger Spruch der SpVgg-Schlachtenbummler in den Zwanzigern nach Auswärtsniederlagen im Zabo lautete: »Däd na waddn, wenn eiari Clubbara in Färdd schbilln, dann bass'mer eich im Bobbenreitha Wäldla ab.«[374] (»Wartet nur, wenn eure Clubberer in Fürth spielen, passen wir euch im Poppenreuther Wäldchen ab.«) Allerdings reisten die Nürnberger ja meist in großen Gruppen an und wussten sich schon zur Wehr zu setzen.

GRUND 93

Weil Bumbes Schmidt das Herz blutete

Es war der 1. Oktober 1956, und es war ein schlimmer Tag in der Historie des 1. FC Nürnberg: Der Club verlor zu Hause gegen die SpVgg Fürth sage und schreibe mit 2:7. Das Spiel hatte ja noch ganz gut begonnen, mit einem Lattentreffer von Heiner Müller, doch im Gegenzug trafen die Fürther, und was dann passierte, umschrieb das *Sportmagazin* so: »Fürths quirliger Sturm hetzte die Club-Abwehr zu Tode.«[375]

Trainer Hans »Bumbes« (seltener: »Bumbas«) Schmidt war völlig außer sich. »Das Herz hat mir geblutet, wie die gespielt haben«, tobte er, »ausgerechnet die Blödel aus Fürth gewinnen das!« Das Bemerkenswerte daran war, dass es sich bei Bumbes Schmidt um den Trainer der Fürther handelte. Er hatte – als gebürtiger Fürther! – viele Jahre als Spieler (297 Einsätze) und als Trainer beim Club verbracht und war mittlerweile für die SpVgg tätig.

Da hatten die Fürther schon mal was erreicht, und dann mussten sie sich noch von ihrem Übungsleiter beschimpfen lassen. So war es am Ende doch irgendwie ein großer Tag für den Club. Nach »Bumbes« Schmidt ist heute Block 40 im Frankenstadion benannt.

8. KAPITEL

TEPPICHE UND KOSMETIKA

DIE PRÄSIDENTEN UND FUNKTIONÄRE

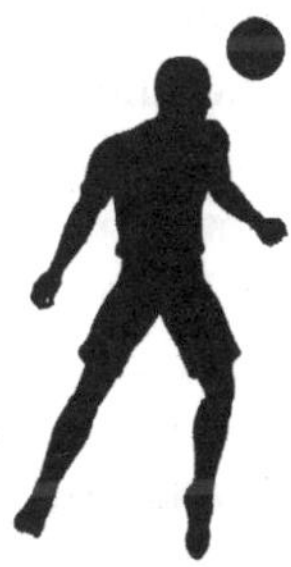

GRUND 94

Weil Hans Hofmann den Fußball und das Schreiben liebte

Hans Hofmann zählte zu den Gründungsvätern des 1. FC Nürnberg. Als rechter Außenläufer gehörte er zu der Mannschaft, die am 29. September 1901 das erste offizielle Spiel des erst im Juli zuvor vom Rugby zum Association Football, dem Spiel nach den Regeln des englischen Fußballverbandes, übergegangenen 1. FC Nürnberg beim 1. FC Bamberg bestritt. Die Nürnberger, die teilweise mit dem Fahrrad angereist waren, weil sie sich die Bahnfahrt nicht leisten konnten, staunten über das Auftreten der Bamberger: »Alle wie aus dem Ei gepellt, im schmucken Dress, Sportjacken und dito Mützen«[376], schrieb Hofmann auf. Im Spiel zeigte sich aber, dass es auf das Äußere nicht ankam: Die Nürnberger kämpften mit vollem Einsatz und gewannen 2:0. Wie Hofmann zugab, fehlte fast allen Spielern das Können am Ball. Bald aber merkte man, schrieb er, »dass die Technik, namentlich die Balltechnik, nur dem biegsamen Körper ganz junger Spieler entsprießen könne, und mit der Aufnahme dieses Gedankens wurde der erste Schritt zum Ausleseprinzip getan. Der Fortschritt zeigte bereits seine Früchte, als wir zur Tat übergingen und als Mitbewerber in Gestalt anderer Fußballvereine in Nürnberg auf dem Plan erschienen. Mit unseren alten Spielern wären wir wahrscheinlich sang- und klanglos untergegangen, aber mit unserem Grundsatz ›Dem Tüchtigen freie Bahn‹ brachten wir die jungen Nacheiferer, damals die Gymnasiasten, in die wankenden Reihen unserer steifbeinigen Gründungsspieler und damit bekam unser Spiel Farbe und Leben.«[377]

Wie man an diesem Auszug merkt, hatte Hofmann im Schreiben mindestens so viel Talent wie beim Fußballspielen. Dies kam dem Club in den folgenden Jahrzehnten zugute, weil er sich als Vereinschronist betätigte und viele Episoden nur dank Hofmann überliefert sind. Sie finden sich heute im Vereinsarchiv und auch im Internet auf der liebevoll zusammengetragenen Seite www.glubberer.de, einer unerschöpflichen Fundgrube von Geschichten rund um Persönlichkeiten des 1. FC Nürnberg.

Doch nicht nur als Autor machte sich Hofmann um den Club verdient. In den Goldenen Zwanzigern war er als Spielausschussvorsitzender tätig, und nach dem Zweiten Weltkrieg ermöglichte der Oberpostinspektor als Vorsitzender der Jahre 1945 bis 1948 den Neubeginn. Die Tribüne im Zabo war abgebrannt, der Rasen von Bombentrichtern übersät, den 1. FCN drückte eine halbe Million Mark Schulden, und die Alliierten hatten das Club-Heim beschlagnahmt.

Es war eine schwere Aufgabe, die nur jemand zu übernehmen bereit war, der wahrlich »ein Leben für den Club« führte. Hofmann sei »mit Tausend Fäden seines Ichs an seinen Club gebunden«, hatte es schon in der Festschrift zum 25-jährigen Vereinsjubiläum gestanden, was er selbst nicht besser hätte formulieren können. Auch das Club-Logo und die früher übliche rot-weiß gestreifte Vereinsfahne sollen auf Ideen von Hofmann zurückgehen.[378]

GRUND 95

Weil Diego Maradona Klaus Härtle noch 1.500 Mark schuldet

Im November 1990 besuchte Diego Maradona, der damals für den SSC Neapel spielte, den 1. FC Nürnberg; er war vom damaligen Club-Trainer Arie Haan eingeladen worden. Gerade hatte der Club 1:4 gegen Hertha BSC verloren und stand auf einem Abstiegsplatz. Haan wollte mit dem prominenten Überraschungsbesuch offenbar den langsam genervten FCN-Präsident Gerd Schmelzer milde stimmen. Dann war Maradona tatsächlich in Franken, doch zu einem Treffen mit Schmelzer kam es gar nicht. Der Präsident war nun nicht mehr nur irritiert, sondern auch irgendwie sauer. »Ich glaube, wir sollten uns alle zur Zeit um andere Probleme kümmern. Mehr möchte ich dazu nicht sagen«[379], erklärte er damals der *Abendzeitung*.

Stattdessen deckte sich Maradona mit Autos ein. Der frühere Club-Busfahrer Klaus Härtle brachte den Superstar samt Clan zu einer BMW-Niederlassung; dort erstand Maradona einen 850er und »im Vorbeigehen noch einen lindgrünen Z3«, wie sich Härtle erinnerte. Den Z3 überführte Härtle in Maradonas Auftrag nach Neapel – nach einem unfreiwilligen Stopp an der österreichischen Grenze, denn die Papiere waren nicht vollständig und das rote Kennzeichen fehlte auch. Die Transportkosten beliefen sich auf 1.500 Mark – und Härtle blieb auf ihnen sitzen. »Ich habe bis heute von Maradona kein Geld gesehen«[380], erzählte er 20 Jahre später der *Abendzeitung*, die sich an die Geschichte erinnerte. Dafür erhielt der Busfahrer ein von Diego signiertes Trikot – und in Neapel nach der Ankunft eine zweistündige Privataudienz in Maradonas Haus bei dessen damaliger Ehefrau Claudia und Töchterchen Janina. Ist ja auch was.

GRUND 96

Weil Gerd Schmelzer seine Glatze so oft in die Kamera hielt

Ohne Übertreibung lässt sich behaupten, dass Gerd Schmelzer das Stadtbild von Nürnberg mitgeprägt hat. Mit seiner »Alpha Gruppe« spezialisierte sich der Unternehmer seit den 1970er-Jahren auf die Neubebauung von Brachflächen und die Rettung von Problemimmobilien in Nürnberg und der Region. Aus einer Konservenfabrik, in deren Keller er stinkende Gurken und einen faulen Untergrund vorfand, machte er zu Beginn den bekannten Nürnberger Felsenkeller. Danach gestaltete er unter anderem Areale von MAN,

Grundig und Quelle neu. Den 1. FC Nürnberg baute er in seiner Amtszeit auch ganz neu auf und verpasste ihm eine ansehnliche, international beachtete Fassade – um ihn dann allerdings auf dem direkten Weg zum Sanierungsfall zu hinterlassen.

Bereits Ende der 1970er-Jahre stieg Schmelzer ins Sportmanagement ein; er arbeitete beim damals zweitklassigen Handballverein Turn- und Sportverein 1888 Nürnberg. Unter seiner Führung gelang dem TuSpo 1981 der Aufstieg in die Bundesliga. Zwei Jahre später gab Schmelzer dieses Amt auf, um als Nachfolger von Michael A. Roth der Chef beim Club zu werden – mit 32 Jahren, als jüngster Bundesligapräsident aller Zeiten. Ganz offen gab er als einen Grund für sein Engagement »Eitelkeit« an: »Wer so eine Sache eingeht, muss auch ein gewisses Darstellungsbedürfnis haben.«[381] Eine kuriose Figur bescherte Nürnberg dem deutschen Fußball auf jeden Fall mal wieder.

Das Positive zuerst: In seiner Amtszeit etablierte sich der FCN nach dem Aufstieg 1985 dauerhaft in der Bundesliga und kam 1988 sogar in den UEFA-Cup. Zu alldem hatte Schmelzer beigetragen, indem er die Spielerrevolte gegen den Trainer Heinz Höher unterband und dessen Konzept mit jungen Spielern stützte. Die sogenannte »goldene Generation« mit Spielern wie Hansi Dorfner, Roland Grahammer oder Stefan Reuter war geboren.

Der folgende Niedergang ist allerdings ebenso mit Schmelzers Wirken verbunden: Die jungen Stars wurden verkauft; sicherlich lockte sie die große Fußballwelt, aber angesichts der finanziellen Situation durfte man sie auch als Notverkäufe werten. Diese Spieler zu ersetzen gelang natürlich nicht. Trainer Hermann Gerland litt unter Schmelzers gleichbleibend hohen Erwartungen – der Klassenerhalt 1988/89 wurde ihm nicht als Verdienst ausgelegt. Gerland wies in der ihm eigenen Art darauf hin, Schmelzer solle »seine Glatze nicht so oft in die Kameras halten«[382]. Im Frühjahr 1990 wurde dem Übungsleiter gekündigt, als er schon einen Großteil der notwendigen Punkte für den erneuten Ligaverbleib gesammelt hatte.

Als Nachfolger präsentierte Schmelzer einen sogenannten Mann von Welt, den Holländer Arie Haan. »Nur Erfolgsmenschen können Erfolge vermitteln«[383], meinte Schmelzer. Doch abermals rutschte das Team in den Abstiegskampf. Als Schmelzer im Januar 1991 Haan entlassen wollte und die Gründe dafür bereits in der SPORT BILD bekannt gegeben hatte, legten seine bis dahin treuen Präsidiumskollegen Sven Oberhof und Ingo Böbel ihr Veto ein. Schmelzer trat zurück, der Schuldenberg betrug rund 15 Millionen Mark. Eines der chaotischsten Kapitel der Club-Historie hatte da schon längst begonnen.

GRUND 97

Weil Professor Dr. Dr. Ingo Böbel eine schöne Gaunergeschichte hinterließ

Zur Historie des Clubs gehören natürlich auch wunderbare Skandale, die andere, langweilige Fußballvereine nie hinbekommen hätten. Und die vielleicht schönste Gaunergeschichte lieferte Anfang der 1990er-Jahre ein Wirtschaftswissenschaftler namens Professor Dr. Dr. Ingo Böbel ab. Allein diesen Namen samt Titeln hätte sich ein Autor der Kinderkrimiserie *TKKG* nicht besser ausdenken können, und man muss ganz sicher davon ausgehen, dass selbst Tarzan, Klößchen, Karl und Gaby Böbel geschnappt hätten.

Es wäre um ein Haar eine bittere Geschichte geworden, weil sie den Verein fast die Existenz gekostet hätte, aber heute kann man über diese treffliche Paarung aus krimineller Energie und haarsträubender Dummheit schon mal schmunzeln. Unter Böbels Ägide hatte der Verein in exzessivem Maße schwarze Kassen geführt; später wurde das auf der offiziellen Vereinshomepage in der Rubrik »Historie« protokolliert: Demnach wurden »Gelder an der Buchführung vorbei abgezweigt und aufwendige Spesen wie private

Flugreisen nach Monte Carlo oder Venedig bezahlt«[384]. Mit dem Schwarzgeld konnte Böbel aber auch sogenannte »Extrahonorare« für Stars wie den argentinischen Dribbler Sergio Zárate zahlen. Zudem wollte der 1. FCN die Gunst von Schiedsrichtern gewinnen, indem er ihnen moderne Fitnessgeräte, Sportartikel und Kosmetika schenkte. Über all diese Aufwendungen war auf der Geschäftsstelle akribisch Buch geführt worden.

Als Böbel zurückgetreten war, hatte er einen Schuldenberg von 22 Millionen Mark hinterlassen. Der 1. FCN sollte noch jahrelang gegen den Konkurs ankämpfen. Während des Böbel-Verfahrens verhängte die Nürnberger Justiz insgesamt gegen 22 Personen strafrechtliche Sanktionen, darunter auch gegen die ehemaligen Präsidenten Schmelzer, Oberhof und Haas. Böbels Verteidiger legten im Prozess Wert auf die Feststellung, dass Vorstände und Sponsoren Mittäter gewesen seien: »Man muss zugunsten des Angeklagten berücksichtigen, dass man in schlechte Gesellschaft kommen kann.«[385]

GRUND 98

Weil J. R. Ewing aus Lauf an der Pegnitz kam

Als Gerhard Voack im Jahr 2011 bei einer Veranstaltung unter dem Motto »Allmächd, der Club! – Der 1. FCN und seine großen Pleiten, Pechsträhnen und Skandale« zu Gast war, bilanzierte er seine Amtszeit folgendermaßen: Er hätte gar nicht als Präsident antreten sollen. Das durfte man so unterschreiben. Seine Ära von 1992 bis 1994 hatte unter demselben Motto gestanden wie jene Veranstaltung. Hauptsächlich gab Voack die Schuld seinen Vorgängern, Gerd Schmelzer und Schatzmeister Ingo Böbel. Von den schwarzen Kassen etwa habe er erst 30 Minuten vor seiner Wahl erfahren, bei der Autofahrt zur Mitgliederversammlung.

Was nichts daran änderte, dass Voack später auch wegen Steuerhinterziehung verurteilt wurde und sein Name auch sonst hauptsächlich mit Ärger in Verbindung gebracht wird: Der fragwürdige Transfer des beliebten Stürmers Dieter Eckstein nach Schalke und die vorzeitige Entlassung des ebenso beliebten Trainers Willi Entenmann nach einem Sieg gegen Bayern München erzürnten die Fans. Danach erhielt Voack Morddrohungen, zudem führte ein Bombenalarm zur Räumung seines Privathauses. Daraufhin gab der Präsident am 1. Februar 1994 seinen Rücktritt bekannt. Einige Beobachter waren allerdings der Meinung, Voack sei nicht unbedingt aus Sorge um sein Leben zurückgetreten, sondern eher aus Angst vor der Veröffentlichung der Bilanz: Er hinterließ etwa 20 Millionen Mark Schulden.

Voack war nach eigenen Worten beim Club angetreten, um den »Schweinestall auszumisten«[386] – zurückblickend muss man zumindest feststellen, dass er dies nicht schaffte. Den geschäftsführenden Teilhaber an einer Baumarktkette schreckten die wirtschaftlichen Rahmendaten bei der Übernahme offenbar überhaupt nicht ab, er hatte Großes vor – doch das war bloß ein erneuter Beweis für die »unnachahmliche Selbstüberschätzung«, die ihm die *Nürnberger Zeitung* attestierte. In seiner Heimatstadt Lauf an der Pegnitz firmierte Voack, der gern mehr sein wollte als ein gewöhnlicher Geschäftsmann, in Anlehnung an die Fernsehserie *Dallas* unter dem Spitznamen »J. R.« – weil er nach Meinung der Einwohner seine Kontakte über das Unternehmen und als zweiter Bürgermeister stets geschickt einsetzte. Der Vergleich mit Ölmogul J. R. Ewing ist allerdings etwas übertrieben – sowohl was die Boshaftigkeit, als auch was das Geschick angeht. Und vor allem hinsichtlich der Popularität beim Publikum. Beste Unterhaltung bot Gerhard Voack, neutral betrachtet, allerdings schon – und so ging auch sein Name irgendwie in die unverwechselbare Club-Geschichte ein.

GRUND 99

Weil Michael A. Roth die Vergangenheit herausfräste

Von Michael A. Roth ist ein Satz überliefert, der seine Lebensgeschichte in Kurzform erzählt. »Überall da, wo es gut läuft«, verkündete er einmal in der Zeitung DIE WELT, »da hat nur einer das Sagen.«[387] Damit meinte er sich und sein großes Teppichunternehmen, das er als fliegender Händler aus dem Kofferraum seines Autos startete und das in den besten Zeiten um die 150 Filialen hatte – aber auch: sich und den 1. FC Nürnberg. Diesem Motto blieb Roth auch noch in diesem Jahrtausend bis zu seinem Rücktritt 2009 treu, als große Firmen und große Fußballvereine längst anders geführt wurden. Nicht umsonst wurde er »der letzte Patriarch des deutschen Fußballs« genannt. Roth betrachtete dies als Kompliment.

Nun, nicht alle meinten es als solches. Manche Anhänger des 1. FC Nürnberg störten sich an den selbstverliebten und nicht selten cholerischen Auftritten des »Trainerkillers« (unter seiner Ägide arbeiteten insgesamt 15 Übungsleiter), die dem Club bundesweit eine gewisse Peinlichkeit einbrachten. Andererseits bringen auch seine Kritiker Roth Respekt und Dank entgegen: dafür, dass er in seiner zweiten Amtszeit als Präsident ab 1994 aus dem hoch verschuldeten und gar kriminellen Sumpf, der sich noch 1. FC Nürnberg nannte, wieder einen erfolgreichen und soliden Verein machte.

1979 übernahm der gebürtige Franke, geboren in Kitzingen, aufgewachsen in Bad Windsheim, zum ersten Mal das Amt als Präsident. Am 20. Dezember 1983 trat er allerdings verärgert zurück. Die Abteilungsleiter hatten ihm die Unterstützung verweigert, als er die Fußballsektion aus dem Gesamtverein lösen wollte. Er demonstrierte aber schon damals, wie viel ihm am Club lag: Mit rund 2,5 Millionen Mark aus der eigenen Tasche senkte er die kurzfristigen Verbindlichkeiten des Vereins auf nach eigenen Angaben nur noch 380.000 Mark und sorgte damit für die Lizenzerteilung durch den DFB ohne Auflagen. Dann kamen seine Nachfolger – und hinterließen erneut einen Schuldenberg, bis Roth zum zweiten Mal antrat.

Weil er sich die Kredite, die er dem Verein zur Verfügung stellte, großzügig verzinsen ließ, sehen ihn nicht alle im Club als freigiebigen Helfer. Dennoch ist ihm die Rettung des Vereins zweifellos zu verdanken. Roth autonomisierte nun die Fußballabteilung, indem er einen Dachverein mit selbstständigen Abteilungen schuf – und ließ aus einer Ehrentafel vor der Geschäftsstelle die Namen des früheren Präsidenten Schmelzer und des verurteilten Schatzmeisters Böbel herausfräsen. »Neutralisieren«, nannte er das: »Jetzt ist der Stein wieder ein Stein.«[388] Tatsächlich gelang die Sanierung – und unter keinen Umständen hätte sie Roth wieder aufs Spiel gesetzt. Wegen zu hoher personeller und finanzieller Forderungen kam es daher zur Trennung von Trainer Felix Magath nach dem Bundesliga-Aufstieg 1998.

2003 sorgte Roth noch einmal für einen Skandal, als er nach einer Zweitliga-Niederlage gegen den VfB Lübeck verkündete: »Ja, was soll ich machen? Ich habe einen Waffenschein und eine Pistole. Das kann ich machen: einmal durchpusten durch denen ihr Hirn.«[389] Roth entschuldigte sich für die »unglückliche Wortwahl«[390], gab aber auch zu bedenken, dass man sich in Franken eben manchmal etwas derber ausdrücke. Vielleicht hatte er sich in Sachen absurde Beschimpfungen allerdings auch von der *Financial Times Deutschland* inspirieren lassen, die ein halbes Jahr zuvor anlässlich der (kurz zuvor von Roth noch bestrittenen) Entlassung des Trainers Klaus Augenthaler geschrieben hatte: »Platz zwei hinter Sahhaf auf der nach unten offenen Blödmann-Skala wird souverän von Michael A. Roth verteidigt.«[391] Mohammed Saïd el Sahhaf war Propagandachef des irakischen Diktators Saddam Hussein; da fragte man sich, ob bei derartig groß gefasstem Rahmen nicht noch andere Blödmänner zu finden gewesen wären.

Die Bezeichnung als fränkischen Napoleon ließ sich Roth hingegen gefallen. Sie spielte an auf geringe Körpergröße, umso größeren Machtwillen und einen Hang zur Selbstinszenierung. Auf einen Hügel in Rückersdorf ließ sich Roth eine Art Schloss in einen riesigen Park bauen. Und er besaß über 100 Maßanzüge und markierte akribisch, welche davon er wann schon getragen hatte. Abgesehen davon waren Roth als Unternehmer des alten Schlages exzessiver Luxus und Protz aber fremd. Und auch seine Anzüge stammten nicht von einer Nobelmarke, sondern von einem Nürnberger Schneider.

Gegen Ende seiner Amtszeit übertrug Roth immer mehr Kompetenzen auf den Sportchef Martin Bader. Früher war es etwa üblich gewesen, dass Spielervermittler beim Boss persönlich anriefen. Mittlerweile hatte Roth derartige Aufgaben delegiert, auch mit dem Argument, er habe dafür keine Zeit. Zum Abschied, mit 73 Jahren, eine Woche nach dem Bundesliga-Aufstieg 2009, bilanzierte er, es sei nun »der Zeitpunkt gekommen, wo der Verein umstrukturiert werden soll«[392]. Er machte den Weg frei für eine neue Satzung und hauptamtliche Vorstände für Finanzen und Sport. Der 1. FC Nürnberg war nun strukturell in der Gegenwart angekommen. Es lief in den kommenden Jahren gut, obwohl nun mehrere das Sagen hatten.

GRUND 100

Weil sich Franz Schäfer selbst abschaffte

Nach dem Rücktritt von Präsident Michael A. Roth im Jahr 2009 musste der Nachfolger nicht lange gesucht werden. In Vizepräsident Franz Schäfer erklärte sich ein echter Insider bereit, das Amt als Chef zu übernehmen. Seit den 1970er-Jahren hatte sich Schäfer in verschiedensten Funktionen beim Club engagiert. »Es gibt kaum einen Posten, den ich nicht bekleidet habe«, sagte Schäfer laut fcn.de.

Das stimmte: 1971 war Schäfer dritter Vorsitzender des Gesamtvereins des 1. FC Nürnberg, bevor er 1976 die Tätigkeit des ersten hauptamtlichen Managers übernahm. Bis 1979 bekleidete Schäfer dieses Amt beim Club, mit dem er 1978 als verantwortlicher Abteilungsleiter in die Bundesliga aufstieg. Von 1973 bis 1996, also 23 Jahre lang, war er außerdem Stadionsprecher. Zudem betätigte er sich von 1999 bis 2003 als Aufsichtsratsmitglied, von 2003 bis 2009 als Vizepräsident und über viele Jahre als Herausgeber der Vereins- und Stadionzeitung.

Denn Schäfer, geboren am 21. Januar 1937 in Neunburg vorm Wald in der Oberpfalz, war eigentlich Journalist. 1955 begann er seine Laufbahn und machte eine sportjournalistische Ausbildung bei der *Nürnberger Zeitung*. 1965 wurde er bereits Leiter des Ressorts Sport bei der NZ und arbeitete unter anderem als Korrespondent für DIE WELT, die *Frankfurter Allgemeine Zeitung* und den *kicker*. Außerdem war Schäfer als Sportreporter beim Bayerischen Rundfunk tätig und berichtete über zahlreiche Fußball-Länderspiele, Weltmeisterschaften und Olympische Spiele. 1983 übernahm er zusammen mit Klaus Ritthammer dessen Verlag, der zu den führenden europäischen Fachverlagen im Bereich Möbelindustrie zählt.

Nun verfolgte Schäfer vor allem zwei Ziele: die für eine Professionalisierung angestrebte Satzungsreform, die die Abschaffung des ehrenamtlichen Präsidenten (und damit Schäfers) zur Folge hatte, und den Bau des neuen Verwaltungsgebäudes über Anleihen. Natürlich konnte der Wechsel von Roth zu Schäfer nicht ohne Lärm über die Bühne gehen. Roth richtete aus seinem Urlaubsdomizil in Florida schwere Vorwürfe gegen seine Nachfolger: »Beim Club scheint vieles durcheinander zu laufen. Wo kein Chef ist oder zumindest eine Person, vor der man ungeteilt Respekt hat, geht eben nix«, fand er, und auch das neue Funktionsgebäude hielt er für unnötig: »Wollen die denn auf goldenen Sesseln sitzen? In noch größeren Büros? Der Bau ist zum jetzigen Zeitpunkt unnötig. Die Mannschaft hat tolle Räume. Da muss nur ein bisschen desinfiziert und neue Farbe aufgetragen werden. Wenn investiert werden muss, dann in die Mannschaft«[393], polterte Roth. Schäfer wehrte sich deutlich: »Vielleicht leidet Herr Roth an Altersdemenz oder hat zu viel Sonne in Florida erwischt. Fakt ist: Er hat mir im Juni 5,8 Millionen Euro Schulden überlassen und daher an unserer momentanen Situation maßgeblichen Anteil. Ausgerechnet jetzt loszuschießen, ist eine ganz linke Tour. Die hätte ich Herrn Roth nicht zugetraut.«[394]

Erst im Nachhinein wurde der Verleger von der Mitgliederversammlung ordentlich gewählt – und paradoxerweise bei derselben Veranstaltung wieder abgewählt, um den Weg für die hauptamtlichen Vorstände Martin Bader und Ralf Woy freizumachen. »Ich habe mich selbst abgeschafft« (www.fcn.de), sagte Schäfer: »Alle Ziele waren erreicht.« Zum Abschluss trug er eigenhändig Kiste um Kiste in das Museum im neuen Funktionsgebäude; er stellte sein umfangreiches Privatarchiv über den 1. FC Nürnberg zur Verfügung.

GRUND 101

Weil bei Zeugwart Chicco Vogt die Post abgeht

Spieler kommen und gehen, mal bleiben sie länger, mal kürzer; und mit Trainern, Managern und Präsidenten verhält es sich im Fußball genauso. Die Konstante bilden in den meisten Clubs nur die Fans und Mitglieder – und beim 1. FC Nürnberg kommt da noch Günter »Chicco« Vogt dazu. Der Zeugwart ist seit 1993 ununterbrochen im Amt. Er hat alles erlebt, Regionalliga und internationale Bühne. Fünfmal stieg er auf, fünfmal leider auch ab, insgesamt 17 Übungsleiter hat er erlebt. Als es im Dezember 2009 wieder einmal besonders schlecht lief, die Mannschaft in der Kritik und Trainer Michael Oenning kurz vor der Entlassung stand, schrieb der User mwollny auf Twitter: »Chicco Vogt behalten, der Rest kann gehen.«[395] Besser könnte man seinen Stellenwert kaum beschreiben.

Zu den Aufgaben eines Zeugwarts gehört es, hinter den Kulissen für die Ausrüstung der Profis und das Spielmaterial zu sorgen. Er muss Trikots und Trainingsklamotten beflocken, heraussuchen, waschen, Handtücher, Leibchen, Fußbälle und Fußballschuhe bereitlegen – und dafür sorgen, dass nach dem Training oder Spiel alles ordentlich gewaschen, sortiert und verräumt wird. Am wichtigsten ist es aber, dass der Zeugwart für gute Laune sorgt – eine Aufgabe, die der mittlerweile 61-jährige Chicco Vogt mit Begeisterung erledigt. Die Homepage des 1. FC Nürnberg formuliert es so: »Gute Laune und ›Chicco‹ – eine Symbiose, die zu 100 Prozent greift.«[396]

Dies ist auch auf einer Schallplatte dokumentiert, die Vogt 2004 mit dem Mannschaftsbusfahrer Udo »Bomber« Rauh aufnahm: Der Titel *Der FCN ist mein Verein* von Bomber & Chicco featuring Peter Knobloch ist auch als Dance-Version erhältlich. »Ich fahr' nie Real Madrid, den AS Rom nehm' I nie mit«, beklagen sich die beiden, nicht ohne Hoffnung auf eine bessere Zukunft: »Ich fahr' nach Mailand und Marseille, nie mehr nach Fürth, mei des wird schee.« Nicht zum Singen, aber zum Diskutieren und Anekdotenerzählen, ist Chicco Vogt auch gern gesehener Gast bei den Podiumsdiskussionen in der Akademie für Fußballkultur. Und welche Veränderungen hat er subjektiv festgestellt in den rund 50 Trainingslagern, die er mit dem Club erlebte? »Früher, die war'n ruhiger«, resümiert er, »heute die Jungen, da geht die Post scho' ab.«[397]

GRUND 102

Weil Meeske und Bornemann die Reset-Taste suchten

Es schien knapp zehn Jahre lang, als habe der 1. FC Nürnberg unter den Vorständen Martin Bader (Sport) und Ralf Woy (Finanzen) nichts mehr mit dem finanziellen Chaos, den sportlichen Tölpeleien und dem omnipräsenten Wahnsinn zu tun, die den Club über Jahrzehnte liebenswert und bedauernswert zugleich gemacht hatten. Fast schien es, der Club würde seinen Deppenstatus verlieren. »Unsere Geschichte lehrt uns Aufmerksamkeit und Wachsamkeit«, sagte Bader einmal, »aber auch Selbstbewusstsein und Realismus.«[398] Nun ja. Am Ende zeigte sich, dass man sich um die Deppen-Tradition keine Sorgen machen musste.

Im Jahr 2015 ging die Ära Bader/Woy zu Ende; nach einigen Erfolgen, die 2007 im DFB-Pokal-Sieg gipfelten, waren parallel zum sportlichen Niedergang seit 2013 zuletzt immer wieder Gerüchte über Missmanagement zu hören gewesen. Und diese Gerüchte sollten sich nach dem Abschied des Duos auch bestätigen. Wie erwartet hatte Michael Meeske, der neue Finanzvorstand, bei seiner ersten Mitgliederversammlung gleich schlechte Nachrichten zu überbringen. Die Saison 2014/15, die erste Zweitliga-Spielzeit nach dem Abstieg aus der Fußball-Bundesliga, schloss der Club mit einem Minus von 2,1 Millionen Euro ab; damit stieg das negative Eigenkapital auf 3,2 Millionen Euro. »Und wir werden für die laufende Saison ein ähnliches Ergebnis sehen«, erklärte Meeske, der vom FC St. Pauli nach Nürnberg gekommen war, »denn wir fahren einen ähnlichen Aufwand.«[399] Die wirtschaftliche Situation sei »mindestens mal als schwierig zu bezeichnen«[400], sagte der Finanzvorstand, der offen reden konnte, weil die Zahlen nicht er zu verantworten hatte, sondern sein Vorgänger. Dass Woy angekündigt hatte, ein bestelltes Feld zu hinterlassen, kommentierte Meeske süffisant: »Was ein bestelltes Feld ist, ist sicherlich eine Definitionsfrage.«[401]

Als entscheidend für die roten Zahlen erwies sich der Personalaufwand für den Spielbetrieb der Zweitliga-Mannschaft. Rund 16 Millionen Euro kostete der vom früheren Sportvorstand Bader verantwortete Profikader der Nürnberger in der Saison 2014/15, 4,4 Millionen Euro der Nachwuchs; auch im Vergleich zu Spitzenvereinen der zweiten Liga waren das enorme Beträge. »Wir haben vier bis fünf Millionen Euro mehr investiert als andere ambitionierte Zweitligisten«[402], stellte Meeske fest. Dies sei nach einem Bundesliga-Abstieg nicht unüblich, meinte er: »Im Regelfall wird das so praktiziert, weil mit dem Aufwand normalerweise eine gewisse Leistungsfähigkeit verbunden ist.«[403] Normalerweise - nicht jedoch bei den Nürnbergern, die trotz teuren Kaders mit dem Aufstiegskampf nichts zu tun hatten. Dies führte zu deutlichen sinkenden Zuschauer- und VIP-Bereich-Einnahmen.

»Der Club hat über seine Verhältnisse gelebt, das muss man bejahen«, sagte Meeske, der dies schnellstmöglich ändern wollte. »Das kann man nur ein, zwei Jahre durchstehen. Die Logik, die dahinter steht, ist ja, möglichst schnell wieder aufzusteigen.«[404] Der neue Sportvorstand Andreas Bornemann sollte also einen deutlich günstigeren Kader zusammenstellen. Und auch in anderen Bereichen, etwa auf der Geschäftsstelle, wollte Meeske sparen: »Wir sind spät dran, aber nicht zu spät, den Anpassungsprozess einzuleiten. Überall wird es Einsparpotenzial geben.«[405] Die Deutsche Fußball-Liga werde »ein klar nachvollziehbares Restrukturierungsprogramm«[406] verlangen.

Der Club befand sich auf dem steinigen Weg zu einem normalen Zweitligisten. Das Kuriose war, dass Meeske und Bornemann für ihre offenen Reden von den Mitgliedern begeistert beklatscht wurden. Die Zeit der großen Versprechungen war vorbei, die Clubberer sehnten sich nach Transparenz und Realismus. »Es ist meine generelle Überzeugung, den Leuten reinen Wein einzuschenken«[407], versprach Bornemann. »Der Kader ist zu groß, das ist einfach ungesund. Wir müssen über eine Konsolidierung und Verkleinerung reden. Mit diesem Neuanfang kann ich mir die Dinge objektiv anschauen und sie benennen, ohne je in sie involviert gewesen zu sein«[408], sagte er. Und das sah so aus: Seit 2014 hatten 36 Spieler den Club verlassen, 34 waren gekommen, vier Trainer hatten gearbeitet. Dabei sei Kontinuität das Wichtigste, um erfolgreich zu sein. Es gelte, »auf die Reset-Taste zu drücken und ganz neu anzufangen«[409]. Es war die große Hoffnung, dass Meeske und Bornemann diese Taste finden würden.

GRUND 103

Weil Klaus Schramm in der Club-Familie bleiben durfte

Wichtige Personen brauchen keinen Vornamen, sondern nur einen Titel. Man denke nur an Dr. Oetker, Dr. Dre, Dr. Snuggles oder Dr. Klein, den Notar, der in der Fernsehshow *Schlag den Raab* am roten Telefon sitzt und eingreift, wenn bei den Spielen Unklarheiten auftreten. Während also alle Protagonisten bei der Mitgliederversammlung des 1. FC Nürnberg im Oktober 2013 einen Vornamen auf ihrem Namensschildchen hatten – Sportvorstand Bader hieß weiterhin Martin, Finanzvorstand Woy Ralf, Aufsichtsratschef Schramm Klaus –, stand bei Dr. Adrian dort, wo bei den anderen die Vornamen standen: »Dr.«. Man lege die Versammlungsleitung »in die bewährten Hände von Doktor Adrian«, kündigte Schramm an, und als es ernst wurde, als nämlich jener Klaus Schramm per Dringlichkeitsantrag seines Amtes enthoben werden sollte, da ging ein Raunen durch die Meistersingerhalle, und die Mitglieder tuschelten: »Mal schauen, was der Doktor Adrian sagt.«

Der Grund des Antrags war, dass Schramm nach der Entlassung von Michael Wiesinger und Armin Reutershahn in der Trainerfrage vorgeprescht war; er hatte nicht nur den Schweizer Christian Gross als Wunschkandidaten dargestellt, sondern auch eine unmittelbar bevorstehende Einigung angekündigt. Diese kam bekanntlich nicht zustande, daher fand beispielsweise die Deutsche Presse-Agentur, Gross habe den Club »düpiert«. Ein Vereinsmitglied, das ein T-Shirt mit der Aufschrift »Ich bin mit der Gesamtsituation unzufrieden« trug, beklagte: »Herr Schramm hat uns in ganz Deutschland lächerlich gemacht und unseren provinziellen Ruf bestätigt.« Schramm, 74, Heimtextilienunternehmer aus Höfen, Funktionär alter Schule und noch übrig geblieben aus der Ära des Präsidenten Michael A. Roth, erklärte: »Ich habe das aus der Emotion dem Club gegenüber heraus getan, nehmen Sie bitte meine Entschuldigung an.« Auch sonst musste sich Schramm einiges anhören, unter anderem wurde ihm mit einigem Recht vorgeworfen, seine Vorträge im Stil von Grabreden zu halten.

Der vornamenlose Notar erklärte das Prozedere dann ganz genau. 1.313 Mitglieder waren zu der Versammlung erschienen, was einen Rekord darstellte, und sie hatten nun darüber zu entscheiden, wie schwerwiegend Schramm, der frühere langjährige Leiter der Amateurabteilung, dem Verein geschadet hatte. Eine Zweidrittelmehrheit war, wie Dr. Adrian erläuterte, laut Vereinssatzung nötig zur Annahme des Dringlichkeitsantrags; danach eine Dreiviertelmehrheit zur Abwahl. Der stellvertretende Aufsichtsratsvorsitzende Günther Koch hielt sein Plädoyer für Schramm so emotional, wie er einst seine Radioreportagen über den Club vorgetragen hatte. Fast 50 Jahre lang sei Schramm Mitglied, und er habe sich schließlich öffentlich entschuldigt: »Das hätte ich früher bei viel krasseren Fehlern anderer Personen gerne erlebt. Wir stehen hinter unserem Kollegen Klaus Schramm.« In der Club-Familie müsse man auch zusammenhalten, wenn sich einer mal falsch verhalte. Dem schlossen sich die meisten anwesenden Mitglieder an. Mit nur 332 Ja-Stimmen fiel der Dringlichkeitsantrag deutlich durch, und Schramm durfte seine bis 2014 laufende Amtszeit zu Ende führen.

GRUND 104

Weil Fritz Stahlmann aus der Club-Familie verstoßen wurde

Zu den größten Seuchen, die das Bezahlfernsehen neben Lothar Matthäus über die Menschheit gebracht hat, gehört die sogenannte Konferenzschaltung. Statt sich ein Spiel anzuschauen, das man wirklich sehen möchte, sieht man alle Spiele im permanenten Wechsel und damit im Endeffekt keines. Und die Erfindung der Konferenzschaltung wurde auch dem Nürnberger Großgastronom Fritz Stahlmann zum Verhängnis.

Im April 2012 begab es sich, dass der 1. FC Nürnberg gegen den FC Schalke 04 spielte und nebenan das Nürnberger Volksfest stattfand. Im beliebten Zelt »Hax'n Liebermann«, das von Stahlmann betrieben wurde, war natürlich eine Fußballübertragung angesagt. Allerdings lief dort nicht das Club-Spiel, sondern die Konferenzschaltung. Es soll auch »ein VIP-Bereich für Bayern-Fans« eingerichtet gewesen sein, »samt Deko des Tages: Schals des FC Bayern«[410]. Da Stahlmann Aufsichtsrat beim 1. FCN war, löste dies einen gewaltigen Skandal aus. Dem Gastronom nützte es da auch nichts, dass er zu dieser Zeit nach eigenen Angaben gar nicht auf dem Volksfest weilte, sondern eben im Stadion. Im Internet brach eine gewaltige Wutwelle los. Es kursierten Aufrufe, Stahlmanns Hax'n-Zelt zu boykottieren. Ein Club-Anhänger, der sich »Hans Wurscht« nannte, fand: »Die hätten ihm sein Scheiß-Zelt in Schutt und Asche legen müssen«[411]. Und ein anderer: »Der gehört auf dem eigenen Spieß gedreht.«[412] Sachlichere Kommentatoren merkten an, Stahlmann sei als Aufsichtsrat »nicht mehr tragbar«.

Stahlmann beteuerte, er sei »aus allen Wolken gefallen«[413], als er von der Geschichte gehört habe. Rund 20 Schausteller-Kollegen hätten sich die Konferenzschaltung privat angesehen. Als Club-Fans ins Zelt kamen, verlangten sie laut Wirtin Annette Stahlmann, dass sofort umgeschaltet werde. Andernfalls würden sie nicht bezahlen, sollen sie gedroht haben. »Rotzfrech waren die«[414], klagte die Chefin in den *Nürnberger Nachrichten*, die sich des Falles bereits annahmen. Deshalb, so Annette Stahlmann, habe sie die Gäste vor die Tür gesetzt.

Wie auch immer: Das Club-Spiel wurde jedenfalls nicht in voller Länge übertragen – und das auf dem Nürnberger Volksfest und im Zelt eines Vereinsvertreters. Fritz Stahlmann wurde bei der Neuwahl im Oktober 2013 nicht mehr in den Aufsichtsrat gewählt.

9. KAPITEL

HANDBALL, SCHWIMMEN, EWIGKEIT

WAS JETZT NOCH FEHLT

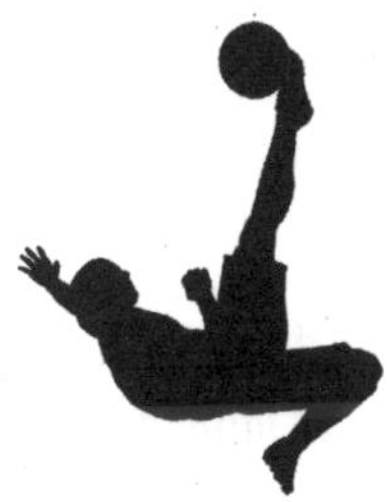

GRUND 105

Weil er 13-mal Deutscher Meister war … im Handball

Zwischen dem Erfolg und der Popularität besteht gerade im Sport ein eher mäßiger Zusammenhang. Andernfalls müsste dieses ganze Buch eigentlich den Handball-Frauen des 1. FC Nürnberg gewidmet sein. Sie waren 13-mal Deutscher Meister (auf dem Großfeld 1961, 1963, 1964, 1965 und 1968, auf dem Kleinfeld 1969 und 1971, in der Halle 1964, 1969, 1970, 2005, 2007 und 2008). Außerdem gewannen sie 2004 und 2005 den DHB-Pokal und 2004 den europäischen Challenge-Cup. Die letzten Erfolge waren bereits von finanziellen Schwierigkeiten begleitet. Im Juni 2007 wurde eine neue Spielbetriebs-GmbH gegründet, nachdem die Vorgängerin GmbH Sportförderung Noris aufgrund der Verhaftung von Hauptsponsor Wilhelm Schelsky im Zuge der Siemens-Affäre Insolvenz angemeldet hatte. Da standen die Handballerinnen bereits vor dem Aus – und gewannen dennoch die Meisterschaft. Doch die finanzielle Lage besserte sich nicht: So erhielt die bekannteste Spielerin, die Dänin Maja Sommerlund, 2008 keinen neuen Vertrag mehr, da man sie einfach nicht mehr bezahlen konnte.

Und die schöne Erfolgsgeschichte endete dann endgültig am 15. Mai 2009: Auch die neue Spielbetriebs-GmbH musste Insolvenz anmelden. Der Deutsche Handballbund entzog dem 1. FC Nürnberg daraufhin die Lizenz. Es wurde ein Nachfolgeverein unter dem Dach des 1. FCN gegründet – mit dem Namen 1. FCN Handball 2009 e. V. Die Handballerinnen spielen nun in der Bayernliga gegen Clubs wie die HG Zirndorf und die HSG Fichtelgebirge. Mittlerweile geht es ihnen wie den Fußballern bei der Erinnerung an ihre Meisterschaften: »Natürlich muss man sich Ziele setzen, aber wir müssen endlich mit dem Träumen aufhören«, sagt der Trainer Michael Fuchs. »So schön die Tradition ist, das Sicherinnern daran, es darf nicht den Blick dafür trüben, dass wir in einer anderen Realität leben.«[415]

GRUND 106

Weil der 1. FC Nürnberg ein Schwimmbad hat

Der 1. FC Nürnberg nahm im September 1913 Schwimmen in sein Sportangebot auf, und am 19. August 1919 führte Präsident Leopold Neuburger den ersten Spatenstich für ein Schwimmbad durch. Obwohl die Mitglieder der Abteilung tatkräftig bei den Erdarbeiten mithalfen, konnte das Projekt wegen der grassierenden Inflation zunächst nicht verwirklicht werden, die Motivation der Helfer ließ spürbar nach, und die FCN-Schwimmer mussten ins Naturgartenbad in Mögeldorf ausweichen. 1925 stellte die Stadt Nürnberg eine Hypothek in Höhe von 70.000 Mark zur Verfügung, um das vereinseigene Schwimmbad zu Ende zu bauen – dies entsprach der Hälfte der Kosten, der Rest musste über Vereinsmittel und Spenden aufgebracht werden. Am 28. Juni 1925 konnte es eröffnet werden, Mitglieder zahlten 30 Pfennig Eintritt, und ein Jahr später wurde dort sogar ein Weltrekord aufgestellt: In dem neuen Becken verbesserte der amerikanische Schwimmer Walter Laufer im Rahmen der süddeutschen Meisterschaften seinen Weltrekord über 200 Meter Lagen auf 2:49, 9 Minuten. Die Wasserballer gehörten vor allem in den 1950er-Jahren zu den besten deutschen Mannschaften und wurden mehrmals deutscher Vizemeister.

Im Juni 1966 verkaufte der 1. FCN das Zabo-Bad an eine Bauträgergesellschaft; der Verkaufserlös trug dazu bei, das 240.000 Quadratmeter große Gelände am Valznerweiher zu erwerben. Dort wurde am 17. August 1968 das heutige Bad eröffnet. 1984 ersetzten moderne Edelstahlbecken die anfälligen Fliesenbecken. 1992 stand das im Volksmund »Clubbad« genannte Freibad kurz vor dem Aus: Die Stadt Nürnberg strich die Zuschüsse, sodass der klamme Verein notwendige Reparaturen vorübergehend nicht mehr durchführen lassen konnte. Doch das Schwimmbad überlebte – und 1995 ging der 1. FCN Schwimmen e. V. im Zuge der Organisationsreform als eigenständiger Verein aus dem Hauptverein hervor. Wie die anderen ehemaligen Vereinsabteilungen gehört der Verein seitdem zum FCN-Dachverband. Neben Schwimmen wird auch noch immer Wasserball angeboten – im drittältesten noch bestehenden Nürnberger Schwimmverein.

Die Idee, das Clubbad zu überdachen, scheiterte 2012 am Widerstand von SPD und Stadtverwaltung. Statt der Traglufthalle wurde ein neues Schwimmzentrum im Stadtteil Langwasser errichtet. Die Betriebskosten für das überdachte Clubbad hätten laut Stadtverwaltung im ersten Jahr bei 423.000 Euro gelegen, die für das energetisch optimierte Hallenbad nur bei 211.000 Euro. Obendrein hätte das Traglufthallenprojekt aus juristischen Gründen nicht einfach an den FCN vergeben werden dürfen. Es hätte eine EU-weite Ausschreibung erfolgen müssen. Attraktiv ist das Clubbad auch ohne Dach: Das sehr preiswerte Bad verfügt neben dem 50-Meter-Sportbecken, einem 25-Meter- und einem Planschbecken mittlerweile auch über einen Kinderspiel- und einen Beachvolleyballplatz sowie Liegewiesen und Gastronomie.

GRUND 107

Weil der Club in der ewigen Bundesligatabelle auf Rang 14 steht

Die sogenannte »ewige Tabelle der Fußball-Bundesliga« trägt ihren Namen selbstredend völlig zu Unrecht; die eingearbeiteten Daten beginnen logischerweise immer im Jahr 1963 und enden dann mit dem jeweils gerade abgeschlossenen Spieltag. Ewig ist sie also nicht, und sie wird es auch nicht werden. Wissenschaftler sind sich weitgehend einig, dass es irgendwann zur Zerstörung des Planeten Erde kommen wird, spätestens dann, wenn unsere Sonne zu einem Roten Riesen und die Erdkruste zu einem einzigen Ozean aus Lava aufgeschmolzen wird; nach neueren Berechnungen könnte die Hitze bereits in rund 900 Millionen Jahren ein nicht überlebbares Ausmaß annehmen. Und auch wenn keiner weiß, wann und warum der Weltuntergang stattfinden wird, so gilt es doch als gesichert, dass spätestens an diesem Tage auch der Spielbetrieb in der Fußball-Bundesliga eingestellt werden muss.

Die sogenannte »ewige Tabelle« birgt dennoch, als Gesamttabelle der bisher absolvierten Bundesligajahre, einige interessante Erkenntnisse. Sie wird (gähn) mit riesigem Vorsprung angeführt vom FC Bayern München, obwohl dieser mit zwei Jahren Verspätung einstieg; auch dass Werder Bremen und der Hamburger SV auf den Rängen zwei und drei stehen, mögen auch viele Nicht-Experten noch geahnt haben. Aber der VfB Stuttgart auf Platz vier, vor Borussia Dortmund? Mainz 05 auf Platz 26, hinter Hansa Rostock? Der MSV Duisburg immerhin auf Rang 15? Das sind schon kleine Überraschungen.

Und der 1. FC Nürnberg? Obwohl der Club so viele Spielzeiten im Exil (2. Bundesliga, teilweise gar Regionalliga) verbringen musste, steht er immerhin auf Rang 14. Er verbrachte 32 von 51 möglichen Jahren in der Bundesliga, holte dabei (Stand: 29. September 2013) insgesamt 336 Siege und, umgerechnet nach der Drei-Punkte-Regel, 1.278 Zähler (1,21 im Schnitt). Das ist eine ziemlich solide Platzierung und entspricht nebenbei bemerkt in etwa dem Standing, das der 1. FC Nürnberg im heutigen Fußballbetrieb hat. Wer der Ansicht ist, dass sich der Club in den vergangenen Jahren auf dem Niveau stabilisiert hat, das ihm zusteht, findet hier also seine Bestätigung. Nicht bei den ganz Großen, aber zumindest als fester Bestandteil der 1. Liga.

Die SpVgg Greuther Fürth, das sei mit der gebotenen Häme angemerkt, steht übrigens in der »ewigen Tabelle« auf Platz 49. Noch schlechter sind nur Blau-Weiß 90 Berlin, der VfB Leipzig und Tasmania Berlin – diese Vereine wurden zwischenzeitlich allesamt aufgelöst.

10. KAPITEL

LIEBE, GLAUBE, LEIDENSCHAFT

WAS SELBSTVERSTÄNDLICH IST

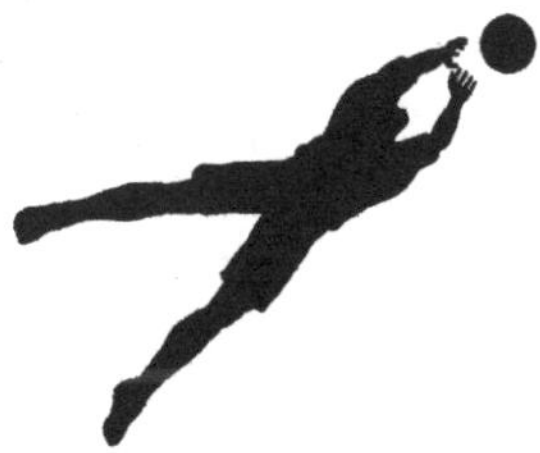

GRUND 108

Weil: »Liebe«

»FCN! / Liebe, Glaube, Leidenschaft! / Unser ganzes Leben haben wir / dir schon vermacht«, heißt es in einem der berühmtesten Fangesänge des 1. FC Nürnberg. Tradition, Treue, solche Sachen sind ja fester Bestandteil von Fußballhymnen, sogar bei 1899 Hoffenheim, aber drei so starke Worte hat eben nur der Club verdient.

Das Wort Liebe stammt aus dem Mittelhochdeutschen (liep, »Gutes, Angenehmes, Wertes«). Die abendländische Auffassung von Liebe wird von der Dreiteilung der antiken Terminologie geprägt. Damals wurde unterschieden in Eros (das sinnlich-erotische Begehren des geliebten Objekts und die Leidenschaft), Philia (Freundesliebe, die auf gegenseitiger Anerkennung und wechselseitigem Verstehen basiert) und Agape (selbstlose Nächsten- und auch Feindesliebe). Was den 1. FC Nürnberg angeht, kommt man dieser Dreiteilung nur schwer weiter, und da brauchbare Definitionen auch sonst erwartungsgemäß kaum zu finden sind, greifen wir an dieser Stelle lieber auf ein paar berühmte Zitate zur Liebe zurück:

- »Wer nicht mehr liebt und nicht mehr irrt, der lasse sich begraben.« (Johann Wolfgang von Goethe, 1749–1832, deutscher Dichter des Sturm und Drang und der Klassik, Naturwissenschaftler)
- »An Rheumatismen und an wahre Liebe glaubt man erst, wenn man davon befallen ist.« (Marie Freifrau von Ebner-Eschenbach, 1830–1916, österreichische Erzählerin, Novellistin und Aphoristikerin)
- »Es gibt in Wahrheit kein letztes Verständnis ohne Liebe.« (Christian Morgenstern, 1871–1914, deutscher Schriftsteller und Dramaturg)
- »Was Prügel sind, weiß jeder; was Liebe ist, hat noch niemand herausgefunden.« (Heinrich Heine, 1797–1856, deutscher Dichter und Romancier)

GRUND 109

Weil: »Glaube«

Glaube heißt im Zusammenhang mit dem Fußball sicherlich zunächst mal einfach: an den nächsten Sieg glauben, an das Erreichen des Saisonziels glauben, an eine erfolgreiche Zukunft glauben. Doch beim FCN geht es selbstredend um mehr: Natürlich lässt sich ohne Übertreibung von einer Religion sprechen.

Eine Definition von Religion ist ebenso umstritten wie im Falle der Liebe. In jedem Fall handelt es sich – wie im Internetlexikon Wikipedia angegeben – um kulturelle Phänomene, die das menschliche Verhalten, Handeln, Denken und Fühlen stark prägen und die Wertvorstellungen normativ beeinflussen. Verhalten (Anfeuern, Schimpfen, Jubeln), Handeln (Heim- und möglichst Auswärtsspiele besuchen!), Denken (immer nur an den Club) und Fühlen (in der jeweils folgenden Woche heitere Stimmung nach Siegen und Übellaunigkeit nach Niederlagen) werden durch den 1. FC Nürnberg unstrittig beeinflusst – daher ist es unumgänglich, den Club als Religion zu begreifen.

Die zehn Gebote des Club-Glaubens

1. Du sollst keine anderen Vereine haben neben mir.
2. Du sollst den Namen Max Morlocks nicht missbrauchen.
3. Du sollst den Spieltag heiligen.
4. Du sollst deinen Vater und deine Mutter ehren, wenn sie dich zum Club gebracht haben.
5. Du sollst deinen Schal nicht verbrennen.
6. Du sollst kein anderes Spiel anschauen als das des Clubs.
7. Du sollst deinen Eintritt entrichten.
8. Du sollst nicht falsche Spielanalysen abgeben.
9. Du sollst nicht begehren eines anderen Vereins Erfolge.
10. Du sollst nicht begehren eines anderen Vereins Saisonetat.

GRUND 110

Weil: »Leidenschaft«

Ohne Leidenschaft, das liegt auf der Hand, würden Liebe und Glaube gar keinen Sinn machen. Ohne Leidenschaft würde die Liebe verblassen, wenn der Ärger über die unendliche Deppenhaftigkeit des Clubs steigt. Und ohne Leidenschaft würde beim Blick auf die Tabelle allzu oft der Glaube schwinden. Gerade weil die Leidenschaft dafür sorgt, dass Liebe und Glaube völlig irrational sind und dementsprechend oft enttäuscht werden, heißt es ja nicht umsonst über sie, dass sie »Leiden schafft«. Im ursprünglichen Wortsinn haftet ihr etwas Zerstörerisches an. Diese Bedeutung hat das Wort heutzutage fast vollständig verloren – nur beim Club blitzt sie ab und an wieder auf.

Auch in den berühmten Sinnsprüchen zur Leidenschaft zeigt sich ihre negative Seite – allerdings ebenso wie die Unmöglichkeit, sie zu bekämpfen.

- »Die Leidenschaften machen die besten Beobachtungen und die elendsten Schlüsse.« (Georg Christoph Lichtenberg, 1742–1799, deutscher Physiker und Meister des Aphorismus)
- »Es ist vergeblich, die menschlichen Leidenschaften durch Vorstellungen ihrer Folgen im Zaum halten zu wollen.« (Leopold von Ranke, 1795–1886, Berliner Historiker)
- »Jede Leidenschaft kommt erst dann zur vollsten Stärke, wenn sie mit dem Schein sich betrachten kann, sie sei etwas Pflichtgemäßes.« (Alban Stolz, 1808–1883, deutscher katholischer Volksschriftsteller, Theologe und Herausgeber des *Kalenders für Zeit und Ewigkeit*)
- »Unser reales Leben ist, wenn die Leidenschaften es nicht bewegen, langweilig und fade; wenn sie es aber bewegen, wird es bald schmerzlich.« (Arthur Schopenhauer, 1788–1860, deutscher Philosoph)
- »Die Leidenschaften gehorchen nicht der Logik, sondern die Logik gehorcht den Leidenschaften.« (Otto Leixner von Grünberg, auch Otto von Leixner, 1847–1907, österreichisch-deutscher Novellist, Dichter und Literaturhistoriker)

- »Nichts verdunkelt unsere Erkenntnis mehr als Leidenschaften.« (Gotthold Ephraim Lessing, 1729–1781, deutscher Schriftsteller, Kritiker und Philosoph der Aufklärung)
- »Das Äußerste liegt der Leidenschaft zu allernächst.« (Theodor Mommsen, 1817–1903, deutscher Jurist und Historiker, nationalliberaler Abgeordneter im Reichstag, Literaturnobelpreisträger)
- »Leidenschaft ist immer siegreich.« (Theodor Fontane, 1819- 1898, deutscher Journalist, Erzähler und Theaterkritiker)

GRUND 111

Weil der großartige FC Nürnberg niemals untergehen wird

Auf nichts ist mehr Verlass, Zeiten ändern sich, und alles ist vergänglich? Der Wunsch von Torwartlegende Heiner Stuhlfauth, dass »der großartige FC Nürnberg niemals untergehen« möge, wird in Erfüllung gehen – so viel ist sicher. Denn ein Verein besteht ja nicht in erster Linie aus seinen Spielern, seinen Funktionären, seinem Stadion oder seinen Sponsoren – sondern vor allem aus den Mitgliedern, Helfern und Anhängern, die in ihrer Gesamtheit eben »den Club« bilden. Nicht umsonst heißt es: »Wir sind der Club!« Diese Menschen verschwinden ja nicht, und sie geben die Begeisterung für den 1. FC Nürnberg immer wieder an die nächste Generation weiter. Franken ist ohne den 1. FC Nürnberg eben schlicht nicht vorstellbar.

Der wissenschaftliche Beweis, dass der Club nie untergeht, ist längst erbracht – anhand einer endlosen Versuchsanordnung. Er hat schließlich viele Jahre in der 2. Liga, in den Neunzigern sogar eine Saison in der drittklassigen Regionalliga, überlebt. Er hat die Gründung der Bundesliga verkraftet (was der damalige Präsident Ludwig Franz bezweifelte), er hat Schatzmeister Ingo Böbel, die schwarzen Kassen und den Beinahebankrott überstanden, auch Thomas Helmers Phantomtor und den Last-Minute-Abstieg 1999 überlebt. Keiner hat ihn kaputt gekriegt, nicht Gerhard Voack, nicht Thomas von Heesen, nicht einmal Uli Hoeneß. Dieser Club, da kann Heiner Stuhlfauth ganz beruhigt sein, ist unkaputtbar. Und was heute der nackte Wahnsinn ist und die Clubberer nicht mehr schlafen lässt, ist morgen schon ein weiterer guter Grund, den 1. FC Nürnberg zu lieben.

11. KAPITEL

DIE BONUSGRÜNDE

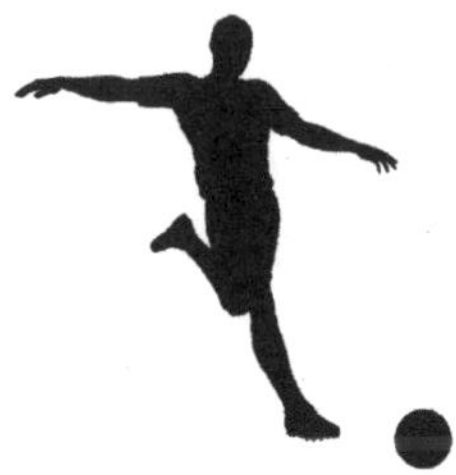

BONUSGRUND 1

Weil Trainer René Weiler immer kritischer wurde

Über den Schweizer René Weiler wussten in Deutschland noch nicht viele Menschen etwas, nicht einmal, dass er Anfang der neunziger Jahre beim FC Winterthur mit einem gewissen Joachim Löw in einer Mannschaft spielte; Weiler in der Abwehr, Löw im Sturm. Der Schweizer René Weiler wusste hingegen schon lange eine Menge über Deutschland, und vor allem wusste er, dass er dort gerne einmal als Trainer arbeiten würde. So war es im Sommer 2014 eine kleine Enttäuschung für Weiler, der soeben beim FC Aarau nach drei erfolgreichen Jahren als Trainer gekündigt hatte, dass sich der aus der gelobten Bundesliga abgestiegene, aber dorthin zurück strebende 1. FC Nürnberg am Ende doch gegen ihn entschied und lieber Valérien Ismaël vom VfL Wolfsburg II verpflichtete.

Doch schon im November 2014 musste Ismaël nach nur vier Siegen in 13 Spielen gehen; das Ziel war schließlich der sofortige Wiederaufstieg, stattdessen stand der 1. FCN auf Rang 14 der Tabelle. Nun erinnerte sich Bader an Weiler – und machte ihn nun doch zum Club-Trainer. Die Ruhe und Besonnenheit, die man Schweizern nachsagt, demonstrierte Weiler gleich bei seiner Präsentation. »Irgendwann, früher oder später« müsse der Club wieder in die erste Liga, sagte er, »aber ich blicke nicht so weit voraus.«[416] Der neue Übungsleiter hatte gleich erkannt, dass der Kader für der derart ambitionierte Ziele nicht ausreichen würde. »Die Antwort auf diese Frage« nach der Qualität der Mannschaft, sagte Weiler allerdings, »möchte ich bitte hinausschieben.«[417]

Weilers erste Mission war, der offenbar recht stummen Mannschaft das Sprechen beizubringen. »Kommunikation ist in unserer Gesellschaft zentral und im Fußball umso mehr, weil dort verschiedene Nationalitäten zusammen kommen und jeder Spieler auch eine eigene Idee hat«[418], erklärte Weiler. »Es vereinfacht die Situation wesentlich, wenn man miteinander spricht.«[419] Er musste es wissen: Weiler hatte in Winterthur ein Studium der Kommunikationswissenschaften mit dem Bachelor abgeschlossen.

Früher oder später stellte sich dann aber doch die Frage nach dem Kader – und danach, wer ihn eigentlich zusammenzustellen habe. Das übernahm nämlich maßgeblich Bader, und die Meinungsverschiedenheiten zwischen Sportvorstand und Trainer wurden schon im Frühjahr 2015 offensichtlich. Über zwei Zugänge für die kommende Spielzeit, die aus der dritten Liga kamen, teilte Weiler mit, er habe sie »zu akzeptieren«[420], und auch den von Bader verantworteten aktuellen Kader sah der Trainer immer kritischer. Das Kompetenzgerangel trieb kuriose Blüten: Fans hingen ein Plakat auf mit der Aufschrift »Weiler stärken, Bader stürzen«. Und Vereinsmitglieder organisierten im Internet eine »Online-Petition zur Ablösung des Sportvorstandes«, sie schrieben: »Es darf nicht sein, dass er den Kader für die nächste Saison zusammenstellt.«

Trotz Petition geschah genau das, eine Opposition gegen Bader fiel auf der Mitgliederversammlung durch, und als sich der Aufsichtsrat und Bader dann doch zu einer Trennung entschlossen, lief schon längst die nächste Saison. Weiler musste nun auch 2015/16 mit einem Kader arbeiten, den er in dieser Form nicht gewollt hatte, aber er tat es akribisch und ruhig. Ganz der Schweizer eben. Weiler durfte nun immerhin darauf hoffen, seine Arbeit noch eine Weile fortsetzen zu dürfen: Der neue Vorstand Andreas Bornemann erklärte jedenfalls zum Einstand, er sein kein Fan von ständigen Trainerwechseln.[421] Weiler durfte nun immerhin darauf hoffen, seine Arbeit noch eine Weile fortsetzen zu dürfen. Doch im Sommer 2016 verließ er den Club auf eigenen Wunsch und ging überraschend nach Belgien zum RSC Anderlecht.

BONUSGRUND 2

Weil Guido Burgstaller den Club auf Platz drei knallte

Ein Österreicher von einem britischen Zweitligisten, dessen Vertrag aufgelöst wurde – es klang nach einer sogenannten Wundertüte, als Guido Burgstaller im Winter der Saison 2015/16 aus Cardiff an den Valznerweiher wechselte. Wundersam war es dann auch, was dem Stürmer in seinen zwei Jahren beim Club gelang – aber im positiven Sinne. 34 Tore und 12 Vorlagen in 70 Einsätzen kann er für die Nürnberger vorweisen. In der Saison 2015/16 hatte er mit 13 Treffern und 9 Assists großen Anteil daran, dass seine Mannschaft Platz drei und mithin die Aufstiegs-Relegation erreichte. Als sein ganz legales Wundermittel galt der Melissensaft aus dem Garten seiner Mutter in Kärnten.

Nachdem in der Relegation gegen Eintracht Frankfurt der Aufstieg verpasst worden war, kamen bereits Gerüchte um einen Abschied Burgstallers auf. Er blieb aber noch ein halbes Jahr: Unter anderem wurde ihm ein Wechsel nach Freiburg verweigert. Der Stürmer ließ sich aber nicht hängen, sondern machte seinem Spitznamen »Burgknaller« weiter alle Ehre. In der Winterpause der Saison 2016/17 wechselte er dann doch – zum FC Schalke 04. Die Ablösesumme von 1,5 Millionen erschien auf den ersten Blick etwas gering. Aber für jedes Tor, das Burgstaller für Schalke schoss, gab es einen Zuschlag.[422] Und das waren, natürlich, auch in der 1. Liga richtig viele. Und in Großbritannien, wo Burgstaller als »Cardiff City flop« bezeichnet worden war, wunderten sich die Experten.

BONUSGRUND 3

Weil Cedric Teuchert immer nur für den Club spielen wollte

In der gesamten Rückrunde der Saison 2016/17, seit dem Wechsel des Torjägers Guido Burgstaller zum FC Schalke 04, hatte für den 1. FC Nürnberg kein Stürmer mehr getroffen – bis im Heimspiel gegen Erzgebirge Aue Cedric Teuchert nach siebenwöchiger Pause wegen einer Kreuzbandzerrung zurück in die Mannschaft kam. Er erzielte nach seiner Einwechslung den umjubelten Siegtreffer zum 2:1 (83.). Und im nächsten Spiel bei den Würzburger Kickers, als die Nürnberger mit einer erneut schwachen Leistung Richtung Niederlage steuerten, wurde Teuchert wieder eingewechselt – und traf erneut, zum späten 1:1 (80.). Dass der Club nun 39 Punkte hatte und auf einem Mittelfeldplatz stand, statt in Abstiegsgefahr zu schweben, war dem erst 20-jährigen Angreifer aus Coburg zu verdanken, der in der eigenen Jugend ausgebildet wurde. »Cedric ist ein Goldjunge«, sagte Innenverteidiger Georg Margreitter nach der Partie in Würzburg. »Wir sind sehr dankbar, dass er aus wenig viel macht.«[423]

Teuchert war für die klammen Nürnberger eine Hoffnung für die Zukunft. »Teuchert beendet Burgstaller-Fluch«, titelte die *Bild-Zeitung* nach dem Aue-Spiel. Trotz wenig Einsatzzeit – bei seinen 22 Saisonspielen war er immer eingewechselt worden – stand der Nachwuchsspieler im Mittelpunkt. Gegen den VfB Stuttgart (2:3) stand er dann zum ersten Mal in der Startelf – und traf schon wieder, das andere Tor bereitete er vor. »Es war schon als kleines Kind immer mein großer Traum, beim Club zu spielen«, erzählte er danach, »in diesem Stadion, vor diesen Fans auflaufen zu dürfen.«[424] Traum gelebt!

BONUSGRUND 4

Weil der Club im Max-Morlock-Stadion spielt

Grauenvolle Stadionnamen gibt es selbstredend genug, auch in der 2. Liga. Ein besonders abschreckendes Beispiel lieferte selbstredend mal wieder die SpVgg Greuther Fürth, die einen Mix aus Tradition und Kommerz versuchte, wobei sie den Namen »Sportpark Ronhof Thomas Sommer« gebar. Wenn schon der Name einer Person, dann bitte nicht der eines Immobilieninvestors, sondern der eines verdienten Spielers, dachten sich die Anhänger des 1. FC Nürnberg. Und so entwickelten sie den Traum von einem Max-Morlock-Stadion. Dass der Weltmeister von 1954 Nachfolger von easyCredit und Grundig werden könnte, schien allerdings lange unwahrscheinlich, auf die Einnahmen aus der Stadionvermarktung wollte man schließlich nicht verzichten. Versuche des CSU-Finanzministers Markus Söder, den Namen über Lotto Bayern zu finanzieren, erwiesen sich erwartungsgemäß als Seifenblasen.

Dann kam eine Bank mit einer Crowdfunding-Idee um die Ecke – rund 800.000 Euro sollten Anhänger beisteuern, den Rest wollte sie selbst übernehmen. Bei der Sammelaktion für die neue Namensgebung kam zwar nicht mal die Hälfte zusammen – kurz vor Schluss im Mai 2017 stand die Summe bei 334.000 Euro. Doch Kai Friedrich, Vorstandschef der Consorsbank, erklärte: »Insgesamt haben sich die Unterstützer des Fundings mit über 330.000 Euro beteiligt. Diese großartige Leistung hat uns sehr beeindruckt. Aus diesem Grund haben wir beschlossen, die Summe aufzustocken und das Crowdfunding damit erfolgreich abzuschließen.« Die Bank hatte einen Dreijahresvertrag über 3,2 Millionen Euro mit der Stadt als Eigentümerin des Stadions abgeschlossen.

Die Meinungen zu dem Erfolg des Projekts gingen auseinander. Einerseits erschwere es die neue Namensgebung enorm, nach dem Vertragsende einen neuen Sponsor zu finden – in der Tat dürfte eine Firma, die Max Morlock mit ihrem eigenen Namen ablöst, einen schweren Stand haben. Für den Bayerischen Rundfunk war es »ein Fantraum mit bitterem Beigeschmack«[425]. Die *Mittelbayerische Zeitung* bezeichnete die Aktion gar als »peinliche Pleite«[426]. Es sei eine »schlecht durchdachte und miserabel umgesetzte Werbekampagne rund um den Namen der FCN-Ikone« gewesen, »die dem bescheidenen und zurückhaltenden Max Morlock unwürdig war«. Die Fans, die etwas beigesteuert hätten, seien »nur zu Werbezwecken missbraucht« worden.

Das konnte man alles mit einigem Recht so sehen – aber die Aktion war bald vergessen, und bis 2020 war noch eine Weile hin. Und vorerst spielte der Club, ganz offiziell, im Max-Morlock-Stadion. Im Gegensatz zu den Fürthern ganz ohne Namenszusatz.

BONUSGRUND 5

Weil die Clubhexe von Mythen umrankt ist

Wie immer, wenn es eng wird beim Club, wurden auch im Frühjahr 2017 angesichts der Negativserie in der 2. Liga Rufe nach der Clubhexe laut. Beim Internet-Portal YouTube findet sich noch ein Film der legendären Hexe, wie sie 1991 in Wattenscheid vor dem Spiel im Mittelkreis auf einem Besen um eine FCN-Fahne tanzt, um die bösen Geister zu vertreiben. Und siehe da, der Club gewann das Spiel 1:0 und schaffte den Klassenerhalt. Alle Spiele in den Neunzigerjahren, bei denen die tanzende Hexe dabei war, wurden gewonnen – so sagt es jedenfalls die Legende.

Das Blöde an der Clubhexe ist allerdings, dass sie seit geraumer Zeit verschollen ist. Der Bundesliga-Abstieg 2014, die verpatzte Aufstiegs-Relegation 2016, alles hätte sich vermeiden lassen, wenn sie doch noch irgendwo aufzufinden gewesen wäre. Doch selbst ein Aufruf der *Bild-Zeitung*, die Magierin persönlich oder Augenzeugen für sachdienliche Hinweise zum Verbleib des Club-Maskottchens sollten sich unter *clubhexe@bild.de* melden, blieb ohne Erfolg. Gerüchte besagten, bei der Clubhexe solle es sich um einen Mann (!) aus Norddeutschland (!!) handeln, was die Sache selbstredend noch mysteriöser machte. Es ist zu befürchten, dass der Club sein Schicksal auch in Zukunft ohne magische Unterstützung gestalten muss.

BONUSGRUND 6

Weil Alois Schwartz die jungen Wilden einbaute

Wer den neuen Jugendstil, der in der Saison 2016/17 beim Club einzog, nur damit verbindet, dass U21-Trainer Michael Köllner zu den Profis aufrückte und auf seine Talente setzt, liegt falsch. Den Beginn machte bereits sein Vorgänger Alois Schwarz. Der Übungsleiter, der nach dem kurzfristigen Abgang von René Weiler zu Saisonbeginn eilends für eine kolportierte Ablöse von 400.000 Euro vom SV Sandhausen geholt worden war, gilt in der Rückschau zwar als großes Missverständnis. Aber ein kleines Vermächtnis hinterließ er doch.

Denn Schwartz verhalf Offensivspieler Abdelhamid Sabiri, Sechser Lukas Mühl sowie den Verteidigern Dennis Lippert und Patrick Kammerbauer im Alter von 19 bzw. 20 Jahren zu ihren Zweitliga-Debüts. Nach dem 3:2 in Heidenheim zu Rückrundenbeginn, bei dem das Quartett komplett mitwirkte, merkte Kapitän Georg Margreitter an: »Unsere Jungen haben das hier prima gemacht, haben super verteidigt und auch die Tore gemacht. Das ist schon eine richtig coole Story. Und das freut mich wirklich sehr für die Burschen.«[427]

Die coole Story ging weiter – aber nicht mehr lange für Alois Schwartz. Zu durchwachsen waren die Ergebnisse, der gewünschte

Aufwärtstrend nicht erkennbar. Und so wich die Begeisterung über den Jugendstil schon im März 2017 mal wieder Ernüchterung. Eine verdiente 0:1-Niederlage im Derby in Fürth, als etliche junge Spieler schon wieder durch Routiniers ersetzt waren, mit einer gänzlich uninspirierten Leistung war zu viel – Schwartz musste gehen. Auf eigenen Wunsch hingegen verließ im August 2017 Sabiri den Verein: Er ging für 400.000 Euro Ablöse zum Premier-League-Aufsteiger Huddersfield. Die Wechselgebühr für Schwartz war wieder eingespielt.

BONUSGRUND 7

Weil Michael Köllner flüssigen Frischkäse mitbrachte

Es war wohl auch den finanziellen Zwängen geschuldet, dass sich die Verantwortlichen nach der Trennung von Coach Alois Schwartz für die naheliegende Lösung entschieden und den bisherigen U21-Trainer Michael Köllner zum neuen Chef der Profis machten. Aber es erwies sich als die richtige Maßnahme.

Der Oberpfälzer sorgte nicht nur für eine spielerische Verbesserung, sondern auch für den letztlich ungefährdeten Klassenverbleib in der Saison 2016/17. Als sein Vertrag vor dem letzten Saisonspiel verlängert wurde, erklärte Sportvorstand Andreas Bornemann mit einigem Recht, Köllner habe »frischen Wind« gebracht. Er habe »die Mannschaft in einer schwierigen Situation stabilisiert und schon in seinen ersten Wochen eine klare Handschrift erkennen lassen«.[428]

Köllner war stets mit einer Taktiktafel unterwegs und liebte es, die verschiedenen Mannschaftsteile in Kleingruppen trainieren zu lassen. Er hatte schon Bücher über Fußballtraining geschrieben, war mitverantwortlich für »Lehrmedien und Lehrmaterialien« des Deutschen Fußball-Bundes und hat ein »bayernweites Schulfußballkonzept« für das Kultusministerium entwickelt. Es war also zu erahnen, dass Köllner auch als Cheftrainer des 1. FC Nürnberg nichts dem Zufall überlassen würde. »Club-Profis trinken flüssigen Frischkäse!«[429], titelte entsetzt die *Bild-Zeitung*, als sie erfahren hatte, dass die fränkischen Zweitliga-Fußballer nach den Trainingseinheiten einen Eiweiß-Shake mit Frischkäse und Haferflocken zu sich nehmen müssen – eine Präventionsmaßnahme gegen muskuläre Probleme und Schäden an den Bändern. Dafür war noch genug Geld da.

BONUSGRUND 8

Weil der Club basisdemokratisch ist

Dem neuen Finanzvorstand Michael Meeske war bewusst, dass das Wort Kapitalgesellschaft für einen Traditionsverein überhaupt nicht gut klingt. Eine Ausgliederung wollte er dennoch vorantreiben. Also startete er im November 2016 eine Aktion, die »e.V.olution« hieß, was schon deutlich besser klang und sogar die Abkürzung für »eingetragener Verein« enthielt, das Zauberwort der Fußball-Puristen. Sie beinhaltete die Gründung einer Arbeitsgruppe, die sich bis Ende März 2017 mehrmals traf und in der Meeske Ideen zur Ausgliederung präsentierte und besprach. Vier Vereinsvertreter, drei aus Bewerbern ausgeloste Mitglieder sowie drei vom Fanbeirat benannte Vertreter waren dabei. Basisdemokratischer Kapitalismus sozusagen.

Zum Beispiel wollte Meeske erklären, dass im angedachten Modell die Mehrheit des Aufsichtsrats noch immer von den e.V.-Mitgliedern gewählt würde und nur die Minderheit von möglichen Geldgebern entsandt. »Durch den erforderlichen Abbau der Verbindlichkeiten verlieren wir künftig weiter an Boden«, erklärte Meeske. »Aber wir wollen im sportlichen Bereich auch in Zukunft konkurrenzfähig sein.« Es gelte »dringend, den Transferdruck zu mindern und die Handlungsfreiheit zu erhöhen«. Frisches Kapital könne beispielsweise ein Verkauf einer Minderheit der Anteile bringen, aber auch schon durch die bloße Ausgliederung lasse sich die Bilanzsituation unter Umständen schon deutlich verbessern.[430]

Letztere Einschätzung revidierte Meeske nach einem Arbeitsgruppen- und Sitzungsmarathon im Juni 2017. Es sei festgestellte worden, dass »der gewünschte Positiveffekt aufgrund der spezifischen Bewertung unserer stillen Reserven derzeit in der angestrebten Größenordnung nicht zu erzielen wäre«, meinte er. Zunächst lege man »Augenmerk darauf, strategische Partner für den 1. FC Nürnberg zu gewinnen«. Sollte heißen: Erst Investor finden, dann ausgliedern – für Meeske ein »Spur-, jedoch kein Richtungswechsel«.[431]

BONUSGRUND 9

Weil Maximilian Kerner a Glubberer war

Der Nürnberger Lyriker, Grafiker und Buchhändler Maximilian Kerner, 1949 in Gunzenhausen geboren und 2005 verstorben, hat eine Menge Werke hinterlassen. Zum Beispiel übertrug er *Max und Moritz* von Wilhelm Busch ins Fränkische. »Was den Kölnern ihr Niedecken und den Wienern ihr Ambros, könnte den Nürnbergern doch nun endlich Maximilian Kerner werden«[432], schrieb die *Nürnberger Abendzeitung*. Ganz so groß wurde seine Band Kerner's Kombo zwar nicht, aber auch mit einem Lied über den Club verewigte er sich. In *Iiech bin a Glubberer* heißt es unter anderem:

Manche genga in ihr Erbat
Jede Wochen jeden Toch
Des wennst 45 Johr gmacht hast

Viel hast net als an Schlach
Danach gengas in Pension
Krüppel, krumm, krank und kaputt
Und ich geh Samstag Nachmittag a bissler zu meim Glubb

Ich bin a Glubberer
Und ich wärs immer bleim
Ogmalt hab ich schwarz und rot mei Fensterscheibn
Mei Nachbarn sochn ich köra in a Therapie
Und an jeds Münchner Auto bruns ma ar weng hie.

Der Aufruf, an Autos mit Münchner Kennzeichen zu urinieren, mag den einen oder anderen irritieren. Dafür endet der Text tröstlich:

Manche förchten sich vom Tod
Manche förchten sich vom Sterben
Andere warten scho lang draf
Gibt's a bißler was zu erben
Ich hab ka Angst
Wenn ich amal
Da auf mein siech beglich
Ich was, der Heiner Stuhlfauth und der Strehl warten auf mich.[433]

BONUSGRUND 10

Weil Paul Derbfuß beim Arbeitsamt blieb

Unmittelbar vor Einführung der Bundesliga 1963 hatte der 1. FC Nürnberg bekanntlich eine überragende Mannschaft, die 1961 deutscher Meister und 1962 DFB-Pokal-Sieger geworden war. Nicht mehr so bekannt sind manche der Spieler, die daran beteiligt waren. Eine wichtige Rolle spielte darin zum Beispiel Paul Derbfuß, passenderweise ein harter und kompromissloser Verteidiger. Und ein mutiger Typ: Als der Club im Europapokal in Lissabon 0:6 verloren hatte, baten die Mitspieler ihn bei der Ankunft am Nürnberger Flughafen: »Komm, Paul, geh du als Erster raus! Du warst in Lissabon doch noch unser Bester.«[434]

Dabei war lange gar nicht klar gewesen, ob Derbfuß überhaupt zum Club kommen würde – die Verantwortlichen des Nürnberger Stadtteilvereins TV 1860 Schweinau sollen ihn der Überlieferung nach bei einigen Maß Bier überzeugt haben, nicht zu wechseln. Später kam Derbfuß dann via VfB Bayreuth doch noch zum 1. FCN und erlebte große Erfolge.

Die dann – mit der Bundesliga einhergehende – Einführung des Vollprofitums passte dem Club zu Beginn überhaupt nicht und seinen Spielern teilweise auch nicht. So machte beispielsweise der beliebte Derbfuß nur noch ein Jahr in der Bundesliga mit. Danach musste er sich entscheiden, ob er seinen Beruf als Verwaltungsangestellter im Arbeitsamt aufgeben wollte. Er wählte, auch seiner Familie zuliebe, den sicheren Job.

BONUSGRUND 11

Weil Gustav Bark eine Stelle bei MAN erhielt

Im Jahr 1911 kam Gustav Bark im Alter von 22 Jahren von den Old Boys Basel aus der Schweiz nach Nürnberg, weil er eine Stelle als Maschinenbauingenieur im Konstruktionsbüro der MAN erhielt. Es erwies sich als Glücksfall für den Club – denn der gewann nicht nur einen herausragenden Spieler, sondern auch eine Führungsfigur. Ab 1916 agierte Bark als Spielertrainer und führte mit lautstarken Rufen in Schwyzerdütsch Regie. Drei Mal – 1920, 1921 und 1924 – gewann der 1. FCN mit ihm die deutsche Meisterschaft, wobei 1921 mit dem Ungarn Izidor Kürschner ein professioneller Trainer für die Endrunde verpflichtet wurde.

Bark hatte aber auch neben dem Platz Qualitäten – und zwar solche, die für einen Leistungssportler aus heutiger Perspektive merkwürdig erscheinen, über die damals aber in der Vereinszeitung stolz berichtet wurden. »Wie die meisten Fußballspieler war Gustav Bark ein gewaltiger Esser«, hieß es dort. »In dieser Hinsicht hatte er eine Glanzzeit, und die fiel um das Jahr 1913 herum. Wir waren da einmal abends in unserer schmucken Clubwirtschaft auf dem alten Sportplatz in Schweinau versammelt, es gab nur kalte Küche. ›Was gibt's denn noch?‹, ertönte unsers Gustavs Stimme. ›Nur noch 15 Knackwürste sind da‹, war die Antwort. ›Nun, die werden Ihnen doch reichen‹, meinte schüchtern ein Neuling. ›Nein, die langen mir nicht! Zahlen Sie die Geschichte, wenn ich damit fertig werde?‹ ›Aber sicher‹, meinte ungläubig der andere. ›Dann sind Sie reingefallen‹, war die kurze Antwort Barks. Sprach's, die Knackwürste wurden gebracht und im Handumdrehen verzehrt und noch ein halbes Dutzend Rollmöpse daraufgesetzt. Ein andermal waren 18 oberfränkische Kartoffelklöße das Opfer, natürlich vom richtigen Kaliber und mit den entsprechenden Zutaten von Schweinshaxen.«[435] Vor den Spielen allerdings soll sich Bark mit einem Teller Suppe begnügt haben.

Nach der Meisterschaft 1924 kehrte Bark aus beruflichen Gründen in die Schweiz zurück und wurde Trainer des FC Schaffhausen. Der Süddeutsche Fußballverband überreichte ihm zum Abschied die Verbands-Ehrennadel. 2006 wurde der Block 1a im Max-Morlock-Stadion nach ihm benannt. Von einer Auszeichnung des Deutschen Hotel- und Gaststättenverbands ist hingegen nichts bekannt.

QUELLEN

1 *Nürnberger Nachrichten*, 17. März 2010

2 *Süddeutsche Zeitung*, 15. Juli 2010

3 *Süddeutsche Zeitung*, 21. Januar 2012 : Das Leben ist wirklich ein Scheißspiel

4 www.glubberer.de/w/wenauer__ferdinand/wenauer__ferdinand.html

5 www.bundesliga.de/de/historie/1960/116311.php

6 www.kicker.de/news/fussball/bundesliga/bl50/572951/2/slideshow_nuernberg-feiert-die-meisterschaft---zum-neunten-mal.html

7 www.arcor.de/content/sport/fussball/1_bundesliga/50_jahre

8 DER SPIEGEL 42/1967: Tresor gefüllt

9 www.ndr.de/fernsehen/sendungen/sportclub/merkel455_p-7.html

10 *tz*, 30. September 2009

11 Ben Redelings: *50 Jahre Bundesliga – Das Jubiläumsalbum*. Verlag Die Werkstatt, Göttingen 2012, S. 32

12 www.kicker.de/news/fussball/bundesliga/bl50/572954/artikel_merkels-minimalismus-fuehrt-den-club-zum-titel.html

13 DIE ZEIT, 7. Juni 1968: Lohn der Angst

14 Der »große Zampano« macht sein Meisterstück, www.bundesliga.de/de/liga/news/2008/meldung.php?f=0000114773.php

15 glubberer.de/s/strehl__heinz/strehl__heinz.html

16 *11 Freunde*, 20. April 2007: Als der Affe aus dem Nest fiel

17 Ben Redelings: a. a. O., S. 32

18 DIE ZEIT, 7. Juni 1968: Lohn der Angst

19 SPIEGEL ONLINE: Spektakuläre Trainerentlassungen: Von der Bank gekippt

20 *Nürnberger Zeitung*, 8. April 2011: Die Wende kam schon 1968

21 SPIEGEL ONLINE: Dramatische Vereinsniedergänge: 1. FC Nürnberg

22 www.bundesliga.de/de/historie/1960/116314.php

23 DER SPIEGEL 25/1969: Böser Traum

24 www.sueddeutsche.de, 11. Februar 2011: Bundesliga: Abstiegskampf

25 www.glubberer.de/r/rynio__jurgen/rynio__jurgen.html

26 DER SPIEGEL 25/1969: Böser Traum

27 www.arcor.de/content/sport/fussball/1_bundesliga/50_jahre

28 www.glubberer.de/g/gebhardt__robert/gebhardt__robert.html

29 Ebd.

30 Ebd.

31 *11 Freunde*, 4. Juni 2007: Michael A. Roths schönste Entlassungen

32 Ebd.

33 *Nürnberger Nachrichten*, 10. September 2012: Ein Schuhkarton voller Geld und ein Kreuzbandriss

34 DIE WELT, 5. November 2009: Wie Nürnberg den Spieleraufstand niederschlug

35 Ebd.

36 *11 Freunde*, Ausgabe Januar 2012

37 *Nürnberger Nachrichten*, 17. Juli 2013: Heinz Höher: Liebe Glück und Alkohol

38 Ronald Reng: *Spieltage*. Piper, München 2013
39 *stern*, 22. Dezember 2011: Kuriose Trainerentlassungen der Bundesliga
40 DER SPIEGEL, 27. April 2009: Kuriose Trainerentlassungen: Willi Entenmann
41 Ebd.
42 *Nürnberger Nachrichten*, 4. Januar 2012: Liebeserklärung: Der Club war für Entenmann »Reiz pur«
43 *Rheinische Post*, 12. Februar 2003: Nürnberg: Geldstrafe für Driller
44 Ebd.
45 Deutsche Presse-Agentur, 16. Februar 2003: Bayern-Jäger Bremen droht der Absturz
46 SPIEGEL ONLINE, 20. Mai 2003: FCN-Boss Roth: Bayer hat bei uns noch was gut
47 SPIEGEL ONLINE, 5. Mai 2003: Zitat des Tages
48 SPIEGEL ONLINE, 23. August 2006: Ich bekomme lieber Falten
49 Da Hog'n, 2. Januar 2013: Klaus Augenthaler: Ich habe mit dem Trainerberuf abgeschlossen
50 SPIEGEL ONLINE, 18. Oktober 2007: Kulttrainer Hans Meyer: »Ich entlasse mich künftig nur noch selbst«
51 Sport-Informations-Dienst, 30. Oktober 2011
52 *Tagesspiegel*, 12. Mai 2006: Die besten Sprüche der Saison
53 BILD.de, 3. November 2012: Hans Meyer wird 70
54 *11 Freunde*, 31. Mai 2013: Wie wird man Pokalsieger, Hans Meyer?
55 Ebd.
56 BILD.de, 3. November 2012: Hans Meyer wird 70
57 *Nürnberger Nachrichten*, 25. September 2012: Hans Meyer: In Nürnberg fühlt man sich wie im Süden
58 *Nürnberger Zeitung*, 13. Februar 2008: Meyer trägt es mit Fassung
59 www.fussball-kultur.org: Fußballspruch 2007
60 *Frankfurter Rundschau*, 21. September 2012: Das feine Gespür von Dieter Hecking
61 Ebd.
62 BILD, 13. Mai 2012: Wir bleiben die Nr. 1 der Region
63 Sport-Informations-Dienst, 24. Dezember 2012: Hecking rechtfertigt Wechsel
64 Ebd.
65 fcn.de, 24. Dezember 2012: Trainergespann für den 1. FC Nürnberg
66 *Süddeutsche Zeitung*, 8. Oktober 2013: Sehnsucht nach Hecking
67 Ebd.
68 SPOX.com, 16. Oktober 2013: Worst-Case-Denken in Nürnberg
69 Ebd.
70 SPIEGEL ONLINE, 22. Oktober 2013: Harter Hund
71 *Süddeutsche Zeitung*, 23. Oktober 2013: Mischung aus van Gaal und Stevens
72 Ebd.
73 Ebd.
74 dfb.de, 13. Mai 2011: Endspiel ohne Entscheidung
75 Ebd.
76 Ebd.
77 SPOX.com, 28. September 2012: Das längste Endspiel der Geschichte

78 dfb.de, 13. Mai 2011: Endspiel ohne Entscheidung
79 Ebd.
80 Ebd.
81 Ebd.
82 Ebd.
83 SPOX.com, 28. September 2012: Das längste Endspiel der Geschichte
84 www.fcn.de, Historie: Europacup
85 Ebd.
86 *Nürnberger Zeitung*, 18. September 2007: Von Sternstunden und Lehrstunden
87 dfb.de, 26. Oktober 2012: 50 Jahre, 50 Gesichter: Brungs geht als Meister
88 *Nürnberger Nachrichten*, 18. September 2009: Goldköpfchen Brungs hat Spaß am neuen Club
89 fcn.de, 4. Dezember 2006: Franz Brungs wird 70
90 *11 Freunde*, 9. April 2011: Als Franz Brungs die Bayern vernaschte
91 *Süddeutsche Zeitung*, 21. Januar 2012: Das Leben ist wirklich ein Scheißspiel
92 *11 Freunde*, 25. April 2013: Franz Brungs über sein Meisterjahr mit dem 1. FC Nürnberg
93 www.glubberer.de/h/hintermaier__reinhold/hintermaier__reinhold.html
94 Ebd.
95 www.fcn.de, 22. September 2011: 111 Jahre, 111 Momente: 1982
96 www.glubberer.de/h/hintermaier__reinhold/hintermaier__reinhold.html
97 sueddeutsche.de, 17. November 2012: Spiele zwischen Nürnberg und dem FC Bayern
98 *11 Freunde*, 10. März 2009: DFB-Pokal 1982
99 DIE WELT, 25. Mai 2007: Wie Dieter Hoeneß ein Pokalheld wurde
100 www.glubberer.de/h/hintermaier__reinhold/hintermaier__reinhold.html
101 www.fcn.de: Historie: Europacup
102 www.glubberer.de/k/kristl__thomas/kristl__thomas.html
103 www.fcn.de, 22. November 2011: 111 Jahre, 111 Momente: 1990.
104 ndr.de: Die kuriosesten Sportmomente: Helmers Phantom-Tor
105 DIE WELT, 11. Januar 2013: Ein Tor, das nie gefallen ist
106 ndr.de, 21. April 2013: Das Phantomtor – ein Bremer Missverständnis
107 Ebd.
108 DIE WELT, 11. Januar 2013: Ein Tor, das nie gefallen ist
109 *Donaukurier*, 30. März 2012: Das Phantomtor sehe ich jeden Tag
110 DIE WELT, 11. Januar 2013: Ein Tor, das nie gefallen ist
111 *Donaukurier*, 30. März 2012: Das Phantomtor sehe ich jeden Tag
112 fcn.de, 2. Februar 2012: 111 Jahre, 111 Momente: 1995
113 Christoph Bausenwein, Bernd Siegler, Harald Kaiser: *Die Legende vom Club: Die Geschichte des 1. FC Nürnberg*. Verlag Die Werkstatt, Göttingen 2012, S. 440
114 *Berliner Zeitung*, 18. April 1995: Wenn gestresste Bundesliga-Trainer die Spielregeln vergessen
115 borussia.de, 23. September 2011: Freistrampeln, höhere Ziele setzen
116 fußballn.de, 11. Juli 2013: 50000 Zuschauer in vier Derbys
117 Ebd.
118 Ebd.

119 *11 Freunde*, 13. Mai 2011: Meldung vom Abgrund
120 Alle Zitate der Radiokonferenz aus: Ludwig Hertel (Hg.): *Tooor ... in Deutschland*. Suhrkamp Verlag, Berlin 2013, S. 104–130
121 Christoph Bausenwein, Bernd Siegler, Harald Kaiser: a. a. O., S. 262
122 *Nürnberger Nachrichten*, 26.10.2010: Es war ein unglaubliches Erlebnis
123 Ebd.
124 *kicker*, 26. Mai 2007: Schäfers perfekter Abschied
125 nordbayern.de, 27. Mai 2012: Hans Meyer, der Pokal und die Kerze, die nicht brennt
126 nordbayern.de, 22. Februar 2013: Als Pinola alleine auf die Nordkurve zuraste
127 *Berliner Kurier*, 22. Februar 2008: So ein Pech
128 Ebd.
129 Christoph Bausenwein, Bernd Siegler, Harald Kaiser: a. a. O., S. 301
130 Die Mannschaftsaufstellung des 1. FC Nürnberg vom 27.1.1968, aus: Peter Handke: *Die Innenwelt der Außenwelt der Innenwelt*. Suhrkamp Verlag, Frankfurt am Main 1969
131 F.A.Z., 30. Mai 2004: Fallrückzieher in die Avantgarde
132 litde.com: Gedichte aus unserer Zeit – Interpretationen
133 www.fcn.de, 24. April 2012: Gründung des Club-Museums besiegelt
134 Christoph Bausenwein, Bernd Siegler, Harald Kaiser: a. a. O., S. 398
135 Matthias Hunger: *Im Bann der Legende*. Verlag Schmidt, Neustadt 2010, S. 246 f.
136 Transfermarkt.de, Forum
137 br.de, 13. September 2013: Die lange Geschichte einer kurzen Wurst
138 *Süddeutsche Zeitung*, 24. August 2013: Der Neid ist riesengroß
139 *Nürnberger Nachrichten*, 1. Februar 2011: Nebenjob beim Club-Stadion
140 *Nürnberger Zeitung*, 30. August 2010: Lob für den Leierkastenmann, Schelte für den Club
141 *Nürnberger Nachrichten*, 1. Februar 2011: Nebenjob beim Club-Stadion
142 Ebd.
143 fcn.de: Historie – Präsidenten
144 Christoph Bausenwein, Bernd Siegler, Harald Kaiser: a. a. O., S. 341
145 BILD, 10. November 2011: Manager Bader spricht über Gründe und Pläne
146 *Nürnberger Zeitung*, 20. Februar 2012: Club trauert um Zick-Zack-Cebinac
147 www.glubberer.de/c/cebinac__zvezdan/cebinac__zvezdan.html
148 Ebd.
149 Ebd.
150 Ebd.
151 www.glubberer.de/n/nussing__dieter/nussing__dieter.html
152 Christoph Bausenwein, Bernd Siegler, Harald Kaiser: a. a. O., , S. 209
153 Ebd.
154 www.glubberer.de/e/eder__norbert/eder__norbert.html
155 Munzinger Biografien: Norbert Eder
156 *11 Freunde*, 9. November 2011: Ich nahm alle, die kamen

157 Ebd.

158 www.fcn.de, 26. Juni 2012: Der Held von Essen erzählt

159 www.glubberer.de/m/muller__manfred/muller__manfred.html

160 Ebd.

161 www.ndr.de, 13. Juni 2012: Als Uli Hoeneß fast zum HSV ging

162 www.glubberer.de/h/hoeness__uli/hoeness__uli.html

163 Andreas Hock: *Das Buch der legendären Panini-Bilder*. riva Verlag, München 2013

164 www.glubberer.de/w/weyerich__horst/weyerich__horst.html

165 Ebd.

166 Ebd.

167 Ebd.

168 Ebd.

169 *Nürnberger Zeitung*, 11. Juni 2005: Stillleben mit zwei Damen, einem Fahrrad und Horst Weyerich

170 www.glubberer.de/w/weyerich__horst/weyerich__horst.html

171 www.glubberer.de/h/hintermaier__reinhold/hintermaier__reinhold.html

172 Ebd.

173 Ebd.

174 Ebd.

175 Ebd.

176 Munzinger Biografie: Dieter Eckstein

177 Ebd.

178 www.glubberer.de/e/eckstein__dieter/eckstein__dieter.html

179 Ebd.

180 Ebd.

181 Ebd.

182 *tz*, 22. Juli 2011: Ich war 13 Minuten tot!

183 Ebd.

184 fussball.de, 21. Oktober 2012: Dieter Eckstein spielt trotz Herzinfarkt

185 www.glubberer.de/r/reuter__stefan/reuter__stefan.html

186 Ebd.

187 Ebd.

188 nordbayern.de, 20. August 2013: Club vs. FC Bayern: Sie spielten für beide

189 *Süddeutsche Zeitung*, 24. August 2013: Der Neid ist riesengroß

190 www.glubberer.de/d/dorfner__hans/dorfner__hans.html

191 *Süddeutsche Zeitung*, 24. August 2013: Der Neid ist riesengroß

192 *Mittelbayerische Zeitung*, 13. August 2013: Das ist ein Traumjob

193 Christoph Bausenwein, Bernd Siegler, Harald Kaiser: a. a. O., S. 250

194 Ebd.

195 www.glubberer.de/k/kopke__andreas/kopke__andreas.html

196 Ebd.

197 Ebd.

198 *Nürnberger Zeitung*, 11. Dezember 2011: Bundestorwarttrainer Andreas Köpke im Interview

199 www.glubberer.de/o/oechler__marc/oechler__marc.html

200 Ebd.

201 Ebd.

202 Ebd.

203 *Nürnberger Zeitung*, 28. Oktober 2010: Marc Oechler wehrt sich

204 BILD, 27. Oktober 2010: Die seltsamen Geschäfte des Aufsichtsrats

205 *Nürnberger Zeitung*, 28. Oktober 2010: Marc Oechler wehrt sich

206 Ebd.

207 sueddeutsche.de, 11. März 2009: Eigentore - Wie aus Holz geschnitzt
208 kult-kicker.de, 11. November 2010: Vlado Kasalo: Wettschulden bei der Mafia
209 Ebd.
210 *kicker*, 17. Dezember 2012: Treffen in Kroatien
211 Ebd.
212 *11 Freunde*, 4. März 2012: 25 Dinge über den 1. FC Nürnberg
213 Munzinger Biografien: *Sergio Fabian Zarate*
214 www.glubberer.de/z/zarate__sergio/zarate__sergio.html
215 Ebd.
216 Ebd.
217 *Nürnberger Zeitung*, 9. April 2013: Mein Bruder beim Club - das wäre ein Traum!
218 www.glubberer.de/b/brunner__thomas/brunner__thomas.html
219 fußball.de: 11. Dezember 2012: Ex-Profis im Amateurfußball: Thomas Brunner
220 Ebd.
221 www.glubberer.de/b/brunner__thomas/brunner__thomas.html
222 Ebd.
223 *11 Freunde*, 16. Januar 2009: Ich liebe den Club
224 www.glubberer.de/c/ciric__sasa/ciric__sasa.html
225 *11 Freunde*, 16. Januar 2009: Ich liebe den Club
226 Ebd.
227 Ebd.
228 www.glubberer.de/c/ciric__sasa/ciric__sasa.html
229 Ebd.
230 Ebd.
231 Ebd.
232 *11 Freunde*, 16. Januar 2009: Ich liebe den Club
233 Ebd.
234 Ebd.
235 FOCUS, 20. September 1999: Miraculix und Mäusedorn
236 Ebd.
237 DIE WELT, 18. September 1999: 1. FC Nürnberg droht Schadenersatzklage
238 FOCUS, 20. September 1999: Miraculix und Mäusedorn
239 DIE WELT, 18. September 1999: 1. FC Nürnberg droht Schadenersatzklage
240 Ebd.
241 Ebd.
242 spiegel.de, 23. September 1999: Dopingfall Ziemer - Höchststrafe für den Nürnberger
243 *Nürnberger Nachrichten*, 18. April 2009: Nürnbergs Club als Herzenssache
244 Ebd.
245 goal.com, 21. Juli 2012: Jürgen Klopp verrät: Marek Mintal stand mal bei mir auf der Liste
246 www.glubberer.de/w/wolf__andreas/wolf__andreas.html
247 Ebd.
248 *Nürnberger Nachrichten*, 31. Mai 2011: Wolf nimmt Abschied nach 14 Jahren ehrlicher Arbeit
249 Ebd.
250 *Kreiszeitung Syke*, 15. September 2011: Ein emotionaler Achttausender
251 Ebd.

252 DIE WELT, 25. Juli 2013: Ausmaße, die nicht mehr normal sind
253 *Süddeutsche Zeitung*, 5. Februar 2013: Kampf gegen die Strömung
254 Eurosport.de, 22. April 2013: Schäfer: Wir spielen Bundesliga, Fürth nicht
256 *Nürnberger Nachrichten*, 12. Februar 2013: Pinola schreibt Clubgeschichte
257 *Rheinische Post*, 15. November 2010: Schweinsteiger sauer nach Spuck-Attacke
258 Ebd.
259 Ebd.
260 *Nürnberger Nachrichten*, 23. November 2010: Mein Kopf war in einer anderen Welt
261 SPOX.com, 25. Januar 2011: Ich bin nicht normal
262 Ebd.
263 Ebd.
264 Ebd.
265 Ebd.
266 www.ilkay-guendogan.com
267 F.A.Z., 22. März 2013: Die Türken sagen: Wir sind stolz auf dich
268 Ebd.
269 sportschau.de, 25. März 2013: Pressekonferenz vor dem Kasachstan-Spiel
270 *Nürnberger Zeitung*, 6. Juli 2012: Club-Neuzugang Kiyotake gibt sich bescheiden
271 Ebd.
272 Ebd.
273 Ebd.
274 Transfermarkt.de, 3. Juli 2013: 1. FC Nürnberg lehnt Millionen-Angebot für Kiyotake ab
275 *Nürnberger Nachrichten*, 12. Januar 2013: Warum Kiyotake in Nürnberg glücklich ist
276 *Nürnberger Zeitung*, 3. September 2013: Kiyotake wirkt bisweilen genial, manchmal auch lustlos
277 Ebd.
278 Ebd.
279 Ebd.
280 nordbayern.de, 17. Januar 2012: Als Charisteas die Hertha zur Weißglut trieb
281 *Süddeutsche Zeitung*, 2. Januar 2013: Mehr Meistersinger
282 *Abendezeitung*, 20. April 2010: Schwarze Null ist oberste Pflicht
283 Ebd.
284 *Nürnberger Nachrichten*, 7. Dezember 2007: Ein Comic-Held auf Europareise
285 Christoph Bausenwein, Bernd Siegler, Harald Kaiser: a. a. O., S. 293
286 nordbayern.de, 15. Februar 2013: Bier und Spenden
287 SPIEGEL ONLINE, 18. September 2008: Die Liebe kommt, die Liebe geht
288 *Süddeutsche Zeitung*, 30. August 2013: Bemerkenswerte Choreographie
289 www.faszination-nordkurve.de, 9. Oktober 2013: Wiederwahl Ralf Peisl
290 Ebd.
291 Ebd.
292 Ebd.
293 nordbayern.de, 23. Oktober 2012: Manche unterstellen mir, ich hätte Freude an Gewalt
294 F.A.Z., 4. Juli 2006: Einmal Pizza Endstatione

295 Ebd.
296 *11 Freunde*, 4. März 2012: 25 Dinge über den 1. FC Nürnberg
297 fcn.de, 11. Januar 2011: Heiner Stuhlfauth wird 115
298 Christoph Bausenwein, Bernd Siegler, Harald Kaiser: a. a. O., S. 72
299 www.glubberer.de/s/stuhlfauth__heinrich/stuhlfauth__heinrich.html
300 gottfriedfuchs.blogspot.de/2013/05/german-national-champions-1920-33.html
301 www.fcn.de: Die besten Clubspieler aller Zeiten
302 www.glubberer.de/p/popp__luitpold/popp__luitpold.html
303 Ebd.
304 Ebd.
305 Ebd.
306 Christoph Bausenwein, Bernd Siegler, Harald Kaiser: a. a. O., S. 440
307 fcn.de: Heiner Träg
308 Ebd.
309 Ebd.
310 www.glubberer.de/t/trag__heinrich/trag__heinrich.html
311 Ebd.
312 www.fcn.de: Damals – Heiner Träg
313 www.tusprien.de
314 Ebd.
315 www.austria80.org
316 www.tusprien.de
317 Ebd.
318 www.glubberer.de/s/schaffer__alfred/schaffer__alfred.html
319 Ebd.
320 Ebd.
321 fcn.de: Dr. Hans Kalb
322 *11 Freunde*, 1. Juli 2007: Große Mannschaften und ihre Ära
323 www.glubberer.de/k/kalb__hans/kalb__hans.html
324 Ebd.
325 Ebd.
326 Ebd.
327 www.glubberer.de/e/eiberger__max/eiberger__max.html
328 Ebd.
329 Ebd.
330 *The Independent*, 22. September 1996: Why aren't they famous?
331 www.glubberer.de/u/uebelein__hans/uebelein__hans.html
332 www.glubberer.de/u/uebelein__julius/uebelein__julius.html
333 www.maler-uebelein.de/unternehmen.htm
334 www.glubberer.de/s/schaffer__eduard/schaffer__eduard.html
335 fcn.de, 13. Dezember 2011: Meistertorwart Edi Schaffer wird 90
336 www.glubberer.de/m/morlock__max/morlock__max.html
337 Ebd.
338 *Mittelbayerische Zeitung*, 24. August 2008: Max Morlock in Bronze bleibt dem »Club« auf ewig erhalten
339 www.glubberer.de/m/morlock__max/morlock__max.html
340 BILD, 9. September 2008: Jagd auf 44 Jahre alten Rekord
341 www.glubberer.de/s/strehl__heinz/strehl__heinz.html
342 Ebd.
343 Ebd.
344 www.fcn.de/fileadmin/fcn/red/stadion/strehl.pdf
345 www.ssv-kasendorf.de/fussball/altliga/berichte-und-fotos

346 B.Z., 25. Mai 1007: Ex-Herthaner ist Nürnbergs letzter Pokal-Held
347 www.glubberer.de/w/wild__tasso/wild__tasso.html
348 Ebd.
349 Ebd.
350 exherthaner.wordpress.com/02-2/
351 Ebd.
352 www.glubberer.de/w/wild__tasso/wild__tasso.html
353 exherthaner.wordpress.com/02-2/
354 www.glubberer.de/w/wenauer__ferdinand/wenauer__ferdinand.html
355 fcn.de: Damals: Ferdinand Wenauer
356 Ebd.
357 www.glubberer.de/w/wenauer__ferdinand/wenauer__ferdinand.html
358 Ebd.
359 Ebd.
360 Ebd.
361 Ebd.
362 *11 Freunde*, 17. April 2013: Merkel hat die Meisterschaft für sich beansprucht
363 Ebd.
364 Ebd.
365 *Nürnberger Nachrichten*, 30. Januar .2012: Kindergeburtstag in ruinierten Sonntagsschuhen
366 fuerth.de: Einheitsgemeinde Nürnberg - Fürth
367 anpfiff.info, 13. Dezember 2006: Die fränkische Nationalmannschaft
368 Ebd.
369 Ebd.
370 Ebd.
371 www.glubberer.de/s/sutor__hans/sutor__hans.html
372 fcn.de: Hans Sutor
373 *Fürther Nachrichten*, 29. November 2011: Als Poppo den Wald fällen ließ
374 nordbayern.de, 16. April 2013: Abneigung Teil eins
375 Christoph Bausenwein, Bernd Siegler, Harald Kaiser: a. a. O., S. 355
376 www.glubberer.de/h/hofmann__hans/hofmann__hans.html
377 Ebd.
378 Ebd.
379 *Abendzeitung*, 2. Juli 2010: Maradona: Schulden in Nürnberg
380 Ebd.
381 fcn.de: Historie: Die Präsidenten des 1. FC Nürnberg
382 dfb.de, 7. April 2010: Lila Karte und SPIEGEL-Affäre
383 fcn.de: Historie: Die Präsidenten des 1. FC Nürnberg
384 fcn.de: Historie
385 Ebd.
386 Allmaechd.com: Unser Glubb
387 DIE WELT, 1. August 2004: Der letzte Patriarch der Bundesliga
388 Ebd.
389 *Kölner Stadt-Anzeiger*, 7. Oktober 2003: Posse um FCN-Chef Michael Roth
390 Ebd.
391 spiegel.de, 2. Mai 2003: Fußball-Presse
392 *kicker*, 9. Juni 2009: Roth tritt zurück - Bader verlängert
393 *Freie Presse*, 16. Dezember 2009: Club-Boss Schäfer schießt gegen Vorgänger Roth
394 Ebd.
395 blog.nz-online.de/club/tag/michael-oenning

396 www.fcn.de, 17. Januar 2013: Alles Gute, »Chicco«!
397 Franken Fernsehen, 28. Juni 2013: Geschichten aus dem Club-Trainingslager
398 Nürnberger Nachrichten, 3. Januar 2013: »Der Club ist ein sehr attraktiver Verein«
399 Süddeutsche Zeitung, 12. Oktober 2015: »Spät, aber nicht zu spät«
400 Ebd.
401 Ebd.
402 Ebd.
403 Ebd.
404 Ebd.
405 Ebd.
406 Ebd.
407 Süddeutsche Zeitung, 30. September 2015: »Reiner Wein«
408 Ebd.
409 Ebd.
410 rot-schwarze-hilfe.de, 11. April 2012: Hausverbot im Zelt des Aufsichtsrats – statt dem Club läuft das Bayern-Spiel
411 *Nürnberger Nachrichten*, 13. April 2012: Wenn ein Wirt plötzlich zur Reizfigur wird
412 Ebd.
413 Ebd.
414 Ebd.
415 nordbayern.de, 22. Mai 2013: Wir müssen zu träumen aufhören
416 Br.de, 12.11.2014: Weiler ist neuer Club-Trainer
417 Süddeutsche Zeitung, 9.12.2014: Das Christkind klatscht
418 Süddeutsche Zeitung, 22.11.2014: Zwischen den Polen
419 Ebd.
420 Süddeutsche Zeitung, 23.3.2015: Warme Worte
421 Infranken.de, 24.9.2015: Bornemann: Jungbrunnen für den 1. FC Nürnberg
422 Bild-Zeitung, 13. März 2017: Jedes Burgstaller-Tor bringt Geld
423 Süddeutsche Zeitung, 24. April 2017: Der Goldjunge
424 Bild-Zeitung, 3. Mai 2017: Ich wollte immer nur beim Club spielen!
425 http://www.br.de/puls/themen/leben/max-morlock-stadion-nuernberg-106.html
426 Mittelbayerische Zeitung, 15. Mai 2017: Eine peinliche PR-Pleite
427 Kicker, 6.2.2017: Margreitter lobt die Burschen: Coole Story
428 Sport1.de, 12.5.2017: Club verlängert mit Coach Köllner
429 Bild, 3.7.2017: Club-Profis trinken flüssigen Frischkäse
430 www.sueddeutsche.de/sport/-fc-nuernberg-meeske-und-die-evolution-1.3264074
431 www.fcn.de/news/artikel/michael-meeske-zu-evolution-ein-spur-kein-richtungswechsel/
432 gefunden auf: de.wikipedia.org/wiki/Maximilian_Kerner
433 Musik und Text: Kerner's Kombo/Kerner, erschienen 1995 auf dem Album *Iiech bin a Glubberer* (Music Media)
434 http://www.glubberer.de/d/derb-fuss__paul/derbfuss__paul.html
435 gefunden auf: glubberer.de/b/bark__gustav/bark__gustav.html

LITERATUR

- Christoph Bausenwein, Bernd Siegler, Harald Kaiser: *Die Legende vom Club: Die Geschichte des 1. FC Nürnberg.* Verlag Die Werkstatt, Göttingen 2012
- Peter Handke: *Die Innenwelt der Außenwelt der Innenwelt.* Suhrkamp Verlag, Frankfurt am Main 1969
- Ludwig Hertel (Hg.): *Tooor ... in Deutschland.* Suhrkamp Verlag, Berlin 2013
- Andreas Hock : *Das Buch der legendären Panini-Bilder.* riva Verlag, München 2013
- Matthias Hunger: *Im Bann der Legende.* Verlag Schmidt, Neustadt 2010
- Ben Redelings: *50 Jahre Bundesliga – Das Jubiläumsalbum.* Verlag Die Werkstatt, Göttingen 2012
- Ronald Reng: *Spieltage.* Piper, München 2013

MAGAZINE, ZEITUNGEN, SENDER UND AGENTUREN

- *11 Freunde*
- *Abendzeitung*
- *Berliner Kurier*
- *Berliner Zeitung*
- BILD
- B.Z.
- Deutsche Presse-Agentur
- *Donaukurier*
- F.A.Z.
- FOCUS
- Franken Fernsehen
- *Frankfurter Rundschau*
- *Freie Presse*
- *Fürther Nachrichten*
- *Fußball-Woche*
- *The Independent*
- *kicker*
- *Kölner Express*
- *Kölner Stadt-Anzeiger*
- *Kreiszeitung Syke*
- *Mittelbayerische Zeitung*
- *Nürnberger Nachrichten*
- *Nürnberger Zeitung*
- *Rheinische Post*
- DER SPIEGEL
- Sport-Informations-Dienst
- *stern*
- *Süddeutsche Zeitung*
- *Tagesspiegel*
- *tz*
- DIE WELT
- DIE ZEIT

WEBSEITEN

- allmaechd.org
- anpfiff.info
- arcor.de
- austria80.org
- bild.de
- blog.nz-online.de/club
- borussia.de
- br.de
- bundesliga.de
- dfb.de
- eurosport.de
- exherthaner.wordpress.com
- faszination-nordkurve.de
- fcn.de
- fuerth.de
- fussball.de
- fussball-kultur.org
- fussballn.de
- glubberer.de
- goal.com
- gottfriedfuchs.blogspot.de
- hogn.de
- ilkay-guendogan.de
- kicker.de
- kult-kicker.de
- litde.com
- maler-uebelein.de
- munzinger.de
- ndr.de
- nordbayern.de
- rot-schwarze-hilfe.de
- spiegel.de
- sportschau.de
- SPOX.com
- ssv-kasendorf.de
- transfermarkt.de
- tusprien.de

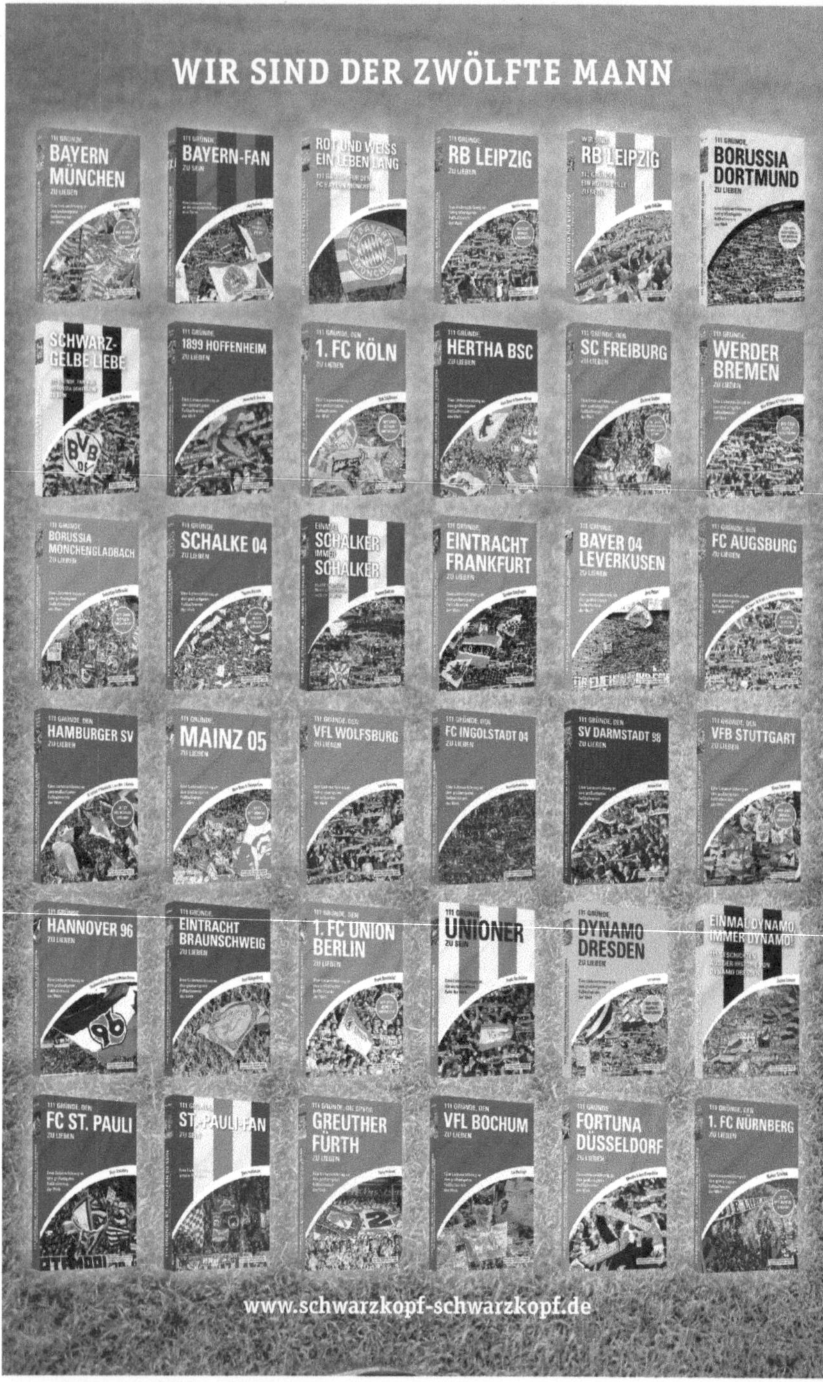
WIR SIND DER ZWÖLFTE MANN
BAYERN MÜNCHEN
BAYERN-FAN
ROT UND WEISS EIN LEBEN LANG
RB LEIPZIG
RB LEIPZIG
BORUSSIA DORTMUND
SCHWARZ-GELBE LIEBE
1899 HOFFENHEIM
1. FC KÖLN
HERTHA BSC
SC FREIBURG
WERDER BREMEN
BORUSSIA MÖNCHENGLADBACH
SCHALKE 04
SCHALKER IMMER SCHALKER
EINTRACHT FRANKFURT
BAYER 04 LEVERKUSEN
FC AUGSBURG
HAMBURGER SV
MAINZ 05
VFL WOLFSBURG
FC INGOLSTADT 04
SV DARMSTADT 98
VFB STUTTGART
HANNOVER 96
EINTRACHT BRAUNSCHWEIG
1. FC UNION BERLIN
UNIONER
DYNAMO DRESDEN
EINMAL DYNAMO, IMMER DYNAMO!
FC ST. PAULI
ST.-PAULI-FAN
GREUTHER FÜRTH
VFL BOCHUM
FORTUNA DÜSSELDORF
1. FC NÜRNBERG
www.schwarzkopf-schwarzkopf.de

DER AUTOR

MARKUS SCHÄFLEIN, geboren 1977 in Würzburg, arbeitet als Sportjournalist unter anderem für die *Süddeutsche Zeitung*. Als Franke ist er selbstverständlich Anhänger des 1. FC Nürnberg. Immer noch geht er am liebsten ins Frankenstadion – wenn auch mittlerweile oft zum Arbeiten. Er sollte dort neutral bleiben, aber bei Toren jubelt er trotzdem manchmal ein bisschen. Inoffiziell.

Markus Schäflein
111 GRÜNDE, DEN 1. FC NÜRNBERG ZU LIEBEN
Eine Liebeserklärung an den großartigsten Fußballverein der Welt

ISBN 978-3-942665-25-4
ZWÖLFTER MANN – Das Programm für Fußballfans von Schwarzkopf & Schwarzkopf | Die Reihe ZWÖLFTER MANN wird von Martin Brinkmann und Oliver Schwarzkopf herausgegeben | Aktualisierte und erweiterte Neuausgabe |

VERLAG
Schwarzkopf & Schwarzkopf Media GmbH
Kastanienallee 32, 10435 Berlin
Telefon: 030 – 44 33 63 00
Fax: 030 – 44 33 63 044

INTERNET | E-MAIL
www.zwoelftermann.de
www.schwarzkopf-schwarzkopf.de
www.facebook.com/schwarzkopfverlag
info@schwarzkopf-schwarzkopf.de